내 책상 위의 위대한 판타지

뮤지컬 탐독

일러두기

1. 이 책은 한국 맞춤법 통일안에 따릅니다. 하지만 편의를 위해 뮤지컬 현장에서 사용되는 용어를 사용하였습니다.
2. 저작물의 제목에는 다음 기준에 따라 약물을 사용하였습니다. 연극 · 영화 · 오페라는 〈 〉, 단행본 · 장편문학 작품(소설 · 희곡)은 《 》, 잡지 · 신문 · 시 · 미술 작품은 「 」로 표기했습니다.
3. 뮤지컬 넘버는 작은따옴표 ' '로 표기하였습니다.
4. 곡 영어 제목은 국내에서 통용되는 방식으로 하였으나, 영문으로 사용될 경우 될 수 있는 대로 번역하였고, 처음 그 노래가 등장할 때 원래 곡명을 밝혔습니다. 해석이 어색할 경우 영어 발음대로 곡명을 표시하였습니다.

내 책상 위의 위대한 판타지

뮤지컬 탐독

박병성 지음

어떻게 뮤지컬을 볼 것인가
스테디셀러 뮤지컬의 힘

마인드 빌딩

오래 읽은 탐독의 결과물

추천사를 부탁받으며 시중의 뮤지컬 서적들을 '훑어'보았다. 대중서로 분류되는 뮤지컬 관련 서적들은 '거칠게' 분류하자면 아래의 네 범주에 속했다. 사적史的으로 뮤지컬사를 정리한 책, 백과사전적으로 작품들을 소개하는 책, 사회학적으로 시장을 분석한 책, 다른 의미에서 사적私的으로 단상을 기술한 책. 사적 단상을 담은 에세이류는 실상 가장 많은 저자들이 시도한 형태이다. 위 범주에 속하지 않는 하나의 군으로 묶을 수 없는 서적도 있다. 《뮤지컬 탐독》은 말하자면, 그 예외에 속한다.

이 책에서 저자가 분석을 시도한 뮤지컬은 총 21편이다. 종으로는 물론, 횡으로도 21편은 부족한 숫자다. 역사적으로도 백과사전적으로도 태부족한 편수다. 하지만 그건 저자의 계획에 애초 포함되지 않았다. 이 책의 숙주가 된 21편의 뮤지컬은, 저자의 엄선 과정을 거친 현재적 가치가 충분한 작품들이다. 그 가치를 증명하기 위해 저자는 작품이 지닌 공연사적 의미와 사회적 의미 등을 두루 설명하였다. 그러나 이 책이 본격적인 사회학적 연구서는 아니다. 이 책은 제목이 말하듯, 저자가 깊이 오래 읽은 탐독의 결과물이다. 여기서 중요한 것은 어쩌면 독법일 것이다.

뮤지컬은 종합예술이다. 이에 대한 설명은 사족이다. 그럼에도 확인하는 이유는 뮤지컬 비평이 그만큼 지난한 작업임을 재확인시키고픈 의도에서다. 뮤지컬 비평은 작품을 구성하는 모든 것들, 이를테면 시각적 요소와 청각적 요소, 서사적 요소, 그리고 작품의 내적 의미와 외적 의미 등을 종합하여 분석하고 해석하는 일(일 것)이다. 그중 가장 중요한 것이 무엇일까? 아마도 청각적 요소인 음악 아닐까? 뮤지컬의 생명은 음악이니까. 음악의 중요성에 대해서는 저자의 서문을 참고해도 좋겠다. 저자는 바로 그 음악을 통해 작품을 독파하려 했다.

PART 4 2000년대 대형 뮤지컬

PART 5 새로운 시대, 새로운 뮤지컬

PART 6 유럽 뮤지컬

| 프롤로그 |

우리는 왜 명작 뮤지컬에 감동하는가

몸이 아는 감동

뮤지컬을 관람하기 위해 별도의 준비가 필요할까? 한때 내게 중요한 화두였다. 애써 준비하지 않아도 보고 즐거우면 그것으로 충분하다고 생각했다. 여전히 이 생각에는 동의한다. 대중예술의 목적 중 하나인 오락성을 부정할 수 없기 때문이다. 분석하고 가치를 부여하는 학구적인 활동은 창작자나 연구자들을 위한 작업이지 적어도 뮤지컬 관객을 위한 작업은 아니라는 생각이었다. 앞선 의문은 '뮤지컬 비평이 가능할까, 또는 뮤지컬이 학문이 될 수 있을까'라는 질문으로 확장됐다. 연극 비평을 공부하면서 대중예술에서의 비평 방식에 대한 생각은 더욱 혼란스러웠다. 영화나 연극 비평은 담고 있는 이야기를 중심으로 논의하는데 뮤지컬은 이야기의 참신함보다는 외형적이거나 정서적인 요소가 더 중요한 장르이다. 새로움에 가치를 두는 순수예술과 통속성을 기반으로 하는 대중예술을 같은 잣대로 평가할 수는 없는 노릇이다. 대중예술인 뮤지컬도 비평이 필요하고 알수록 더 큰 즐거움을 느낄 수 있다는 매우 당연한 대답을 얻기까지 꽤 긴 시간이 걸렸다.

왜 이런 당연한 질문에 쉽게 답을 내리지 못했던 걸까. 내 첫 뮤지컬은 1990년도 롯데월드 예술극장의 〈가스펠〉이었다. 롯데월드 예술극장은 해외 뮤지컬 전문 스태프를 데려와 뮤지컬 전문 배우를 양성하고 장기간 뮤지컬 작품을 올렸던 우리나라 최초의 뮤지컬 전문극장이다. 롯데월드 예술극장은 한국 뮤지컬의 성장에 몇 가지 큰 영향을 미쳤다. 그 중 하나가 전문 뮤지컬 배우를 양성한 것이다. 뮤지컬 배우 최정원이 이곳을 통해 데뷔했고 뮤지컬 전문 배우 1세대로 꼽히는 남경주, 전수경, 주원성 등이 이곳의 단원이었다. 다른 하나는 미래의 뮤지컬 마니아가 될 청소년들에게 뮤지컬 경험 기회를 넓혀 준 것이다. 늘 그랬는지, 특별 이벤트였는지 정확히 기억나지 않지만 롯데월드 예술극장에서는 청소년들에게 영화 티켓 가격 정도면 공연을 볼 수 있도록 할인해 주었다. 나 또한 그 혜택을 받고 롯데월드 예술극장의 뮤지컬 〈가스펠〉을 보았다. 한창 피가 뜨거운 고등학교 1학년 때 본 뮤지컬의 감동은 쉽게 지워지지 않았다. 공연장을 나왔을 때 빨라진 심장 박동수를 감당하지 못해 이유 없이 달리고 싶었다. 돌이켜보면 내용보다도 눈앞에서 펼쳐지는 젊은 형과 누나들의 에너지 넘치는 춤과 노래가 마음을 사로잡았던 것 같다. 이때 내가 느낀 감동을 어떤 수사나 논리로 설명할 수 있을까. 몸의 감각적 표현에서 비롯된 교감을 논리적인 수사로 전달하는 것은 가능할까. 뮤지컬의 감동은 많은 부분이 배우들의 신체적 에너지와 노래가 만들어내는 정서적 울림의 화학 작용에서 발생한다. 이것은 직관적이고 감각의 차원에서 발생하는 현상이다. '뮤지컬 비평이 가능한가, 또는 필요한가'라는 질문 앞에서 머뭇거렸던 이유는 바로 이 때문이다. 뮤지컬의 감동은 현장에서 배우와 관객 사이의 감각적 교감에서 오는 에너지가 매우 중요하게 작용한다. 이것은 경험하는 것 이외에 다른 방식으로 온전히 전달하기는 거의 불가능하다. 그런 측면에서 뮤지컬 비평의 필요성과 가능성에 의문을 품었다.

새로운 감동이 열리다

18년간 뮤지컬 기자 생활을 하면서 작가, 작곡가, 연출가, 음악감독 등 수많은 스태프들과 취재라는 빌미로 또는 술자리에서 많은 이야기를 나눴다. 그것이 내게는 좋은 공부였다. 남들보다 늦게 뮤지컬을 알게 되었지만 현장에서 일하는 스태프들에게 속성 과외를 받으며 뮤지컬의 숨은 재미에 눈을 떠갔다. 취재를 통해 뮤지컬 작가나 작곡가의 생각이 어떻게 작품에 반영되는지, 연출가나 무대디자이너, 음악감독의 생각이 무대화되어 표현되는지를 어렴풋하게 느끼기 시작했다.

그러던 차에 한 작품을 오래토록 깊이 있게 들여다볼 기회가 생겼다. 뮤지컬 기자 생활 12년 차에 강의 의뢰를 받았다. 한국예술종합학교 음악극창작과에서 '뮤지컬 작품 분석'을 맡아달라는 제의였다. 바로 수락했다. 그동안 누적되어 온 정보와 생각들을 나누고 이참에 파편적으로 지녔던 작품에 대한 생각들을 종합해볼 요량이었다. 2013년부터 5년 동안 같은 강좌를 강의했다. 뮤지컬 창작자를 대상으로 한 수업이었기 때문에 수업 역시 창작자 입장에서 준비해야 했다. 창작자는 어떤 생각으로 이 소재에 접근했을까? 왜 이 노래를 반복하고 있지? 이런 음악 스타일을 선택한 이유는 뭘까? 스스로에게 많은 질문을 던지고 창작자가 이 작품에 접근한 태도를 근거로 대답을 찾아보려고 노력했다. 내가 생각지 못한 질문을 학생들이 던지기도 했고, 수업 직전까지 풀지 못한 질문이 학생들과의 수업 과정에서 풀리기도 했다. 기자 생활을 하면서 알게 된 작품 관련 정보들이나, 창작자와의 대화가 작품을 이해하는 데 많은 도움을 주었다. 작품의 내적, 외적 요소들을 좀 더 세밀히 들여다보고 창작자의 의도를 찾아내려고 하자 여러 번 본 작품인데도 새로운 시각이 열렸다.

여전히 뮤지컬의 중요한 감동은 현장에서 직감적으로 얻게 되는 관객들의 몸을 관통하는 에너지에 있다고 생각한다. 이제는 그 감동의 실체를 이성적으로 이해하게 되면 좀 더 깊은 감동을 느낄 수 있다는 걸 안다. 많은 사람들이 〈맨 오브 라만차〉나 〈오페라의 유령〉을 보고 감동하지만 그 이유를 논리적으로 설명할 수 있는 이는 많지 않다. 왜 우리는 명작 뮤지컬을 보고 감동하는가? 이 책은 기본적으로 그 질문에 대한 나의 대답이다. 우리가 작품을 보고 감동한 이유를 원작이나 작품의 시대적 배경, 음악이나 무대와 같은 구성 요소를 근거로 한 비평적 접근을 통해 찾아내려고 했다.

작품을 관통하는 하나의 관점

언제부턴가 내가 뮤지컬 비평이라고 말할 때 '비평'이라는 용어를 기존의 의미에서 벗어나 '해석적'이라는 좁은 의미로 사용하곤 했다. 대화를 하다 보면 종종 네가 생각하는 비평이 무엇이냐는 질문을 받곤 했다. 보통의 의미에서 비평은 작품 자체뿐만 아니라 이 작품이 놓인 공연사적 또는 시대적 위치를 가치 판단하는 데 중점을 둔다. 언제부턴가 나는 비평이라는 용어를 '분석적이고 해석적인'이라는 의미로 좁혀 사용하고 있었다. 이 작품의 가치를 판단하기보다는 이 뮤지컬이 어떤 메시지를 전하려는지 분석하고 해석하는 작업에 중점을 두고 있었다. 우리 뮤지컬 시장이 아직은 비판하고 가치를 평가하기보다는 이해시키고 좀 더 격려해야 하는 시기라는 현실적인 판단 때문이기도 하다.

이 책을 설명해 달라고 할 때 종종 비평적 접근이라는 표현을 쓰곤 한다. 이때의 비평이란 가치 판단적이라는 의미보다는 해설적이고 분석적이라는 의미를 강조한 표현이다. 해설적이고 분석적이라고 쓰면 될 일을 굳이 주관적으로 제한한 의미의 '비평적'이라는 용어를 사용한다. 이는 내가 이러한 작업을 비평적 활동의 범주로 생각하고 있기 때문이다. 넓은 의미에서 분석적, 해석적 활동은 비평적 태도이다. 이는 분석적 작업을 통해 가치를 주장하지는 않지만 또 다른 방식으로의 가치 판단 과정이기도 하다.

「더뮤지컬」의 기자 생활을 하면서 「더뮤지컬」은 물론 다양한 매체에 다양한 관점으로 뮤지컬 소개 글을 썼다. 작품의 배경에 주목해서 쓰기도 하고, 때로는 원작에 관한 글을 쓰기도 했다. 어찌 보면 이 책이 과거에 여러 지면에 실렸던 글을 고스란히 모아 놓은 것이라는 인상을 받을지도 모른다. 외형적으로는 그렇게 보일지도 모르지만 차근차근 읽다보면 다르다는 것을 느낄 것이다. 그 다름을 보여주는 핵심 단어가 '비평적 접근'이다.

비평의 완성은 관점의 통일이다. 한 작품에 접근할 수 있는 여러 길이 있지만 하나의 비평문에서는 여러 길로 접근하는 것을 모아 놓는 방식은 좋은 비평이 아니라고 배웠다. 한 작품은 다양한 접근의 비평이 가능하지만 한 편의 비평문은 하나의 관점을 지녀야 한다. 접근 방향을 하나로 제한하는 것이 작품을 제대로 이해하기 위해 효과적인 방법은 아니다. 접근 방향을 열어둘수록 작품을 입체적으로 파악할 수 있다. 기존에 썼던 작품 소개 글들은 작품에 관련된 요소들을 다양하게 접근해서 백화점식으로 나열하는 방식을 주로 택했다. 역사와 창작자, 제작 배경, 그리고 출연 배우 등 이 작품에서 중요한 요소들을 열거해서 작품을 입체적으로 보았다. 그러나 이 책에서는 가급적 그런 방식을 지양한다. 다양한 방향에서의 접근이 작품을 입체적으로 바라보는 데 도움이 되겠지만, 한 작품의 내적 원리를 깊이 있게 들여다보기 위해서는 관점을 집중시켜야 한다. 돋보기로 소실점을 모아야 불이 붙는 것처럼 관점을 명확하게 잡아야 깊이가 생긴다. 이 책은 작품마다 접근 방식이 조금씩은 다르지만 가급적 백화점식 나열보다는 하나의 관점을 잡아 접근하려고 애썼다. 이 책의 글이 비평적 접근이라고 말하는 이유 중 하나일 것이다.

창작 원리의 관점

내가 집중하려고 했던 관점은 작품의 창작 원리이다. 작품을 이해하는 가장 좋은 방법은 작품을 직접 만들어보는 것이다. 그림을 이해하기 위한 가장 좋은 방법은 그림을 그려보는 것이다. 뮤지컬 창작자의 고민 과정을 추적하는 것이 가장 빠르게 뮤지컬을 이해하는 길이다. 작품의 창작 원리는 때론 창작자들이 여기저기에서 고백한 정보를 근거로 접근하기도 했지만 대부분은 작품 분석을 통해 유추하는 방식을 택했다. 그러므로 이 책에서의 접근이 실제 창작자의 의도와는 같지 않을 수도 있다. 분석을 통해 찾아낸 관점이 작품의 핵심 생각이 아닐지 모르지만 이 작품을 이해하는 데 매우 중요한 요소라고 생각한다.

〈오페라의 유령〉을 이해하기 위해서는 팬텀의 진정한 테마 곡이

'마스커레이드'라는 것을 알아야 하고, 〈맨 오브 라만차〉는 극 중 세르반테스가 계속 실패하는 데 성공한 느낌을 주는 이유를 찾아야 한다. 〈렌트〉의 열쇠는 조나단 라슨이 자신을 뮤지컬의 미래라고 이야기한 데 있고, 〈위키드〉는 핵심 곡이 '중력을 넘어서'가 아니라 '영원히'라는 걸 이해해야 작품의 이해가 넓어진다고 생각한다. 예를 들면 〈오페라의 유령〉은 가면 뒤에 숨은 가냘픈 영혼 에릭에 초점이 놓인다. 작품은 시종 막강한·능력을 발휘하고 공포를 자아내는 팬텀을 주목하게 하지만 작품에서 진정으로 보여주고 싶은 인물은 가면 뒤의 에릭이다. 동전의 양면과 같은 인물의 특징을 에릭의 입장에서 보여주는 곡이 '마스커레이드'이다. 이처럼 스토리, 캐릭터, 작품의 배경, 창작자의 작품 경향 등 다양한 요소가 관점을 찾아내기 위한 분석의 대상이 된다. 뮤지컬이기 때문에 무엇보다도 공들여 살핀 것은 음악이다.

음악으로 말하다

뮤지컬 분석은 어떻게 해야 할까? 한예종에서 맡았던 수업명이 '뮤지컬 작품 분석' 이다 보니 이러한 질문을 종종 받는다. 그때 주로 영화를 예로 든다. 한창 감수성이 예민하던 대학 시절 그리스 출신의 영화감독 테오도로스 앙겔로플로스의 〈안개 속의 풍경〉을 감명 깊게 보았다. 이 영화는 있는지 없는지도 모를 아버지를 찾아 독일로 떠나는 고아가 된 어린 남매의 이야기가 로드 무비 방식으로 진행된다. 어린 남매의 엄마는 몸을 파는 여성이다. 엄마는 어린 남매의 아버지가 독일에 있다고 말해왔다. 엄마가 갑자기 죽자 남매는 독일에 있다는 아버지를 찾아 기차에 숨어든다. 엄마의 직업상 독일에 있다는 아버지는 아마도 둘러댄 존재일 가능성이 높다. 아버지를 찾아 떠난 여행길은 잠깐 좋은 인연을 만들어주기도 했지만 대부분은 고행의 시간이다. 영화는 전하려는 메시지를 뛰어난 영상으로 잡아낸다. 안개가 자욱한 거리, 푸연 안개 속에서 작은 점처럼 보이는 남매가 화면을 향해 빠르게 걸어오는 모습을 정면에서 롱 테이크로 잡아낸다. 화면에 두 인물이 가득 찰 때쯤 남동생이 주저앉는다. "누나 힘들어." 10살이 갓 넘은 누이는 힘들어하는 동생을 위로하며 다시 일으켜 세운다. 남동생이 주저앉았던 바로 이 컷을 영화의 포스터로 사용한다. 나는 이 영화가 존재에 대한 물음을 던지는 영화라고 생각한다. 이들의 여행은 존재의 근원인 아버지를 찾아가는 여정이다. 자욱한 안개를 헤치고 아이들이 걸어오던 롱 테이크 장면은 무에서 유로 존재가 드러나는 과정과, 존재의 근원을 찾아가는 삶의 고달픔을 은유한다. 작품의 메시지를 함축적으로 담고 있는 이 장면의 대사는 "누나 힘들어." 그리고 누이의 위로의 말이 전부다. 이 장면의 강렬한 메시지는 영상에서 나온다. 자욱한 안개 속에서 걸어오는 영상 자체가 영화의 메시지이다. 나는 〈안개 속의 풍경〉이 좋은 영화라고 생각한다. 왜냐하면 영상으로 말하기 때문이다. 영화는 영상으로 말한다면 뮤지컬은 음악으로 이야기해야 한다.

조성이나 박자, 화성 등 좀 더 디테일한 분석을 할 수 있다면 좋았겠지만 그 단계까지 들어가지 않아도 뮤지컬 음악을 분석할 수 있다. 뮤지컬은 왜 이 장면을 노래로 만들었는지만 잘 살펴도 작품을 이해하는 데 큰 도움이 된다. 그만큼 뮤지컬을 이해하는 데 음악은 필수이다. 이 책에 선택된 많은 작품의 분석 과정은 음악의 분석을 통해 창작자의 의도를 살피고 있다. 작품에 따라 비중은 다르겠지만 음악을 전혀 언급하지 않은 작품은 없다. 딱히 의식한 것이 아니라 뮤지컬이기 때문에 생긴 당연한 결과이다. 음악적 구성을 언어로 풀어내다 보니 독자들이 제대로 이해하기 힘들 수도 있겠다는 생각을 한다. 이 책에서 음악을 설명한 부분은 다양한 매체를 통해 그 장면을 찾아본다면 훨씬 이해가 쉬울 것이다.

뮤지컬은 판타지

흔히 영화의 본질은 리얼리티라고 말한다. 가상 세계를 배경으로 하는 공상과학 영화라 할지라도 가상 세계가 디테일하게 구축되어야 인물과 이야기를 따라갈 수가 있다. 아이러니하지만 영화를 보며 현실성이 없는 상황 때문에 '이거 완전 영화네'라고 들켜버리는 순간 그 영화의 생명은 끝난다. 그렇다면 뮤지컬의 본질은 무얼까. 공연계의 많은 사람들이 동의하는 바이고, 20여 년에 가까운 나의 뮤지컬 경험으로 봐도 뮤지컬의 본질은 판타지이다. 그것은 종합에

술적인 측면과 대중예술적인 측면에서 설명할 수 있다.

뮤지컬은 음악이 중요한 표현 수단인 장르다. 뮤지컬을 자주 보지 않은 관객들은 말을 하다가 노래를 부르는 형식을 낯설게 느낀다. 잘 만든 뮤지컬일수록 노래가 들어갈 때의 어색함을 줄이고 자연스럽게 노래에 빠져들게 한다. 뮤지컬은 말을 하다가 노래를 하거나, 오페라처럼 계속 노래만 해야 하기 때문에 형식적으로 리얼리티를 추구하기 어려운 장르이다. 사실주의 연극에서 견고하게 버티고 있는 제4의 벽이 뮤지컬에서는 훨씬 헐겁거나 무너져 내린다. 리얼리티를 형성하기 어려운 양식이기 때문에 소재 역시 현실에서 찾기보다는 우리에게 덜 친밀한 과거에서 취하는 작품이 많다. 그것도 먼 나라의 역사에서 취하는 경우가 많다. 많은 뮤지컬이 먼 나라의 과거가 아니면 동물의 세계(《캣츠》)나 동화의 세계(《숲 속으로》)와 같이 현실성이 떨어지는 미지의 세계를 배경으로 한다.

형식적인 특성으로도 뮤지컬은 판타지에 어울리지만 장르적인 속성 역시 판타지와 잘 어울린다. 대중예술인 뮤지컬은 현실을 배경으로 한 뮤지컬이라 할지라도 대중들의 욕망을 담고 있는 작품이 많다. 뮤지컬이 전성기였던 1940~60년대 뮤지컬이 대부분 해피엔딩 구조였던 것이나 현실에서는 이루어지기 힘든 애틋한 사랑 이야기가 뮤지컬의 중요한 소재로 사용되는 것도 이와 무관하지 않다. 뮤지컬은 각박하고 메마른 현실에서 벗어나 모험과 음모가 가득하고 이상적인 세계로 안내한다. 현실과 무관하기 때문에 전혀 위험하지도 않다. 관객들은 안전한 모험과 로맨스가 기다리고 복잡하지 않은 세상에서 훌륭한 볼거리와 아름다운 음악을 들으며 삶의 피로를 씻어낸다.

하지만 이 책에서 다루고 있는 작품들은 판타지로만 설명할 수 없다. 이 책에서 다루고 있는 작품 중 가장 오래된 작품이 1950년대 만들어진 〈웨스트 사이드 스토리〉이다. 이 작품은 《로미오와 줄리엣》의 틀을 하고 있지만 당대의 이민 사회의 갈등을 녹여 냈다. 이처럼 당대 현실을 반영한 작품뿐만 아니라 대중들의 이상적인 욕망을 충족시키기보다는 보편적인 감성을 건드리는 작품이 많다. 이 책에서 다루는 뮤지컬은 1950년대부터 2000년대까지 주로 브로드웨이와 웨스트엔드에서 올라간 작품이다. 프랑스와 비엔나 뮤지컬을 대표하는 〈노트르담 드 파리〉와 〈엘리자베트〉도 포함시켰다. 작품 선정 기준은 기본적으로는 작품성이다. 여기에 수록된 작품들은 믿고 봐도 좋을 작품들이다. 그리고 지금까지도 왕성하게 공연하고 있으며 아마도 앞으로도 상당 기간 공연할 작품들로 꾸렸다. 작품을 보기 전에 혹은 작품을 보고 난 후 찾아 읽으면 더 많은 도움이 되리라 생각한다.

PART 1

고전 뮤지컬의 향기

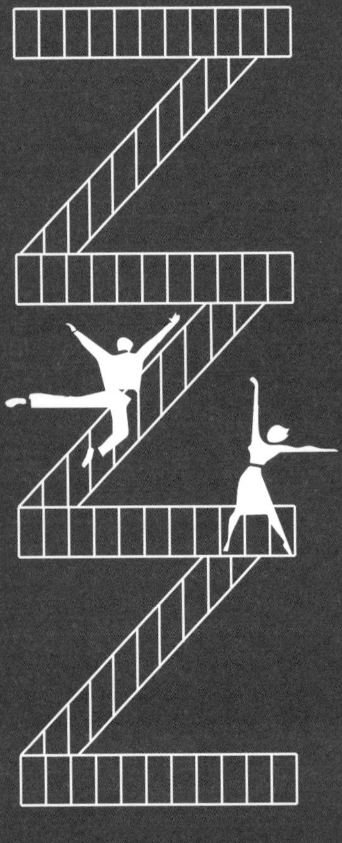

WEST SIDE STORY

01

이민자 사회의 로미오와 줄리엣
웨스트 사이드 스토리

〈웨스트 사이드 스토리〉는 현실적인 주제를 다루면서도 보편성과 혁신성을 담고 있는 작품이다. 1957년 브로드웨이 윈터가든에서 올린 프리미어 공연은 734회 공연됐고, 1958년 웨스트엔드로 건너가 비평가들의 찬사 속에 1,039회 공연을 이어갔다. 1961년 만들어진 영화는 나탈리 우드가 여주인공 마리아로 출연하고 〈사운드 오브 뮤직〉의 감독 로버트 와이즈가 메가폰을 잡아 11개 부문에서 아카데미상을 받았다. 그러나 공연 제작 당시 이 작품에 대한 반응은 호의적이지 않았다. 이전과 다른 뮤지컬 형식과 소재로 새로운 뮤지컬 역사를 썼다는 평가를 받지만, 바로 그 이유로 당시 공연 관계자들은 제작을 망설였다. 심지어 작품이 올라간 후에도 평가는 양분됐다. 브로드웨이 가장 권위 있는 공연상인 토니상 시상식에서

〈웨스트 사이드 스토리〉는 안무상과 무대상만을 받았을 뿐, 가장 중요한 작품상은 〈뮤직맨〉에게 넘겨주었고 작곡상, 극본상, 연출상 부문에는 후보에도 오르지 못했다. 뉴욕발레단의 공동 예술감독으로 활동하던 제롬 로빈스가 원안 및 연출, 안무를 맡고, 당시 뉴욕 필하모닉 오케스트라 부지휘자였던 레너드 번스타인이 작곡을, 연극 〈빼꾸기의 시절〉, 뮤지컬 〈집시〉, 히치콕의 영화 〈로프〉의 시나리오를 쓰게 되는 아서 로렌츠가 극본을, 그리고 미국 뮤지컬의 자존심이라는 스티븐 손드하임이 작사가로 뮤지컬계에 데뷔한, 역대 최고로 화려한 창작진이 참여한 작품으로서는 초라하기 그지없는 성적이었다.

오늘날의 로미오와 줄리엣

〈웨스트 사이드 스토리〉는 셰익스피어의 《로미오와 줄리엣》을 1950년대 미국 뉴욕 서부의 이민자 사회를 배경으로 옮긴 작품이다. 1949년 제롬 로빈스는 친구인 몽고메리 클리프트(〈젊은이의 양지〉, 〈지상에서 영원으로〉에 출연한 유명 배우)가 〈로미오와 줄리엣〉에 로미오로 출연한 것을 보고 지금 시대의 '로미오와 줄리엣'은 어떤 모습일까 생각했다. 아서 로렌츠와 레너드 번스타인은 로빈스의 아이디어에 관심을 보였다. 이 세 창작자는 모두 유대인 출신으로, 뉴욕 남동부를 배경으로 아일랜드계 가톨릭 가정과 이주한 유대인 가정의 갈등 때문에 좌절하는 비극적 사랑을 그리려고 했다. 아서 로렌츠는 '이스트 사이드 스토리'란 가제로 초본을 작성했다. 그러나 이와 비슷한 작품이 이미 있었다. 한창 왕성하게 활동하던 이들은 다른 작업으로 바빠지자 한동안 이 프로젝트를 진행하지 못했다. 그로부터 6년 후인 1955년 LA에서 영화 시나리오 작업 중이던 아서 로렌츠는 공연을 위해 방문한 레너드 번스타인을 만난다. 이들은 당시 사회적인 문제가 되고 있던 청소년 갱단의 싸움에 대해 이야기를 나누다, 이를 현대판 〈로미오와 줄리엣〉 프로젝트에 적용할 생각을 한다. 제롬 로빈스 역시 이 아이디어가 맘에 들었고 한동안 묵혀두었던 프로젝트를 다시 시동 걸었다. 갈등의 구도가 바뀌면서 배경 역시 뉴욕 동부에서 당시 가난한 이주민들이 정착하기 시작하던 뉴욕 서부 지역으로 옮겼다. 자연스럽게 임시로 정했던 제목인 '이스트 사이드 스토리'도 '웨스트 사이드 스토리'로 바꿨다. 작곡가로 참여한 레너드 번스타인이 작사도 병행할 계획이었다. 하지만 번스타인은 생생한 이주민 청년들의 언어를 가사로 옮기는 작업에 자신이 없었다. 결국 새로 젊은 작사가를 영입하는데, 이 프로젝트에 마지막으로 탑승한 창작자가 청년 스티븐 손드하임이다. 손드하임은 대가들과의 작업에서 분명 배울 것이 있을 거라는 정신적 스승인 오스카 해머스타인 2세의 충고를 듣고 참여하게 된다. 이런 과정을 거쳐 세기의 뮤지컬 창작자 어벤져스가 탄생했다.

뮤지컬 드림팀이 결합한 〈웨스트 사이드 스토리〉였지만 제작이 순조롭지는 않았다. 작품의 제작자는 춤이 중심이 된 형식도 부담스러웠지만, 레너드 번스타인의 클래식하면서도 오페라 스타일의 음악도 대중성이 없다고 판단했다. 번스타인은 오페라적인 느낌을 줄여달라는 프로듀서의 요구에 시달렸다. 이전의 뮤지컬과는 전혀 달랐던 작품에 부담감을 느낀 프로듀서는 투자자를 모으지 못하자 리허설 두 달 전 돌연 제작을 포기한다. 이를 해결한 것은 손드하임이었다. 손드하임은 그의 동료 프로듀서 해롤드 프린스(손드하임과 〈컴퍼니〉, 〈스위니 토드〉 등의 컨셉 뮤지컬을 작업한 연출가)를 이 프로젝트에 참여시켰다. 그는 예산을 삭감한 후 가까스로 투자를 얻어 공연을 올릴 수 있었다. 작품에 대한 평단의 평가는 나뉘어졌다. 기존 뮤지컬의 관습에서 벗어나지 못한 평론가는 박한 평가를 내렸다. 하지만 이 작품이 이전의 작품들과 다르다는 것은 부정하지 못했다.

이민자 사회의 갈등

흔히 1940~60년대까지를 뮤지컬의 황금기로 본다. 이 당시 많은 뮤지컬의 내용은 갈등이 해결되고 화해하면서 해피엔딩으로 마무리됐다. 로맨틱 코미디 장르가 유행했고, 주인공 남녀가 사랑에 빠지거나 결혼을 성공하는 것으로 끝나는 구조가 많았다. 〈웨스트 사이드 스토리〉는 원작인 《로미오와 줄리엣》의 결말처럼 비극으로 끝난다는 것만으로도 이전의 뮤지컬과는 달랐다. 당시 대중들이 선호하던 낭만적인 로맨스 대신 1950년대 사회적인 문제로 대두되는 이민자 사회의 갈등을 극의 중심 소재로 삼은 것도 신선한 충격이었다.

미국은 이민자의 나라다. 다양한 민족이 뒤섞인 미국에서 민족 간의 갈등은 아직까지도 해결되지 않은 근원적인 문제이다. 19세기 후반부터 20세기 초반에는 동유럽이나 남유럽 사람들이 미국으로 이민 오는 이들이 많았다. 이후 아시아를 비롯해 라틴 아메리카 이민자들이 뒤를 잇게 되는데, 1950년대 초반 푸에르토리코의 주 생산물인 사탕수수와 커피의 작황이 나빠지자 경제난을 겪던 푸에르토리코 사람들이 대대적으로 미국으로 이주해온다. 이주민들 사이에서 직업을 얻기 위한 다툼이 생겼고, 당시 다양한 이주민 청소년들의 패싸움이 사회적인 문제로 대두되었다. 〈웨스트 사이드 스토리〉는 당시 사회적인 문제였던 이민자 청소년들의 다툼을 소재로 한다.

원작인 《로미오와 줄리엣》은 16세기 이탈리아 베로나의 대대로 내려오는 두 집안의 해묵은 원한으로 젊은이들의 사랑이 좌절되는 이야기이다. 두 가문의 갈등 원인이 명확히 제시되지 않는다. 반면 〈웨스트 사이드 스토리〉에서 두 집단의 갈등은 이민자 커뮤니티 간의 사회, 경제적인 이유에서 발생한다. 이탈리아계 이민자 출신인 토니와 푸에르토리코 이민자 출신의 마리아가 사랑을 이루지 못한 이유는 운명이 아니라, 1950년대 미국 이민자 사회의 대립 때문이다. 가난한 이민자 커뮤니티와 더 가난한 이민자 커뮤니티가 한정된 일자리를 두고 낯선 땅에 뿌리내리기 위해 벌이는 생존 투쟁이 갈등의 원인이다.

푸에르토리코 젊은 갱단인 샤크파의 리더 베르나르도는 동생 마리아에게 샤크파의 일원인 치코를 소개해 준다. 치코는 작고 마른

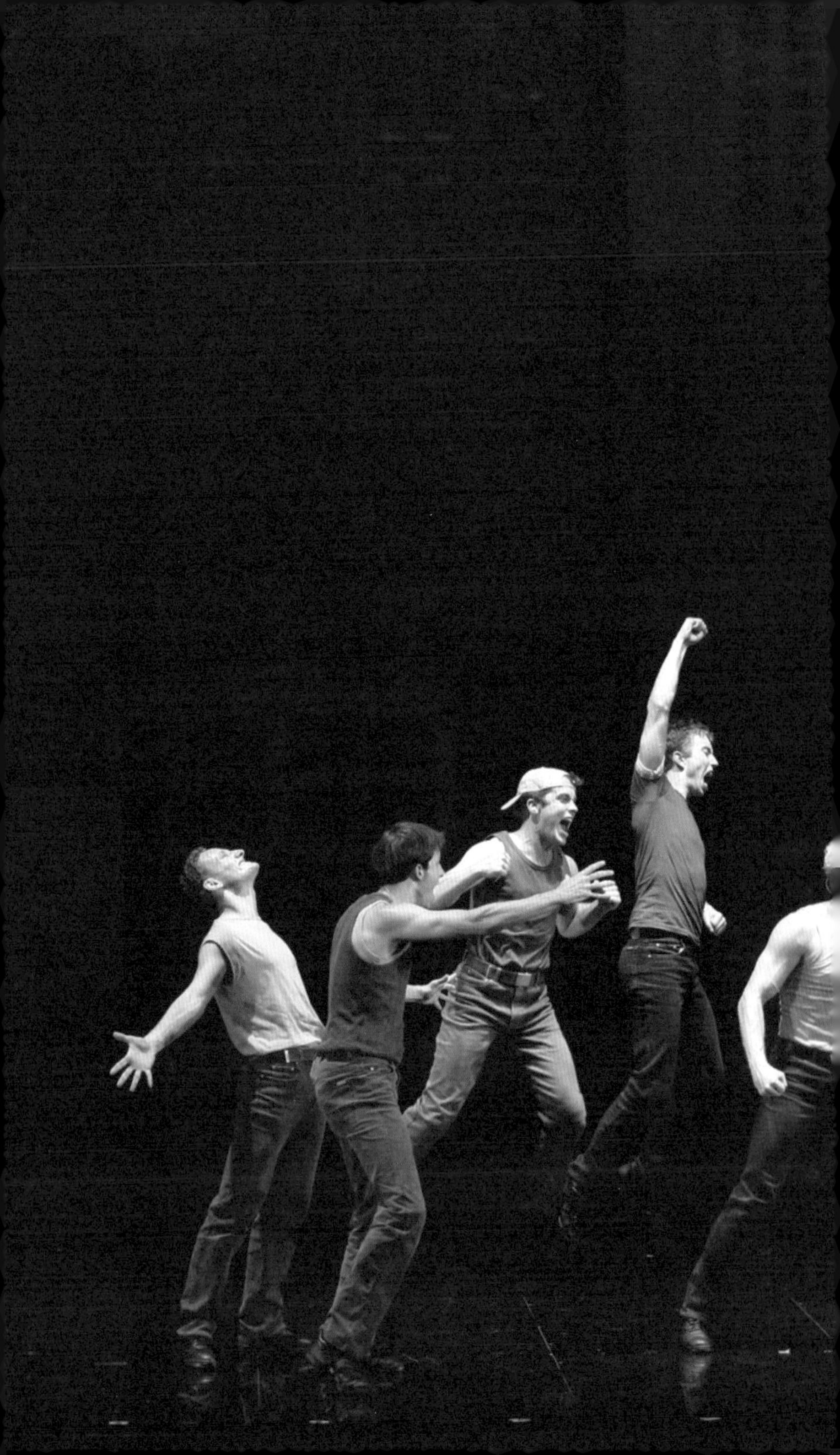

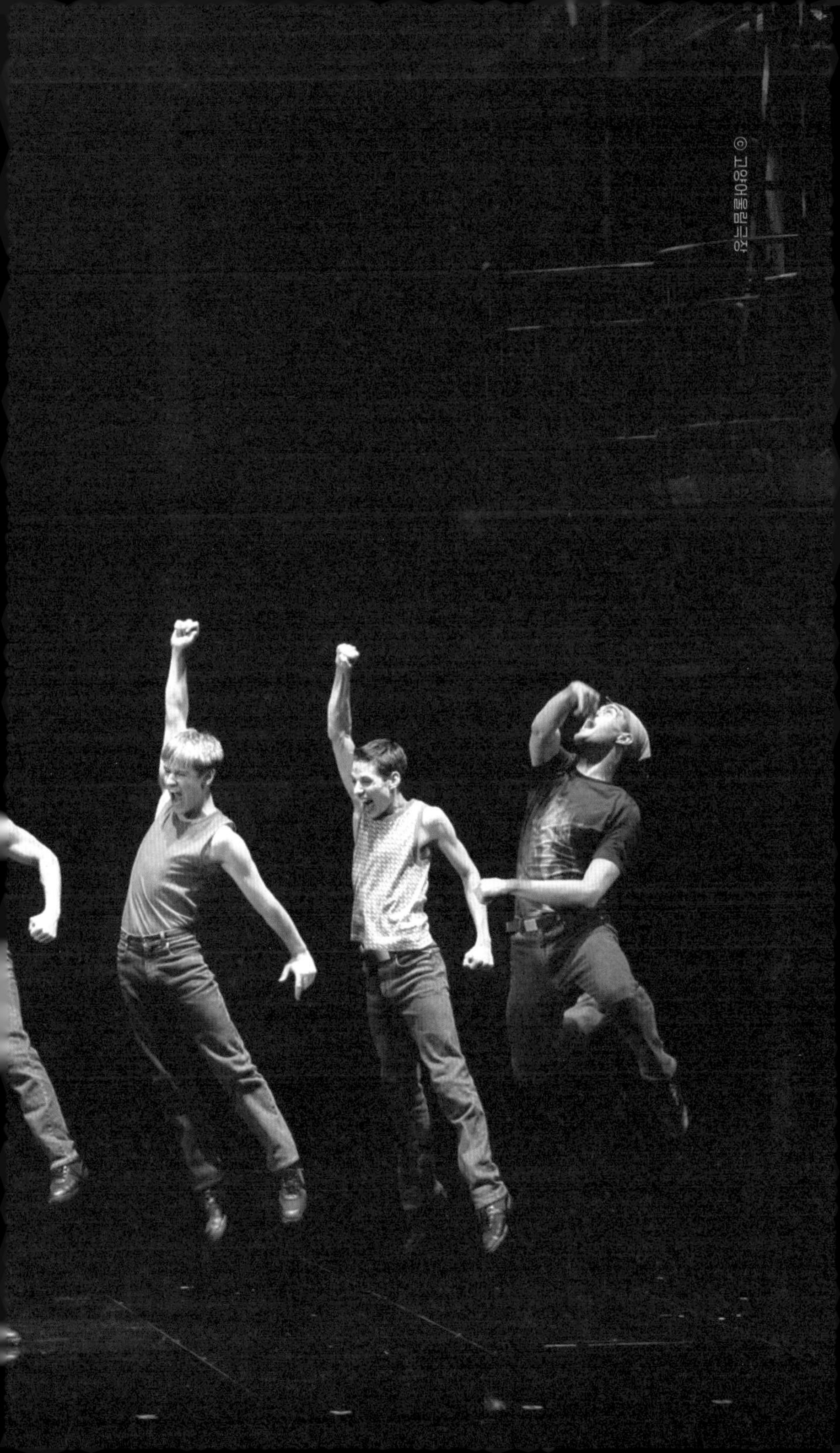
ⓒ고양아람누리

체구에 신체적으로 매력이 떨어지는 인물이다. 샤크파의 리더가 아끼는 여동생의 짝으로 왜소해 보이는 치코를 정한다. 그 이유는 치코가 샤크파에서 유일하게 직업을 가진 청년이기 때문이다. 토니 역시 아르바이트이긴 하지만 제트파에서 유일하게 일하는 청년이다. 베르나르도의 여자친구 아니타를 비롯해 샤크파의 여자들은 일을 하는 토니에게 호감을 갖는다. 두 이민자 집단의 갈등은 기본적으로 경제적인 문제인 것이다.

뮤지컬이 나왔을 당시 관객들은 이민자 사회의 갈등을 훨씬 민감하게 받아들였다. 〈웨스트 사이드 스토리〉의 제작진 역시 당대 사회적 문제를 다루었던 만큼 사실성을 높이려는 노력을 기울였다. 제롬 로빈스는 샤크파와 제트파가 가난한 빈민가 젊은이의 분위기를 주기 위해 기존 브로드웨이 배우가 아닌 신인을 과감히 기용했다. 특히 훈련을 받은 듯한 인위적인 발성의 배우는 캐스팅하지 않았다. 제트파와 샤크파의 캐스팅을 완료한 후에는 평상시에서도 서로의 적대 감정이 유지되도록 다른 집단과 식사하는 것을 금지하고, 일상에서도 캐릭터 이름으로 부르도록 했다. 배우들이 극 속 현실에 완전히 빠져 있기를 바랐던 것이다. 실제 청소년들이 길거리에서 쓰는 언어와 말투를 반영한 가사는 사실적인 느낌을 더했다. 뮤지컬의 인기에 힘입어 〈웨스트 사이드 스토리〉가 영화로 기획될 무렵 작품에 매료된 말론 브란도가 토니 역을 탐냈다고 한다. 당시 그의 나이 35세였고, 당연히 그의 캐스팅은 이루어지지 않았다.

실패한 아메리칸 드림

작품은 이민자들의 갈등뿐만 아니라 아메리칸 드림의 허상도 드러낸다. 베르나르도의 여자친구인 아니타를 비롯 푸에르토리코 여인들이 부르는 '아메리카'란 곡은 이제 막 미국으로 건너온 푸에르토리코 여인들의 미국에 대한 꿈과 기대를 담은 노래다. 손드하임의 천재적인 작사가의 능력이 돋보이는 이 곡은 로잘리아가 고향인 푸에르토리코를 그리워하면, 아니타가 이를 받아 답가로 푸에르토리코를 경멸하는 노래를 부른다.

Rosalia	로잘리아
Puerto Rico	푸에르토리코
You lovely island	열풍이 불어오는
Island of tropical breezes	아름다운 섬
Always the pineapples growing	언제나 파인애플이 자라고
Always the coffee blossoms blowin	커피 꽃이 피어나는 곳
Anita	아니타
Puerto Rico	푸에르토리코
You ugly island	열대질병이 퍼지는
Island of tropic diseases	더러운 섬
Always the hurricanes blowing	언제나 허리케인이 불어오고
Always the population growing	인구는 계속 늘어나는 곳

뮤지컬 넘버 '아메리카'는 가난한 나라에서 새로운 기회를 찾아온 아니타를 비롯한 푸에르토리코인들이 얼마나 미국이라는 나라에 희망을 품고 있는지를 보여준다. 그런데 이 희망의 노래는 전혀 다른 상황에서 리프라이즈된다. 토니가 베르나르도를 살해한 후, 아

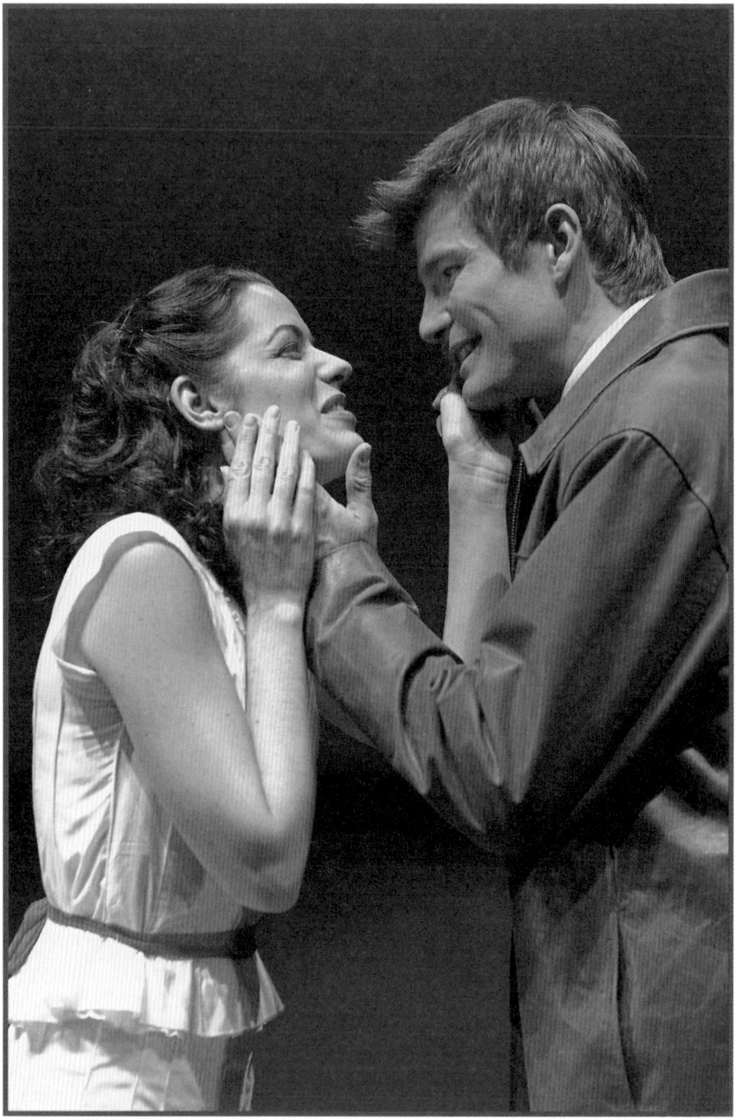

둘의 사랑을 확인하는 가장 로맨틱한 발코니 장면이
뮤지컬에서는 가난한 아파트의 비상계단 장면으로 대치된다.

니타가 숨어 있는 토니에게 마리아의 메시지를 전하러 제트파의 아지트를 방문한다. 토니를 돕기 위한 선의에도 불구하고 제트파 청년들은 샤크파의 여자라는 이유로 그녀를 능욕한다. 제트파가 아니타를 겁탈하려는 장면에서 반주로 깔리는 음악이 바로 '아메리카'이다. 로잘리아를 무시하며 불렀던 아니타의 아메리카 찬가는 처참하게 능욕을 당하는 장면에서 거칠게 편곡돼 연주된다. 분노한 아니타는 저주를 퍼부으며 마리아가 죽었다는 거짓 소식을 전한다. 원작인 《로미오와 줄리엣》에서 둘의 사랑이 이루어지지 못하는 직접적인 원인은 로미오가 사랑의 도피를 계획한 줄리엣의 편지를 받지 못했기 때문이다. 로미오와 줄리엣은 운명처럼 어긋나는 편지 때문에 비극을 맞는다. 〈웨스트 사이드 스토리〉에서 토니와 마리아의 사랑의 도피가 실패하는 직접적인 이유는 제트파에게 능욕당한 아니타의 거짓말 때문이다. 결국 마리아의 죽음 소식을 들은 토니는 거리로 나섰다가 치코의 총을 맞게 된다. 이민자 사회의 갈등과 처참하게 무너져버린 아메리칸 드림이 둘의 사랑을 비극으로 이끄는 씨앗이 된 것이다.

춤과 드라마틱한 음악으로 이끌어간 극

사회적인 문제를 담아낸 점도 새로웠지만, 북 뮤지컬 시대에 춤으로 극을 이끌어가는 형식 역시 신선했다. 작품의 아이디어를 내고 연출과 안무를 맡은 제롬 로빈스는 최고의 안무가답게 두 집단 청소년들의 대립과 불안한 심리를 춤으로 표현한다. 〈웨스트 사이드 스토리〉는 굳이 명칭을 붙이자면 '댄스 뮤지컬'이라고 해도 좋을 만큼 작품에서 춤이 차지하는 비중이 크다. 체육관에서 제트파와 샤크파의 댄스 파티 장면은 제롬 로빈스의 장기가 확실히 드러난다. 이탈리아계 이민자의 제트파는 재즈 스타일을, 샤크파는 맘보와 차차차로 대조를 이루면서도 화려한 군무를 선보인다. 춤으로 서로 다른 집단의 성격을 드러냈다. 충동적이고 열정적이며 예측 불가한 두 집단의 춤의 언어는 논리적으로 설득력 있게 전달하기 힘든 젊은이들의 상황과 심리를 보여주기에 적합했다.

제롬 로빈스는 일상적인 동작과 발레가 어우러진 춤을 선보였다. 제트파와 샤크파가 대립하는 첫 장면부터 이러한 안무의 특징이 잘 드러난다. 핑거스냅으로 긴장감을 고조시킨 두 집단은 서로를 경계하다 결국 집단 싸움으로 이어진다. 길거리 싸움의 거칠고 난폭한 동작과 우아한 발레를 결합한 안무는 긴장감 넘치면서도 아름다운 대결 장면을 만들어냈다. 리프와 베르나르도가 칼싸움을 벌이는 결투 장면도 마찬가지다. 마치 전갈처럼 자세를 한껏 낮춘 채 공격과 방어를 하는 동작은 긴장감이 넘치면서도 발레를 기본으로 하고 있어 품위를 유지한다.

음악에서도 두 집단의 대립되는 성격을 보여준다. 샤크파는 라틴의 경쾌한 리듬을 타악 위주로 편성하고, 제트파는 재즈와 비밥 등 미국적인 사운드를 주로 사용했다. 레너드 번스타인의 음악은 클래식을 기반으로 하면서도 스윙재즈와 라틴풍의 음악을 골고루 섞어

두 집단의 대조적인 성격을 드러냈다.

〈웨스트 사이드 스토리〉의 음악은 주제를 담은 라이트모티프를 변주하여 토니와 마리아의 사랑이 시작되고 발전하고 위기를 맞는 과정을 드라마틱하게 보여준다. 둘의 사랑을 담은 라이트모티프는 노래 '마리아'에서 그녀의 이름을 부르는 소절이다. '마리아'의 모티프가 처음 등장하는 노래는 '섬씽스 커밍Something's Coming'이다. 이 노래의 첫 가사는 "후 노우즈Who knows~"로 시작하는데 이 멜로디를 인버전inversion시키면 라이프모티프인 '마리아'의 멜로디가 된다. 뮤지컬 넘버 '섬씽스 커밍'은 샤크파에서 탈퇴했던 토니가 두 파의 결전을 앞두고 만나기로 한 댄스파티에 참여하기로 한 후 독백처럼 부르는 노래다. 노래 가사처럼 토니는 댄스파티에서 어떤 일이 생길지에 대한 묘한 기대와 설렘을 갖게 된다.

기대대로 토니는 댄스파티에서 마리아를 만난다. ('체육관 댄스파티Dance at the Gym') 음악이 시작되면 사람들은 무대 후면으로 사라진다. 마치 사랑하는 이들 눈에는 아무 것도 보이지 않듯 주위의 모든 소음과 사람들이 사라지고 오직 토니와 마리아만 남아 춤을 춘다. 뮤지컬 넘버 '체육관 댄스파티'에서 차차차 리듬으로 변주된 형태로 '마리아'의 라이트모티프가 다시 등장한다. '섬씽스 커밍'에서 인버전된 라이트모티프가 차차차로 편곡 되었긴 하지만 처음으로 제 모습을 드러낸다.

베르나르도의 방해로 댄스파티에서 둘은 호감을 갖은 채 헤어지고 토니는 그녀를 생각하며 마리아의 집으로 향한다. 이때 둘의 사랑의 테마 곡인 '마리아'가 제대로 노래된다. 마리아의 이름을 되뇌는 이 노래는 머릿속에 온통 마리아의 생각으로 가득 찬 토니의 심정이 잘 드러난다. '섬씽스 커밍'의 첫 소절에 숨어 있던 마리아의 존재가 댄스파티에서 차차차 춤곡으로 살짝 드러났다가, 마리아를 찾아가는 장면에서 드디어 그 존재를 제대로 보여준다. 로미오와 줄리엣이 발코니에서 만나 사랑을 확인하듯 토니와 마리아는 허름한 아파트의 비상계단에서 재회한다. 이때 둘의 사랑을 확인하며 이 작품의 대표곡인 '오늘 밤Tonight'을 부른다. '마리아'의 라이트모티프가 인버젼되어 처음 등장한 노래 '섬씽스 커밍'의 마지막 가사는 "어쩌면 오늘밤maybe tonight"이다. '섬씽스 커밍'에서 드러난 설렘의 정체가 뮤지컬 넘버 '오늘 밤'에서 토니와 마리아의 사랑으로 밝혀진다.

'마리아'의 라이트모티프의 변주와 '오늘 밤'으로 이어지는 음악 구조로 토니와 마리아의 사랑을 완성한다면, 토니와 마리아의 사랑이 좌절되는 과정은 '오늘 밤'부터 시작해 사랑의 도피를 꿈꾸는 노래 '어딘가Somewhere'로 이어진다. '오늘 밤'의 마지막 부분에 뮤지컬 넘버 '어딘가'의 반주가 깔리면서 둘의 사랑이 해피엔딩이 아닐 것임을 암시한다. 토니가 베르나르도를 죽이고 사랑의 도피를 꿈꾸는 노래가 '어딘가'인데 둘의 도피는 결국 성공하지 못한다. 토니가 마리아의 품에서 숨을 거두기 전에 다시 '어딘가'를 함께 부른다. 그러나 이 노래를 채 다 부르지 못하고 숨을 거둔다. 둘이 미처 부르지 못한 한 소절의 가사는 그들이 그토록 함께 가기를 원했던 곳 "어딘가"이다.

© 고양어울림극장

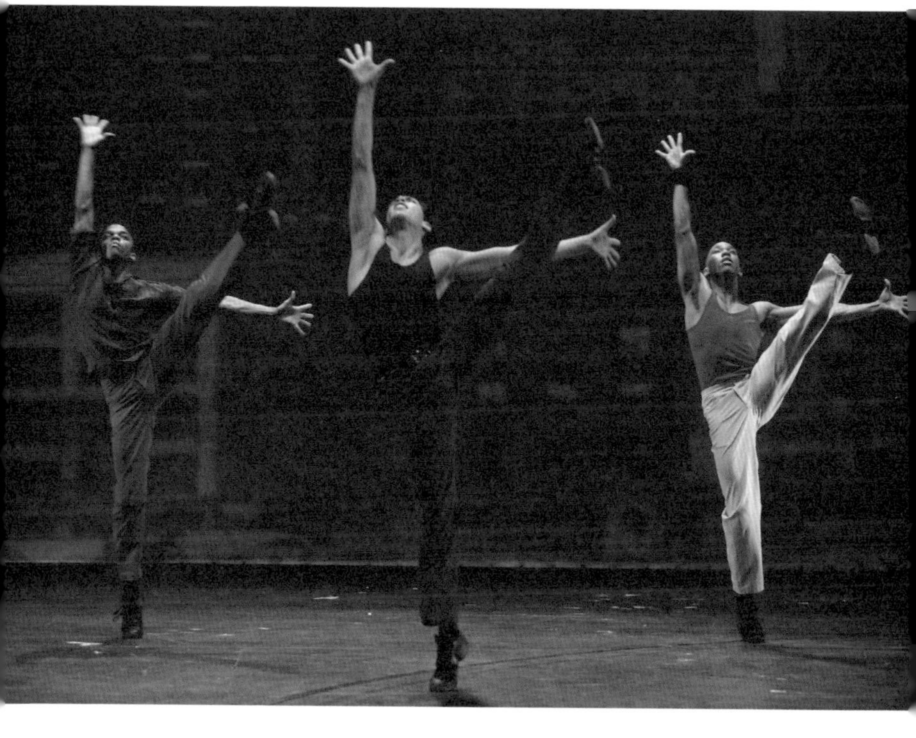

MAN OF LA MANCHA

02

불가능한 꿈을 꿈꾸는 기사 돈키호테

맨 오브 라만차

2002년 노르웨이의 서적협회에서는 세계 저명 작가 100명에게 각각 10권의 책을 추천하게 했다. 50%이상이 세르반테스의《돈키호테》를 최고의 책으로 선정했다. 이런 이유로《돈키호테》는 성경 다음으로 위대한 책이라는 찬사를 받는다. 기사 소설을 즐겨 읽던 알론조 키하나 영감이 스스로를 돈키호테라고 칭하고 편력기사가 되어 모험을 즐기는 이야기는 영원한 인생의 화두인 '꿈과 이상'에 대해 질문하며 많은 독자들의 사랑을 받았다. 돈키호테의 엉뚱하고 흥미로운 모험담은 영화와 연극, 발레, 뮤지컬 등 다양한 장르로 각색되었다. 1965년 데일 왓서맨Dale Wasserman과 미치 리Mitch Leigh가 만든 뮤지컬 〈맨 오브 라만차〉는 50여 년이 지난 지금까지도 인기를 얻고 지속적으로 공연될 정도로《돈키호테》각색 버전 중에서도 많은 사랑을 받는 작품이다. 《돈키호테》를 각색한 작품들과 다른 뮤지컬만의 특징은 작가인 세르반테스를 극 중에 등장시켰다는 점이다. 극작가 왓서맨은 세르반테스야말로 세상의 정의를 외쳐대는 미치광이 돈키호테라고 생각했다.

세르반테스와 돈키호테

뮤지컬 〈맨 오브 라만차〉는 악명 높은 스페인 지하감옥에 세르반테스와 산초 판자가 잡혀오면서 시작한다. 세르반테스는 당시 절대 권력인 종교인에게 세금을 부과하면서 종교 모독죄로 수감된다. 감옥의 죄수들은 시인인 세르반테스를 상대로 모의재판을 벌인다. 죄수들이 세르반테스에게 내린 죄목은 헛된 망상을 꿈꾸는 이상주의자였다. 세르반테스는 변론의 기회를 요구하고 자신이 가장 잘할 수 있는 방식, 바로 연극으로 변론한다. 지하감옥에서의 죄수들을 배우로 출연시켜 꾸미는 변론 연극이 바로 〈돈키호테〉이다. 세르반테스는 꿈을 향해 망설임 없이 돌진하는 미치광이 돈키호테를 통해 자신의 죄를 판단해달라고 한다.

뮤지컬에서는 세르반테스가 극중극에서 돈키호테를 연기하면서 자신이 돈키호테임을 명확히 밝힌다. 그러나 실제 세르반테스는 돈키호테처럼 지속되는 실패에도 무모하게 도전하는 낙천적인 성격을 지니기에는 너무나도 기구한 삶을 살아간 작가였다. 세르반테스는 이곳저곳을 떠돌아다니며 의료 행위를 하던 외과의사의 일곱 형제 중 넷째로 태어났다. 그가 살아가던 시기의 의사는 지금과 달리 불안정한 직업이라 세르반테스는 제대로 된 교육을 받지 못했다. 24세에 해군에 입대하여 레판토 해전에 참가하였다가 가슴과 팔에 총을 맞아 평생 왼팔을 쓰지 못하는 신세가 되었다. '레판토의 외팔이'라는 별명으로 불리기도 한 그는 해적에게 잡혀 5년간 노예 생활을 하기도 했다. 간신히 몸값을 지불하고 풀려나서도 가난에 시달려야 했다. 그나마 37세 때 그보다 18세 연하인 부유한 농민의 딸을 아내로 얻어 집필에 전념할 수 있었다. 이때 목가적 소설 《갈라테아》를 비롯 20~30여 편의 희곡을 발표했으나 큰 반응을 얻지는 못한다. 세금 징수원으로 활동하면서 하층민들의 비참한 삶을 많이 목격했다. 곧은 성품 때문에 관료들과 마찰이 잦았다. 결국 세금 징수 문제로 7개월간 투옥되기도 했는데 이때 《돈키호테》를 집필한 것으로 알려진다. 당시 그의 나이 58세였다.

《돈키호테》의 본 제목은 《기발한 이달고 돈키호테 데 라만차El Ingenioso Hidalgo Don Quixote de la Mancha》이다. 이 책은 출판되면서 스페인뿐만 아니라 포르투갈, 벨기에, 이탈리아에서도 출판되는 등 큰 인기를 얻었다. 1614년에는 세르반테스를 사칭한 사이비 작가가 후편을 쓸 정도로 당대에도 대중들의 큰 사랑을 받았다. 하지만 이 책의 성공은 세르반테스에게 경제적 부를 안겨주지 못했다. 가난에 시달리던 세르반테스는 책이 출판되기 전 판권을 출판사에 넘겼기 때문이다. 1615년 세르반테스는 2권인 《기발한 기사 돈키호테 데 라만차》를 출간하지만 다음해인 1616년 4월 23일 마드리드에서 죽음을 맞는다. 이날은 공교롭게도 대문호 윌리엄 셰익스피어가 사망한 날이기도 하다.

세르반테스는 스페인의 영광과 몰락을 최전선의 현장에서 경험했다. 레판토 해전의 승리로 지중해 패권을 차지한 스페인은 세계 열강의 자리를 차지했지만 무적함대가 영국에 패하면서 몰락의 길을 걷게 된다. 스페인이 영광의 길을 걸을 때 세르반테스는 레판토 해전에서 팔을 잃었고 무적함대가 영국과의 전투를 벌일 때 세금징수원으로 가난한 농민들에게서 세금을 거둬들였다. 조국이 영광의 길을 걸을 때도, 또 그렇지 않을 때도 가난한 이들의 비참한 삶은 크게 변하지 않았다. 소설에는 귀족, 성직자, 창녀, 이발사 등 650여 명의 다양한 인물들이 등장한다. 세르반테스는 스페인의 모든 계층과 만나는 미치광이 노인을 통해 당시 현실의 부조리를 비판하고 풍자했다. 동시에 그는 비참한 현실 속에서도 원대한 이상을 잃지 않으려는 고귀한 정신을 돈키호테를 통해 지켜나갔다.

© OD뮤지컬컴퍼니

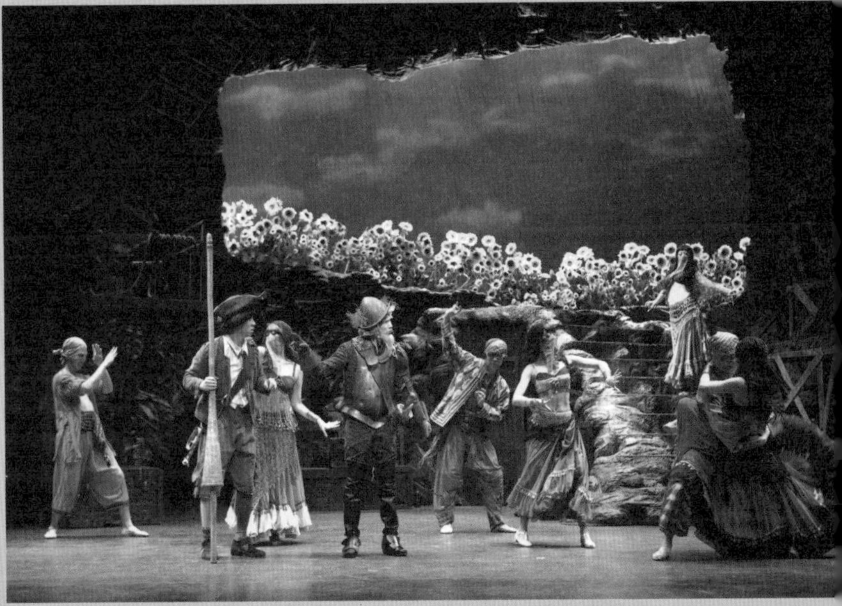

뮤지컬에서 산초 판사는 돈키호테와 대립하기보다는
그의 충직한 하인으로 무모한 여행의 흔쾌한 동행자가 되어준다.
뮤지컬 넘버 '좋으니까 Really Like Him'는
왜 돈키호테를 따라 다니냐는 둘시네아의 질문에 산초가 대답하는 노래로
"조금은 엉뚱하고 이상하긴 하지만 그저 좋으니까"라며
돈키호테에 대한 충심을 드러낸다.

원작 소설과 뮤지컬

세르반테스는 서문에서 이 소설의 목적을 기사도 문학을 풍자하기 위함이라고 밝히고 있다. 돈키호테는 풍차를 향해 돌진하고, 농부의 딸을 공주로 여기며, 여관 주인에게 기사 작위를 받기 위한 돌출 행동으로 웃음을 준다. 당시 왕이었던 필리페 3세는 이 책을 단순한 기사 문학의 패러디로 보았다. 그러나 서문에 밝힌 집필 의도는 검열을 고려해 작성된 것이다. 돈키호테를 광인으로 설정한 이유 역시 풍자의 비판을 피해갈 수단이었다. 원작을 보면 서문 앞에 가격, 오류 검증서, 출판을 허락하는 국왕의 칙허장, 헌사가 수록되어 있다. 여기에는 가격부터 수익금의 배분, 추가 인쇄 시 심의 과정, 이를 어길 시 처벌까지 상세히 기록하고 있다. 당시 왕과 교회의 권력은 절대적이었고, 언론, 출판 역시 철저한 규제 속에 이루어졌다. 국가의 통제 하에 출판되는 시스템에서 세르반테스는 이미 인기가 시든 기사 문학을 들먹이며 이를 풍자하겠다고 했지만, 정작 그가 미치광이의 입을 통해 풍자한 것은 미친 듯이 돌아가는 세상이었다.

원작 소설은 1권 《기발한 이달고 돈키호테 데 라만차》가 52장, 2권 《기발한 기사 돈키호테 데 라만차》가 74장으로 구성되었다. 뮤지컬에서 세르반테스가 극중극으로 보여주는 〈돈키호테〉 이야기는 방대한 소설 내용 중 풍차와 싸움을 벌이고 여관에서 일하는 알돈자를 둘시네아 공주로 여기는 몇몇 중심 이야기를 토대로 재구성했다. 뮤지컬에서 가장 달라지는 것은 돈키호테와 산초의 관계이다. 소설에서는 이상주의자 돈키호테와 물질적 이익을 추구하는 현실주의자 산초 판사의 대화가 많은 비중을 차지한다. 맹목적으로 기사도를 앞세우며 어리석은 해프닝을 벌이는 돈키호테와, 이해타산이 빠르고 현실적인 산초 판사는 '이상과 현실'에 대해 토론한다. 뮤지컬에서 산초 판사는 돈키호테와 대립하기보다는 그의 충직한 하인으로 무모한 여행의 흔쾌한 동행자가 되어준다. 뮤지컬 넘버 '좋으니까I Really Like Him'는 왜 돈키호테를 따라다니냐는 둘시네아의 질문에 산초가 대답하는 노래로 "조금은 엉뚱하고 이상하긴 하지만 그저 좋으니까"라며 돈키호테에 대한 충심을 드러낸다.

또 큰 변화를 보이는 인물은 알돈자이다. 알돈자 캐릭터는 원작 소설에서의 농부의 딸 알돈자와 여관집 딸을 결합한 인물로 뮤지컬에서는 좀 더 극적이고 중요한 의미를 부여했다. 뮤지컬의 알돈자는 여관집에서 허드렛일을 거들기도 하고, 그곳에 묵는 남자들에게 몸을 팔며 겨우 겨우 생계를 유지하는 비참한 삶을 산다. 현실을 냉정하게 직시하면서 어떤 희망도 품지 않는다. 돈키호테가 비참한 현실 속에서도 고귀한 가치를 잃지 않으려고 무모한 모험을 벌인다면, 알돈자는 있는 그대로의 현실에 체념하고 받아들이는 인물이다.

소설의 등장인물은 조금씩 변했지만 이야기의 마무리는 같다. 원작에서는 돈키호테가 수많은 방랑을 거치고 반달의 기사로 변신한 친구인 카라스코와의 결투에서 패하면서 모험의 종지부를 찍는다. 자신이 누구인지를 묻는 질문에 돈키호테는 '선한 자 알론조 키하나'라고 답하고 생을 마친다. 카라스코는 다음과 같은 돈키호테의 묘비명을 남긴다.

용맹한 이달고가 여기 누웠노라. 살아생전 두려움을 몰랐던,
죽었어도 죽음이 그를 이기지 못했고 마지막 순간까지도 기가 죽지 않았노라.
세상을 눈 아래로 보았던 그의 위업에 온 세상이 두려워했네.
일생을 미치광이로 살았지만 마지막엔 제정신으로 죽었노라.

이상을 추구하던 돈키호테는 결국 평범한 늙은 노인 알론조 키하나로 되돌아와 죽음을 맞는다.

이상과 현실의 기로에서

소설의 결론은 미친 여정을 마치고 현실로 돌아가 알론조 키하나로 죽음을 맞는 것으로 마무리된다. 결론만 놓고 본다면 알론조 키하나 영감의 허무맹랑한 기사 놀음을 비판하고 현실 직시를 요구하는 것 같다. 그러나 소설의 서문처럼 이 소설의 마무리도 겉으로 드러난 것과는 다른 숨은 의도가 담겨 있다. 뮤지컬은 이 점을 좀 더 명확하게 극화된다.

뮤지컬 〈맨 오브 라만차〉는 이상과 현실의 갈등을 중심 플롯으로 삼았다. 극 중 세르반테스는 죄수들과 극중극으로 꾸미는 〈돈키호테〉를 통해 '불온한 현실에 안주하며 살아가는 삶'과 '불가능할지라도 이상을 추구하는 삶'을 제시하며 어떤 삶을 살아가야 하는지 질문한다. 시인인 세르반테스는 이상을 추구하는 삶을 살았다. 세상 물정 모르고 종교인들에게 세금을 징수했다는 이유로 감옥에 갇혔다. 불의한 시대에 기사도의 정의를 외치는 돈키호테는 그런 세르

반테스의 페르소나다. 한편 현실적인 시각으로 보자면 돈키호테는 알론조 키하나 영감의 망상이기도 하다. 극 중 세르반테스는 이상을 추구하는 몽상가이자, 미치광이 망상가인 돈키호테의 입을 통해 죄수들(관객들)에게 직접 질문한다. "이 더럽고 혼탁한 세상에 이상을 부르짖는 것은 얼마나 무모한가? 그렇다면 어두운 현실을 그대로 받아들여야 하는가? 아니면 헛된 망상일지라도 꿈을 간직하고 추구해야 하는가?"

뮤지컬에서는 그 답을 직접적으로 제시하지 않는다. 돈키호테의 이상적인 생각을 대변하는 곡이 바로 이 작품의 테마곡인 '이룰 수 없는 꿈The Impossible Dream'이다. 알돈자가 기사가 되려고 하는 돈키호테에게 왜 그런 행동을 하는지 묻자, 그 대답으로 들려주는 노래다.

그 꿈 이룰 수 없어도 싸움 이길 수 없어도
슬픔 견딜 수 없다 해도 길은 험하고 험해도
정의를 위해 싸우리라 사랑을 믿고 따르리라.
잡을 수 없는 별일지라도 힘껏 팔을 뻗으리라.

돈키호테는 불가능을 알지만 그래도 갈 수밖에 없다는 대답을 들려준다. 세르반테스는 돈키호테를 지지하며 그의 망상에 빠진 여정을 응원한다. 그러나 그는 돈키호테의 방랑을 해피엔딩으로 끝맺지 않는다.

극 중 세르반테스가 반론의 방식으로 선보인 연극 〈돈키호테〉의 마무리는 소설처럼 알론조 키하나 영감이 현실을 인식하는 것으로 끝난다. 돈키호테는 풍차에게 달려들어 패배하고 사막의 히피들에게 전 재산을 빼앗기지만 이것을 패배로 받아들이지 않는다. 그에게 패배란 훈장 같은 것으로 정의를 위해 싸운 자는 져도 진 것이 아니다. 닥터 카라스코는 그런 돈키호테를 제압하기 위해 거울의 기사로 변신한다. 거울의 기사는 칼 한 번 휘두르지 않고 져도 진 것이 아닌 무적의 돈키호테를 제압한다. 그의 무기는 현실을 직시하게 만드는 '거울'이었다. 호기롭게 달려든 돈키호테는 거울에 비친 늙은 노인을 발견하고 주저앉고 만다. 거울 속에는 방랑의 기사 돈키호테는 온데간데없고 늙고 지친 알론조 키하나 영감만이 있었던 것이다. 이런 결말은 불가능한 이상을 추구했던 돈키호테의 패배를 의미하는 걸까.

불가능한 꿈을 이루기 위해

극 중 세르반테스는 자신의 변론으로 준비한 연극에서 불리한 증언을 한 셈이다. 왜 그는 이상을 추구하는 자의 실패로 극을 마무리했던 것일까. 여기에 그가 생각하는 작품의 메시지가 있다.

돈키호테의 패배로 끝나는 결말은 죄수들도 좋아하지 않았다. 죄수들은 세상 물정 모르고 이상을 좇는 시인에게 유죄를 선고하려 했지만, 막상 꿈을 향해 돌진하는 돈키호테가 패배하자 그 결말을 받아들일 수 없었다. 그래서 이야기를 더 진행시키라고 종용한다. 세르반테스가 애드리브로 추가한 장면이 현실로 돌아온 알론조 키하나 영감이 최후를 맞는 장면이다. 현실로 돌아온 알론조 키하나 영감은 병상에 누워 있다. 그에게 산초와 알돈자가 찾아온다. 현실의 맨 바닥을 딛고 있던 알돈자는 돈키호테의 이상에 동참했다가 혹독한 시련을 맞는다. 비참한 현실로 빠뜨린 노새꾼들보다, 헛된 희망을 품게 해준 돈키호테를 더 원망했던 알돈자가 이제는 알론조 영감에게 돈키호테로 돌아오라고 한다. 그녀는 돈키호테를 상기시키기 위해 어눌한 톤으로 그가 불러주었던 노래 '둘시네아'와 '이룰 수 없는 꿈'을 들려준다.

이렇게 나락까지 떨어졌던 알돈자가 죽음을 앞둔 알론조 키하나에게 돌아와 돈키호테를 일깨우는 역할을 한다. 기억을 되찾은 알론조 키하나는 다시 돈키호테로 일어나 몽상의 세계로 나가겠다며, '나, 돈키호테I, Don Quixote'를 부른다. 이 노래는 세르반테스가 변론의 수단으로 연극을 시작하겠다며 돈키호테로 변신하는 장면에 처음

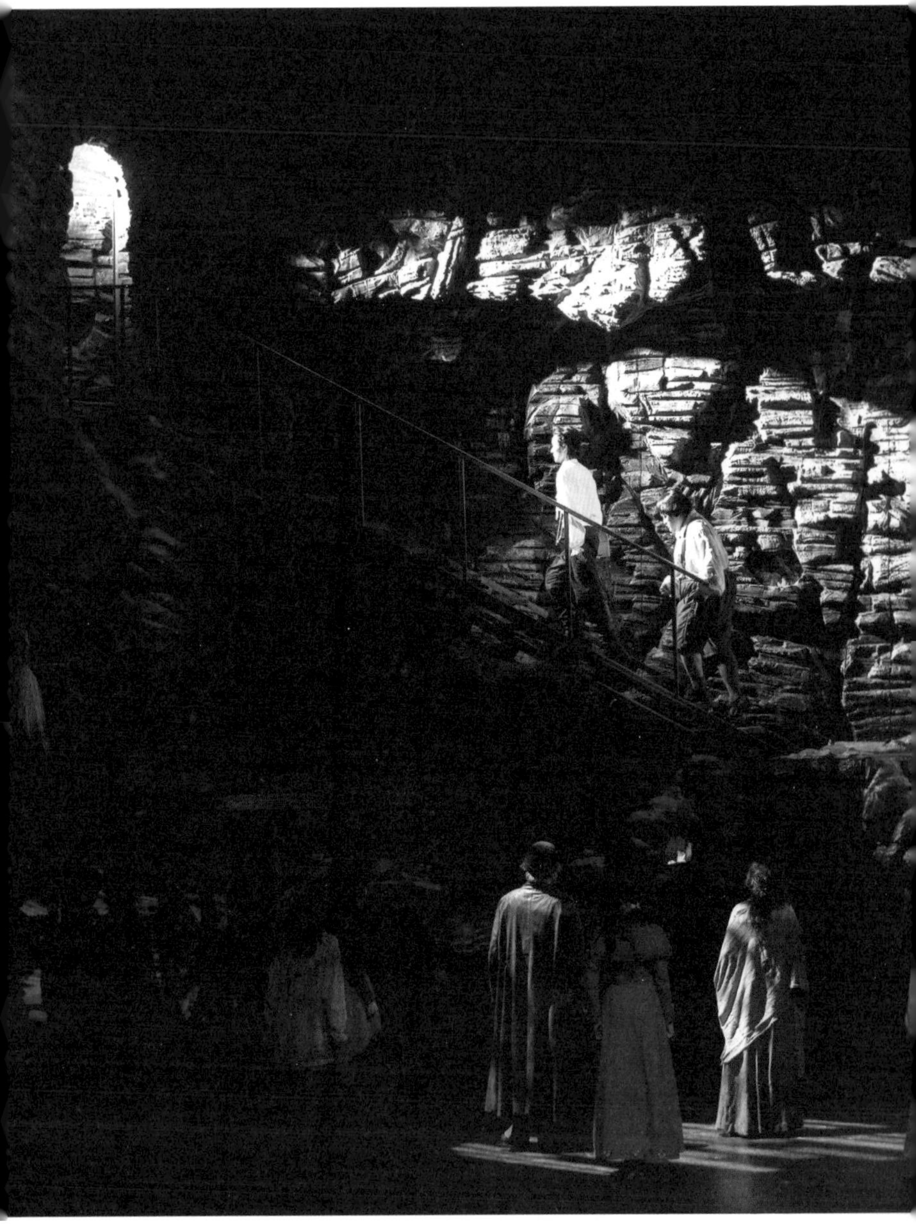

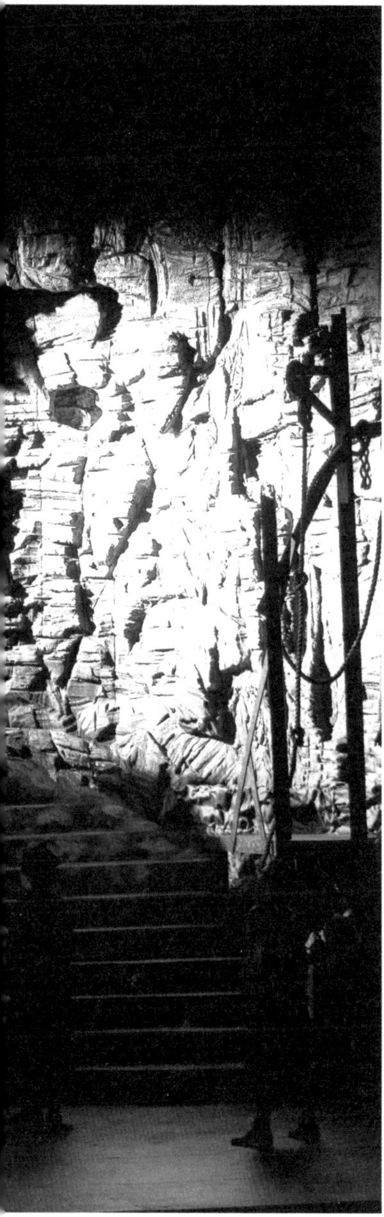

© OD뮤지컬컴퍼니

세르반테스는 연극 변론을 마치고
종교 재판을 받기 위해 지하감옥을 나간다.
이때 '이룰 수 없는 꿈'이 노래된다.
알돈자로 시작한 노래는
서서히 죄수들이 동참하면서
'이룰 수 없는 꿈'은 웅장한 합창으로
떠나는 세르반테스를 배웅한다.
알돈자를 비롯한 죄수들은
돈키호테의 행보에 감화되어
또 다른 돈키호테로 태어난 것이다.

등장한다. 지하감옥에서 극중극으로 들어갈 때, 비참한 현실에서 꿈과 모험이 있는 상상의 세계로 이동할 때 이 노래는 반복해서 울려 퍼진다. '나, 돈키호테'는 현실에서 상상의 세계로 진입하기 위한 일종의 열쇠이다. 이 곡의 마지막 가사는 "그 어느 곳이라도 영광을 향해 가자"이다. 병상에서 일어나 모험의 길을 나서겠다던 알론조 키하나 영감은 이 노래를 채 다 부르지 못하고 숨을 거둔다. 그가 못다한 마지막 가사는 "가자"였다. 세르반테스는 자신을 변론하는 연극에서, 그리고 죄수들의 요구로 추가한 연극에서도 돈키호테가 상상의 세계의 모험을 지속하는 것으로 마무리하지 않는다. 그 이유는 돈키호테가 꾼 꿈이 '불가능한 꿈'이기 때문이다.

그렇지만 이것이 이상을 추구한 돈키호테의 패배를 의미하는 것은 아니다. 돈키호테를 만났던 알돈자와 산초, 그리고 죄수들이 이전의 그들이 아니기 때문이다. 세르반테스는 연극 변론을 마치고 종교 재판을 받기 위해 지하감옥을 나간다. 이때 '이룰 수 없는 꿈'이 노래된다. 알돈자로 시작한 노래는 서서히 죄수들이 동참하면서 '이룰 수 없는 꿈'은 웅장한 합창으로 떠나는 세르반테스를 배웅한다. 알돈자를 비롯한 죄수들은 돈키호테의 행보에 감화되어 또 다른 돈키호테로 태어난 것이다. 세르반테스는 돈키호테가 된 그들을 지긋이 바라보며 감옥을 걸어 나간다.

〈맨 오브 라만차〉가 여느 희망을 구가하는 작품과 다른 점은 막연한 희망과 기대가 아닌 정확한 현실 인식에서 출발하고 있다는 점이다. 〈맨 오브 라만차〉는 꿈이 불가능하다는 전제에서 시작한다. 그럼에도 불구하고 멈출 수 없기 때문에 나아가야 한다고 주장한다. 돈키호테가 꾼 불가능한 꿈은 산초와 알돈자에게 전파되고 또 이들의 노래가 다른 이들에게 전파되면서 무수히 많은 돈키호테를 만들어낼 것이다. 이렇게 돈키호테가 꿈꾼 세상의 노래가 주변 사람들에게 전파되고 그것이 지속, 반복된다면 지금은 불가능할지라도 언젠가는 가능해지지 않을까. 이것이 <맨 오브 라만차>가 불가능한 꿈을 가능하게 하는 방식이다.

CHICAGO

03

진실이 거래되는 도시
시카고

어두운 공연장 내부, 어수선한 분위기 속에서 오케스트라 멤버들이 제각기 악기를 들고 무대 중앙에 마련된 단상 위로 오른다.

환영합니다.
여러분은 지금부터 살인, 탐욕, 퇴폐, 폭력, 착취,
매춘, 배신 등의 이야기를 보게 될 것입니다.
바로 여러분들 주위에서 벌어지는 이야기들을 말입니다.

사회자의 말이 끝나면 끈적이는 색소폰 연주에 이어 재즈 음악이 흘러나온다. 관객들은 사회자의 안내와 재즈 음악을 따라 마법처럼 1920년대 진실이 거래되는 시카고로 시간 여행을 하게 된다.

뮤지컬 <시카고>는 1975년 어둡고 사회 비판적인 작품을 주로 쓴 프레드 엡Fred Ebb, 존 칸더John Kander가 작곡, 작사가로 참여하고 전설의 안무가 밥 포시Bob Fosse가 연출과 안무를 맡은 작품이다. 이듬해 토니상 시상식에서 10개 부문에 11명의 후보가 올랐지만 단 한 부문도 수상하지 못했다. 그해 토니상은 코러스를 주인공으로 내세워 다큐적인 요소를 포함시켰던 문제작 마이클 베넷의 <코러스 라인>이 거의 모든 부문에서 수상을 독차지했다. 초연 당시 평단은 <코러스 라인>에 손을 들어주었지만, 시간이 지날수록 관객들은 사회 비판적인 내용을 풍자적으로 전하면서도 밥 포시의 그로테스크한 매력이 배어 있는 <시카고>에 더 많은 애정을 보냈다. 1996년 리바이벌한 <시카고>는 2019년 현재까지도 공연을 이어가며 사랑받고 있다. 브로드웨이 최장기 공연은 30여 년을 넘게 공연하고 있는 <오페라의 유령>이지만, 리바이벌 뮤지컬 중에서는 <시카고>가 최장기 공연 타이틀 기록을 세우고 있다. 2002년 캐서린 제타 존슨과 르네 젤위거가 타이틀 롤을 맡고 롭 마샬이 감독한 뮤지컬 영화는 아카데미 시상식에서 작품상을 비롯 여섯 부문을 수상하며, 영화 역시 큰 사랑을 받았다.

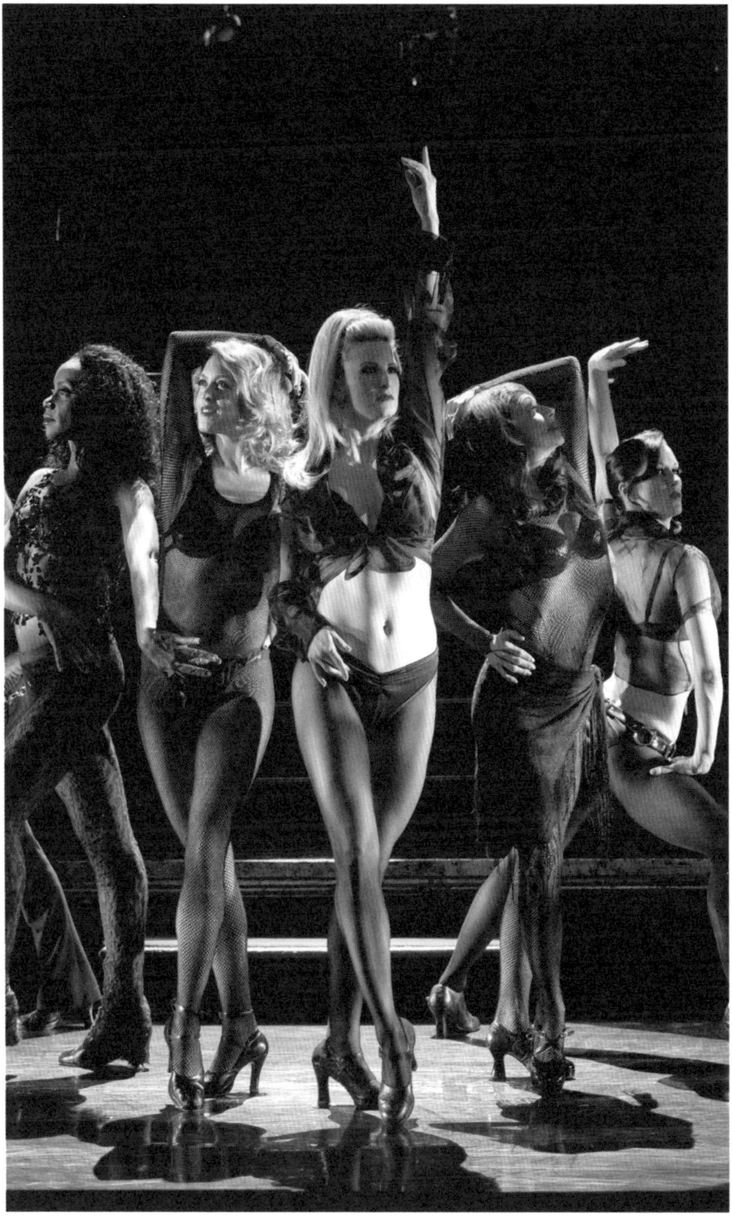
Ambassador Theatre © Jeremy Daniel

1920년대 시카고

뮤지컬 〈시카고〉는 1920년대 시카고를 시대적, 공간적 배경으로 하고 있다. 1920년대 시카고는 폭력과 살인, 황색 저널리즘이 판을 치던 곳이었다. 당시 가장 유력 인사는 시카고 마피아를 이끌었던 갱단 두목 알폰소 카포네(일명 알 카포네)였다. 알 카포네는 1920년 금주법이 발효되자 밀주 판매, 매음, 도박 등으로 세력을 키울 자금을 모았다. 그는 정계의 주요 인사들을 매수하고 온갖 비리와 폭행, 살인을 서슴지 않았다. 사회를 타락시키는 주범이었지만 언론은 그의 행태를 보도하면서 환상을 심어주었다. 당시 언론은 분별없는 태도로 악당들의 폭력과 살인을 자극적인 기사 소재로만 삼았다.

뮤지컬 〈시카고〉는 1926년 트리뷴지의 여성 기자이자 희곡 작가였던 모린 달라스 왓킨스가 쓴 희곡을 토대로 한다. 이 작품은 1927년 무성영화 〈시카고〉와 1942년 록시를 주인공으로 내세운 〈록시 하트〉라는 영화로 만들어지기도 했다. 원작의 인물들은 당시 왓킨스가 취재했고 세간을 떠들썩하게 했던 두 살인범을 모델로 삼았다. 록시 하트의 모델이었던 블라 세리프 아난Beulah Sheriff Annan은 정부情夫와 다투던 끝에 그를 총으로 쏘아서 죽인다. 그녀는 살인 이후에도 당황하지 않고 네 시간 동안 '훌라 루Hula Lou' 음악을 반복해서 들으며 춤을 췄다고 한다. 이후 남편에게 전화를 걸어 자신을 강간하려는 남자를 쏘았다고 허위 자백한다. 벨마 켈리의 모델은 보드빌 가수인 벨바 거트너Belva Gaertner이다. 그녀는 만취한 상태에서 남편을 자신의 차에서 죽였다. 집 안에서는 진을 비롯한 수많은 술병

이 나뒹굴었다. 그녀는 아무 것도 기억하지 못한다고 했다. 놀랍게도 둘은 배심원제로 이루어지던 시카고 법정에서 모두 무죄 판결을 받았다. 대부분의 배심원은 남자였다. 이러한 일이 잦다 보니 시카고 법정에서는 예쁘고 매력적인 여성은 사형을 당하지 않는다는 자조 섞인 말이 나돌 정도였다. 뮤지컬에서도 이러한 당시 시카고 배심원제의 문제를 풍자적으로 연출한다. 록시가 최후 재판을 받는 재판에 배심원석에는 의자들만 놓여 있다. 재판이 진행되는 동안 한 배우가 모자를 쓰거나 벗고, 가운을 입으며 자리를 옮기면서 여러 명의 배심원을 연기한다. 배심원들은 록시에게 유혹당하거나 졸고 있는 등 무능력하고 진실에는 관심이 없는 태도를 보여준다.

보드빌 쇼에 대한 오마주

뮤지컬 〈시카고〉에는 장면 곳곳에 보드빌 쇼의 흔적이 남아 있다. 보드빌은 19세기 말부터 1920년대까지 유행했던 대중 쇼 형식이다. 한때는 가족들이 즐길 수 있는 건전한 대중 오락물로 발전해오다가 1920년대 영화가 등장하면서 서서히 쇠퇴하게 된다. 대중들이 서서히 영화에 관심을 보이자 보드빌이 경쟁력으로 내세운 것은 선정성이다. 쇼걸들의 치마는 짧아졌고, 음담패설과 성적인 매력을 어필하는 쇼로 변질돼 갔다.

넘버들이 보드빌 쇼 형식일 뿐만 아니라 캐릭터에도 유명 보드빌

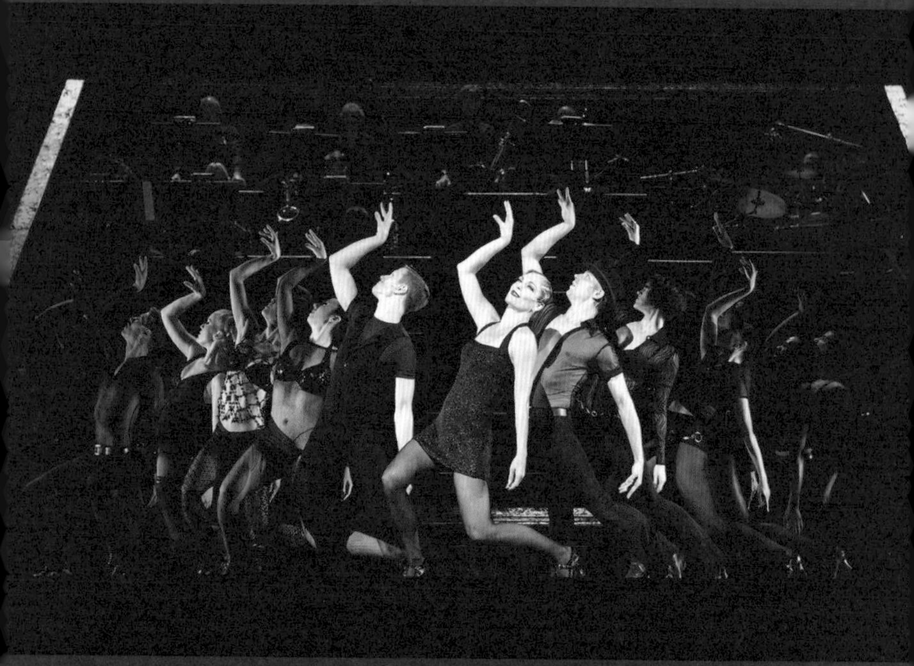

Ambassador Theatre © Jeremy Daniel

벨마는 근육질의 남자 무용수들과 선정적인 춤을 춘다.
움직임이 크진 않지만 절도 있는 손동작과 자극적인 몸짓으로 관객을 유혹한다.
무대 한쪽에서는 바람을 피우는 록시 하트가
정부의 배신을 알아차리고 살해하는 드라마가 전개된다.

가수의 오마주로 가득하다. 벨마는 유명한 보드빌 스타 텍사스 가이넌Texas Guinan을 오마주한다. 텍사스 가이넌은 무대에서 종종 "이봐 애송이들Hello Sucher"이라고 말하곤 했는데, 2막 시작할 때 벨마가 관객들에게 "이봐 애송이들, 화장실은 갔다 왔어"라고 하는 말은 그에 대한 오마주이다. 록시가 남편에 대한 신뢰와 사랑(?)을 노래하지만 결국 속내를 드러내는 그녀의 첫 곡 '재밌는 자기Funny Honey'는 헬렌 모건의 노래 '빌Bill'을 오마주한 곡이다. '빌'은 특별할 것 없는 남자에 대한 사랑을 노래하는 곡이다. '재밌는 자기' 역시 사랑스러운 남편에 대해 노래하다가 그가 불리한 진술을 하자 돌변하는데 '빌'과 내용적으로도 유사하다. 헬렌 모건은 노래를 부를 때 피아노에 앉은 자세를 자주 취했다. 뮤지컬에서도 연출에 따라 다르지만 '재밌는 자기'는 그랜드 피아노 위에서 노래하곤 한다. 롭 마샬의 영화에서도 록시 하트를 맡은 르네 젤위거가 그랜드 피아노 위로 올라가 이 노래를 부른다.

'마마에게 잘해야When You're Good to Mama'는 감옥의 교도소장 마마 모튼이 등장해 자신을 소개하는 노래이다. 풍만한 육체와 의상은 등장부터 소피 터커Sophie Turker를 연상시킨다. 이 노래는 소피의 외설적인 내용의 '매일 밤 마마를 만나요You've Got to See Mama Every Night'를 염두에 둔 곡이다. 이외에도 언론의 관심이 떨어진 벨마가 거짓 상황을 설명하는 '벨마가 마이크를 잡으면When Velma Takes The Stand'에서는 벨마가 1920년대 한창 유행하던 춤 찰스턴을 선보인다. 변호사 빌리가 '내게 중요한 건'을 부르기 전 "행복하신가요?" 하고 던지는 인사는 재즈 클라리넷 연주자 테드 루이스를 오마주한 것이며,

빌리의 뒤에서 하얀 깃털을 들고 춤을 추는 코러스 걸은 샐리 랜드 Sally Rand의 팬 댄스를 모방한 것이다. 이처럼 〈시카고〉에는 보드빌에 대한 헌사로 가득하다.

그렇다고 〈시카고〉의 보드빌에 대한 오마주가 이제는 사라진 장르에 대한 추억을 소환하는 방식으로만 본다면 오산이다. 〈시카고〉는 보드빌 쇼에 대한 헌사이면서 보드빌 쇼를 통해 작품의 메시지를 전한다.

드라마와 쇼가 결합된 콘셉트

〈시카고〉는 종종 '컨셉 뮤지컬'로 보기도 한다. 컨셉 뮤지컬이란 극의 스토리보다 아이디어가 중심이 되는 작품을 말한다. 뮤지컬 〈시카고〉를 관통하는 아이디어는 보드빌 쇼와 드라마의 결합이다.

서곡이 끝나고 나오는 첫 곡 '올 댓 재즈All That Jazz'는 드라마와 보드빌 쇼 양식이 결합한 〈시카고〉의 특징을 잘 드러낸다. 대략적인 가사는 이렇다. "어서 와, 베이비. 신나게 놀아봐, 그게 바로 재즈야, 무릎에 루즈를 칠할 거야, 스타킹 돌돌 말아 벗고서, 그게 바로 재즈야, 시동을 걸어 재밌는 곳을 알아 진은 차갑고 피아노는 뜨거워." 끈적이는 재즈 선율에 맞춰 마음껏 즐겨보자는 퇴폐적인 내용의 노래로, 벨마는 근육질의 남자 무용수들과 선정적인 춤을 춘다. 움직임이 크진 않지만 절도 있는 손동작과 자극적인 몸짓으로 관객을 유혹한다. 벨마의 섹스어필한 보드빌 쇼가 벌어지는 동안 무대 한쪽에서는 바람을 피우는 록시 하트가 정부情夫의 배신을 알아차리고 살해하는 드라마가 전개된다. 보통 뮤지컬에서 노래는 대사를 대신한다. 하지만 이 장면에서 벨마가 부르는 '올 댓 재즈'는 록시가 살인을 저지르는 드라마와 상관이 없다. 이 노래는 록시와는 다른 공간에서 벨마가 선보이는 보드빌 쇼이기 때문이다. 이처럼 〈시카고〉는 극이 전개되는 가운데 보드빌 쇼가 적절하게 녹아드는 형식을 취한다.

주인공 벨마는 보드빌 배우이고, 록시는 보드빌 배우를 꿈꾸는 지망생이기 때문에 보드빌 노래가 뮤지컬 넘버로 사용되는 데 무리가 없다. 록시가 언론의 관심을 받게 되자 우쭐해서 부르는 '록시'는 보드빌 스타가 된 환상에 도취되어 부르는 노래이다. 사건의 진행과 연결되지만 그 자체가 보드빌 쇼이다. 〈시카고〉에서 가장 인상적인 노래 중 하나인 '셀 블록 탱고'도 보드빌 쇼 형식을 취한다. 이 노래는 벨마를 포함한 쿡 카운티 교도소의 여성 죄수 여섯이 선보이는 섹시하고 인상적인 쇼이다. 여섯 죄수들은 망사 스타킹과 핫팬츠, 브래지어를 드러낸 선정적인 의상을 입고 자신이 왜 이곳에 오게 됐는지 섹시한 춤을 곁들여 노래한다. 이들은 충동적인 이유로 남자들을 살인했고, 그들을 죽인 것은 당연하다는 입장을 취한다. 그들이 벌인 살인의 폭력성에 선정성을 교묘하게 결합시켜 관능적인 느낌마저 준다. 록시의 남편인 에이모스가 존재감이 없는 자신의 신세한탄을 하는 '미스터 셀로판'이나, 벨마가 록시에게 듀엣으로 보드빌 쇼에 서자고 제안하는 '혼자서는 할 수 없어I Can't Do It Alone' 역시 독립적인 보드빌 쇼이다. 〈시카고〉의 거의 모든 노래는 보드빌 쇼 형식을 취하고 있다.

노래뿐만 아니라 아무런 세트 없이 진행되는 무대 역시 연극보다는 춤추고 노래 부르기에 최적화된 공간이다. 〈시카고〉에서는 오케스트라가 무대에 노출되어 있다. 아무런 정보 없이 공연장에 들어선 이라면 공연장을 잘못 찾은 것이 아닌가 의구심이 들 정도로 극을 위한 세트가 없다. 등장인물들 역시 정장 차림의 변호사 빌리와, 평범한 차림의 남편 에이모스를 제외하면 모두가 중절모에 몸에 딱 붙는 타이즈를 입고, 여성 배우들은 몸매가 드러나는 망사 셔츠와 스타킹을 한 선정적으로 변해가던 보드빌 배우 복장으로 등장한다.

보드빌 양식을 효과적으로 결합하고 작품의 매력으로 살린 점은 초연 연출과 안무를 맡았던 밥 포시의 공이 크다. 밥 포시는 보드빌 배우였던 부모님의 영향으로 어린 시절부터 극장의 분장실에서 자랐다. 여자를 알 만한 나이가 되기도 전부터 핫팬츠와 가슴을 드러내놓고 돌아다니는 배우들과 생활했기 때문에, 선정적이고 섹시한 배우들의 몸짓이 누구보다도 익숙했다. 밥 포시는 화려한 동작보다는 기형적인 몸짓과 괴이한 동작에서 오는 그로테스크한 아름다움을 춤으로 구현한 안무가이다. 안짱다리였던 그의 신체적 결함을 극복하기 위한 춤 동작이었지만 그것이 은밀하면서도 묘한 매력을 발산했다. 그의 병적이고 괴이한 동작은 1920년대 병들고 타락한 사회를 보여주는 데 적합했다. 독특한 미학을 형성하는 그의 춤은 작품이 만들어진 지 40여 년이 훌쩍 지난 지금의 시각에서도 여전히 모던한 느낌을 준다. 〈시카고〉가 오랜 시간 사랑을 받은 데에는 그의 그로테스크한 춤이 큰 역할을 했다.

미디어와 쇼 비즈니스

1920년대 살인과 폭력, 사기가 판치던 시대의 이야기에 보드빌 양식을 활용한 이유가 단순히 그 시대의 문화를 반영했기 때문만은 아니다. 선정적으로 변해가는 보드빌이 당시 시대의 타락상을 보여주기 매우 적절한 요소였을 뿐만 아니라 작품이 하고자 하는 메시지를 가장 적절하게 전달하는 방식이었다.

변호사 빌리가 부르는 노래 '내게 중요한 건'은 거대한 깃털을 든 보드빌 배우들에 둘러싸여 부르는 노래로 자신은 오직 사랑만 있으면 된다는 가식적인 내용을 담고 있다. 빌리는 진실과 상관없이 돈만 주면 살인자도 스타로 만들어주는 타락한 변호사이다. 게다가 이 노래를 부르는 사이에 빌리는 비싼 변호사비를 걱정하는 록시의 의뢰를 거부한다. 그런 와중에도 큰 깃털을 들고 빌리 주변에서 그를 호위하며 "내겐 오직 사랑뿐"을 합창하는 코러스걸은 그의 말이 모두 쇼(거짓)임을 역설한다. 2막에서 부르는 '얼렁뚱땅Razzle Dazzle'은 진실과 상관없이 거짓으로도 재판에서 승리하는 타고난 수법을 뻔뻔하게 자랑하는 노래이다. 이 노래에서 그가 밝히는 법정 수법은 진실을 알아차리지 못하게 난장판을 만드는 것이다. 얼렁뚱당 야단법석 속에 일을 처리하게 만드는 기술, 그래서 빌리는 자신의 변호를 쇼나 서커스에 비유하기도 한다.

법정에서 얼렁뚱땅 진실을 덮고 거짓이 승리하기 위해서는 자극적이고 흥미로운 소재를 던져주어야 한다. 사람들이 진실보다는 자극적인 이야기를 원하기 때문이다. 그래서 빌리는 치밀하게 각본을

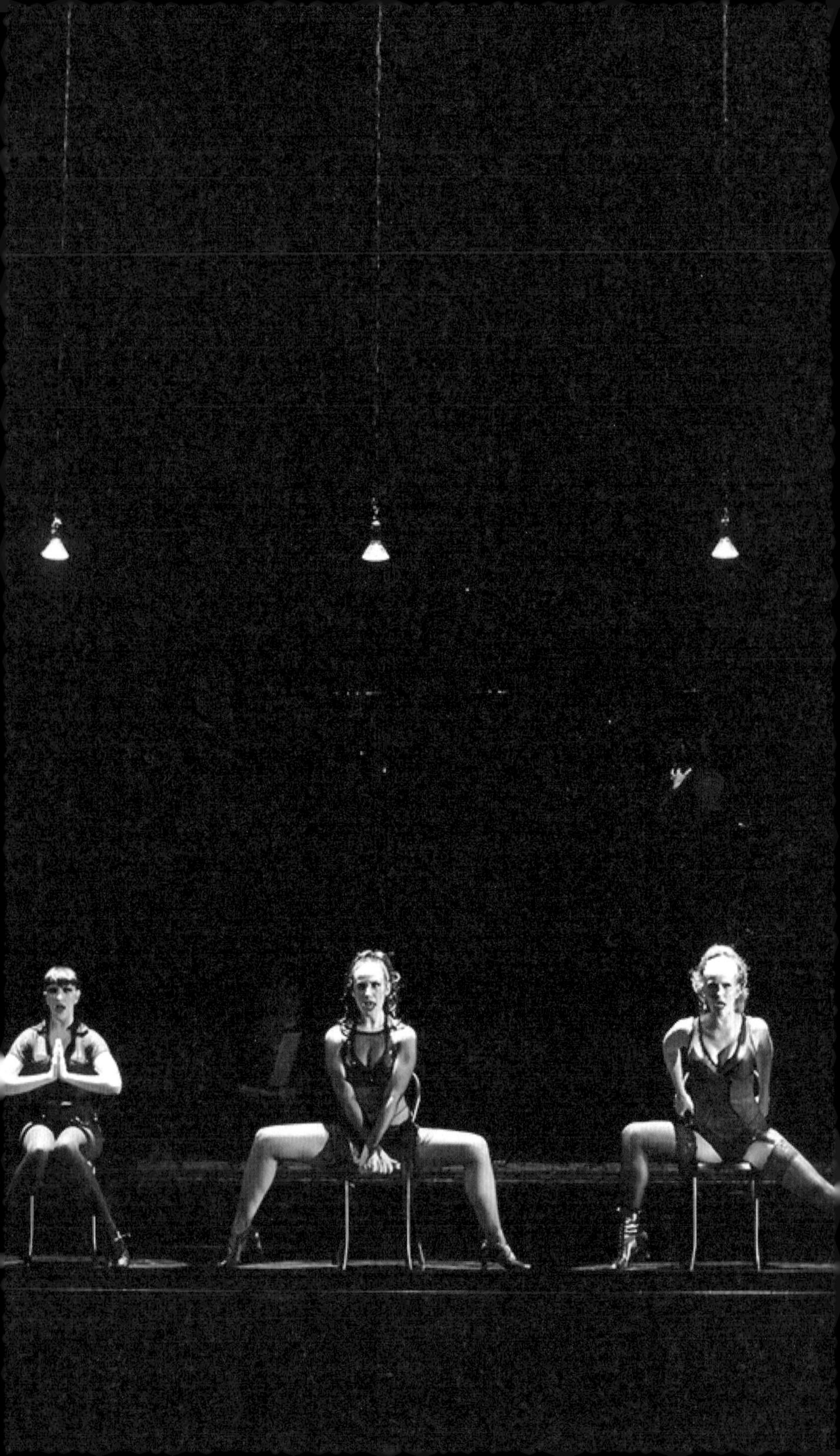

Ambassador Theatre © Jeremy Daniel

쓰고 죄수를 자신의 각본대로 움직이도록 한다. 록시가 자신의 정부를 분노로 살해했지만 그것이 정당방위인 것처럼 꾸미기 위해 기자들에게 거짓 이야기를 들려주는 노래가 바로 '우린 둘다 총을 향해 손을 뻗었어요We Both Reached for the Gun'이다. 빌리와 록시는 그대로 받아 적을 준비가 된 기자들을 불러 모으고 기자 회견을 한다. 록시가 자신의 생각을 말할 필요는 없다. 입만 뻥긋거리면 빌리가 복화술로 살인이 일어난 당시 상황을 창작한다. 빌리의 무릎에 앉은 록시는 인형처럼 분장을 하고 빌리의 조정에 따라 마리오네트처럼 움직인다. 빌리의 무릎 위에서 조종 받는 록시와 마찬가지로 기자들 역시 그의 말에 놀아나는 꼭두각시이다.

빌리의 탁월한 능력은 바로 언론을 자극할 만한 스토리를 잘 만들어낸다는 점이다. 진실에 관심 없고 자극적인 이야기를 전하는 메리 선샤인 같은 기자가 있기 때문에 거짓이 유통된다. 뮤지컬 넘버 '모든 것에는 장점이 있어A Little Bit of Good'는 메리 선샤인 기자의 철학관이 드러나는 노래이다. 세상의 모든 것에는 선함이 있고 그것을 긍정하라고 배웠다는 가사는 얼핏 들으면 그녀의 이름만큼이나 긍정적이지만 문제는 그녀가 사리를 분별하고 알려야 하는 기자라는 데 있다. 진실과 거짓을 구별하지 못하고 말하는 대로 기사화하는 메리 선샤인은 거짓을 수용하는 언론을 풍자한다. 메리 선샤인의 노래는 소프라노 하이톤의 오페라 발성을 요구한다. 메리 선샤인 역은 공연 프로그램에서도 배우의 사진을 넣지 않는데, 반전이 있기 때문이다. 과장된 소프라노 음역으로 노래하는 메리 선샤인은 남자가 여장을 하고 연기한다. 관객들은 메리 선샤인이 이 노래를 마치고 가발을 벗고 그가 남자였다는 진실을 알게 될 때 놀라게 된다. 여장을 한 메리 선샤인은 진실을 호도하는 언론을 상징하는 인물인 것이다.

보드빌과 드라마 양식을 결합한 뮤지컬 <시카고>는 보드빌을 통해 진실은 온데간데없고 타락한 법정이나 자극적인 소재에 열광하는 언론의 행태를 한 편의 쇼라고 풍자한다.

#01 뮤지컬 더 들여다 보기 SIDE STORY

전 세계 뮤지컬의 심장

브로드웨이 vs 웨스트엔드

브로드웨이와 웨스트엔드는 매일 밤 수백 개의 공연이 막을 올리고 그 공연을 보러오는 관객들로 인산인해를 이루는 공연장 클러스터이다. 브로드웨이와 웨스트엔드는 뉴욕과 런던에 공연장이 밀집되어 있는 특정 지역을 일컫는 명칭이다. 엄밀한 의미로 브로드웨이는 뉴욕 맨해튼을 남북으로 가로지르는 가장 긴 도로의 명칭으로 남북으로 41번가에서 54번가 사이, 동서로는 6애비뉴에서 8애비뉴 사이에 형성된 공연장 밀집 지역을 부르는 말이다. 이곳의 500석 이상의 대형 공연 시장 40여 곳을 흔히 브로드웨이 공연장이라고 한다. 웨스트엔드 역시 런던 시의 서쪽 하이드파크까지의 번화한 상업지구로 영화관, 극장이 모여 있는 지역을 말한다. 남으로는 스트랜드, 북으로는 옥스퍼드, 서로

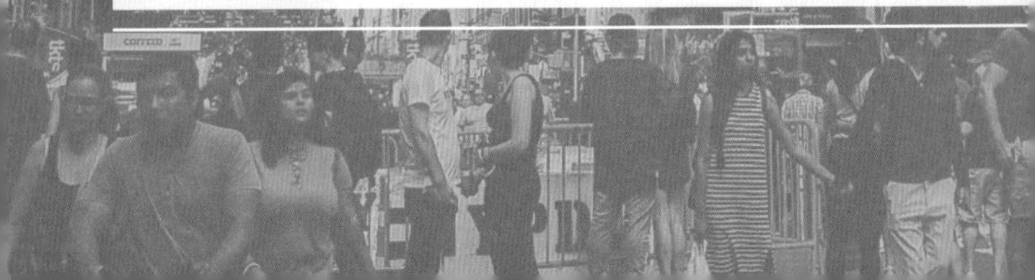

는 리젠트, 동으로는 킹스웨이 거리에 둘러싸인 공연장 밀집 지역을 웨스트엔드라고 한다. 하지만 브로드웨이와 웨스트엔드는 공연장 밀집 지역으로서의 의미보다 공연의 메카로서 상징적인 의미가 더 크다. 전 세계에 올라가는 수많은 뮤지컬을 공급하는 심장 같은 곳이다.

브로드웨이와 웨스트엔드는 수백 년 동안 공연의 역사가 쌓여서 지금의 공연 메카로 자리매김했다. 뮤지컬의 기원을 흔히 영국의 발라드 오페라, 프랑스의 오페라 코미크, 독일의 징슈빌, 이탈리아의 오페라부파 등의 유럽의 가벼운 오페라와, 민스트럴Minstrel, 보드빌Vaudeville, 벌레스크Burlesque 등의 미국의 쇼에서 찾는다. 이러한 공연들이 영국과 미국을 중심으로 발전하여 오늘날의 뮤지컬로 발전해왔다.

1728년 런던에서 초연한 존 게이의 〈거지 오페라〉는 역사가에 따라 관점이 다르지만 종종 뮤지컬의 효시로 꼽히는 작품이다. 일반적으로 발라드 오페라로 구분되는 이 작품은 이탈리어로 노래되는 오페라와는 다르게 서민들도 알아들을 수 있도록 자국어(영어)를 사용했다. 왕과 귀족 등 고상한 인물들이 등장하던 기존 오페라와 달리 범죄자, 거지, 창녀 등 낮은 계층의 인물들을 등장시켜 상류 계층과 정치가들의 허위와 위선을 풍자했다. 특히 이 작품은 기성 오페라 노래와 민요를 차용할 뿐만 아니라 귀족들의 문화였던 오페라의 관습을 풍자하는 등 상류층 문화에 대한 반발을 드러내기도 했다.

18세기 미국에서는 유럽의 오페레타가 건너와 노동자층을 비롯한 중상층의 오락거리가 되었다. 이후 미국에서는 서민층을 위한 오락 문화가 발전하는데 엑스트라 버간자Extravaganza, 버라이어티쇼와 민스트럴

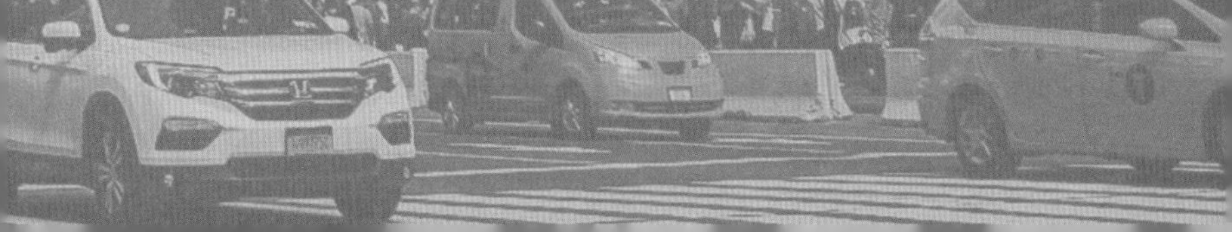

과 같은 쇼가 인기를 누렸다. 1866년 공연된 엑스트라버간자 〈검은 옷의 괴도Black Crook〉를 최초의 뮤지컬로 보기도 한다. 이 작품은 악당 허초그가 악마의 사주를 받아 마법을 부린다는 멜로드라마 형식의 작품이다. 내용은 《파우스트》와 《마탄의 사수》를 뒤섞여 놓은 듯했지만 첫 장면부터 끝까지 으리으리한 장면을 나열해 관객들에게 뜨거운 인기를 얻었다. 엑스트라버간자는 화려한 쇼로 유명한데, 대표작인 〈검은 옷의 괴도〉가 흥행을 이룰 수 있었던 이유도 여기에 있다. 이 작품에는 재밌는 에피소드가 전해진다. 작품을 개발하던 중 흥행을 확신하지 못한 제작자는 작품의 내용과 상관이 없었지만 계약 파기로 오도가도 못하던 파리에서 온 35명의 발레리나를 작품에 투입했다. 제작자의 기획은 적중했고 관객들은 시종 아름다운 발레리나의 군무에 눈을 떼지 못하고 그들을 보기 위해 공연장으로 몰려들었다. 뮤지컬이라고 하면 화려한 볼거리를 떠올리는데 이는 엑스트라버간자와 버라이어티쇼와 같은 볼거리 위주의 초창기 뮤지컬로부터 비롯된 것이다.

브로드웨이와 웨스트엔드는 뮤지컬 장르를 발전시켜온 상징적인 곳으로서 자부심이 강하다. 두 곳은 주도권을 두고 자존심 경쟁을 벌이기도 했다. 뮤지컬의 출발은 일반적으로 영국의 오페레타에서 시작했다고 본다. 영국에서 유행한 오페레타와 길버트와 설리반의 코믹 오페라는 영국 내에서뿐만 아니라 미국으로 넘어가 큰 인기를 끌었다. 19세기까지 뮤지컬의 주도권을 잡게 된 것은 영국이었지만 20세기로 들어서면 보더빌 등 쇼 형식이 점차 발전해 〈쇼 보트〉(1927) 등의 북 뮤지컬이 시작된다. 제롬 컨, 조지 거쉰을 비롯 리처드 로저스와 오스카 해머스타인 2세 등 뛰어난 창작자들이 등장하면서 1960년대까지 미국이 뮤지컬의 황금기를 이끈다.

영국이 다시 주도권을 갖게 된 것은 1980년대에 이르러 가능했다. 1960년대 비틀즈가 미국 음악계를 점령한 브리티시 인베이젼British Invasion이 1980년대 뮤지컬에서도 일어난다. 1981년 〈캣츠〉를 시작으로 〈레미제라블〉(1985), 〈오페라의 유령〉(1986), 〈미스 사이공〉(1989) 등 메가 뮤지컬 네 편이 영국에서 큰 흥행을 거둔 후 브로드웨이로 건너가 더 큰 흥행을 이루어냈다. 1980년대 브로드웨이 시장은 꽤 오랜 시간 영국에서 건너온 엄청난 규모의 메가 뮤지컬에게 점령당했다. 1990년대 디즈니가 공연계에 뛰어들어 선보인 〈미녀와 야수〉(1994), 〈라이온 킹〉(1997) 등이 흥행에 성공하기 전까지 1980년대 웨스트엔드에서 넘어온 메가 뮤지컬이 브로드웨이 시장을 지배했다.

최근에는 영국산 뮤지컬이 브로드웨이에 넘어오는 비중보다 브로드웨이 뮤지컬이 영국으로 넘어가는 수가 더 많다. 그러나 여전히 영국에서 만들어진 〈빌리 엘리어트〉나 〈마틸다〉 등 패밀리 뮤지컬이 브로드웨이 시장에서 강력한 영향력을 발휘한다. 뮤지컬을 상징하는 대표적인 장소인 브로드웨이와 웨스트엔드는 초창기 뮤지컬 시대부터 지금까지 끊임없이 경쟁하고 시장을 공유하며 성장해왔다.

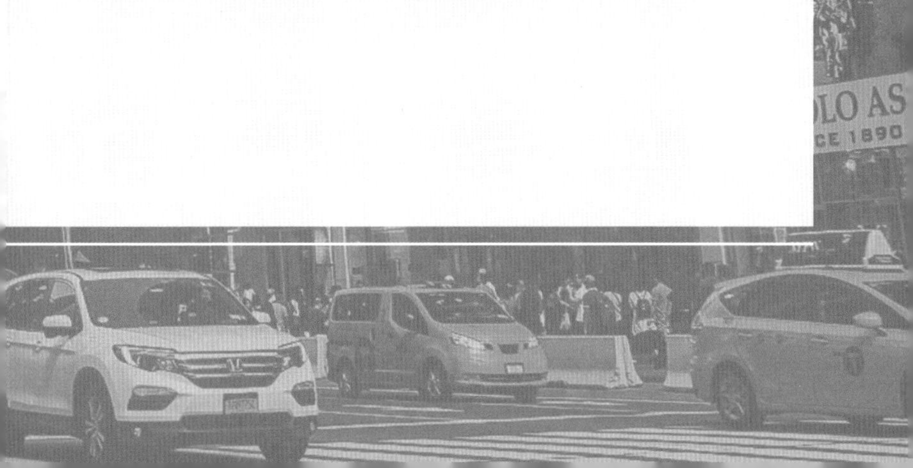

PART 2

메가 뮤지컬 시대와 웨버

★ 지저스 크라이스트 수퍼스타

에비타

오페라의 유령

미스 사이공

뮤 / 지 / 컬 / 더 / 들 / 여 / 다 / 보 / 기 SIDE STORY

카메론 매킨토시의 메가 뮤지컬

JESUS CHRIST SUPERSTAR

04

늘 새로운 버전으로 태어나는

지저스 크라이스트 수퍼스타

1971년 10월 12일, 브로드웨이 마크 헬링거Mark Hellinger 극장 앞에 기독교인들이 공연 중지를 요구하는 피켓을 들고 몰려들었다. 이날은 앤드루 로이드 웨버의 <지저스 크라이스트 수퍼스타>가 초연하는 날이었다. 예수의 마지막 7일간의 행적을 그린 록 오페라 방식의 <지저스 크라이스트 수퍼스타>에 기독교인들이 몰려온 이유는 이 작품의 제목에서도 유추할 수 있다. 68운동(1968년 5월 프랑스에서 학생과 근로자들이 일으킨 사회변혁운동으로 5월혁명이라고도 한다.)의 여운이 가시지 않았던 1970년대 초반에 예수의 삶을 저항의 상징인 록 음악으로 그려낸다는 형식도 불편했지만, 예수를 수퍼스타라 칭하면서 대중들의 인기를 한 몸에 받는 록 스타처럼 바라본 관점을 종교인들은 받아들일 수 없었다. 아이러니하게도 이날 피켓 시위는 언론에 보도

되면서 오히려 대중들의 관심을 높이는 계기가 되었다.

유다를 내세운 작품

<지저스 크라이스트 수퍼스타>는 작곡가 앤드루 로이드 웨버와 작사가 팀 라이스를 세상에 알린 작품이다. 둘은 1968년 성경을 소재로 15분짜리 뮤지컬 <요셉 앤 어메이징 테크니칼라 드림코트>를 만들어 꽤 성공적인 반응을 얻었다. 성공에 고무된 이들은 성경을 소재로 한 좀 더 규모가 큰 작품을 만들고 싶었다. 팀 라이스는 평소 유다에 관심이 많았다. 이들의 두 번째 작품은 유다에 대한 작품을 쓰기로 한다. 공연에 앞서 1969년 팀이 가사를 쓰고 웨버가 곡을 붙인 싱글 앨범이 발매됐다. 이 싱글 앨범에는 유다 역 배우의 이름이 예수 역보다 앞에 있었다. 애초 팀 라이스와 웨버는 '지저스 크라이스트 수퍼스타'가 아닌 '유다 이스카리옷Judas Iscariot'을 만들고 싶었던 것이다. 1970년에는 더블 앨범이 발매되는데 이때 예수 역을 딥 퍼플의 리드 싱어인 이언 길런Ian Gillan이 맡았다. 딥 퍼플의 '차일드 인 타임Child in Time'을 듣고 이안 길런에게 반한 팀 라이스가 그를 추천했다. 이안 길런이 부른 더블 앨범은 1971년 미국 최다 판매 앨범으로 선정되는 등 영국보다 미국에서 큰 인기를 끌었다. 앨범이 인기를 끌자 작품 제작도 급물살을 탔다. 미국에서 앨범 인기가 높아 작품은 브로드웨이에서 먼저 소개되었다. 브로드웨이 공연의 연출은

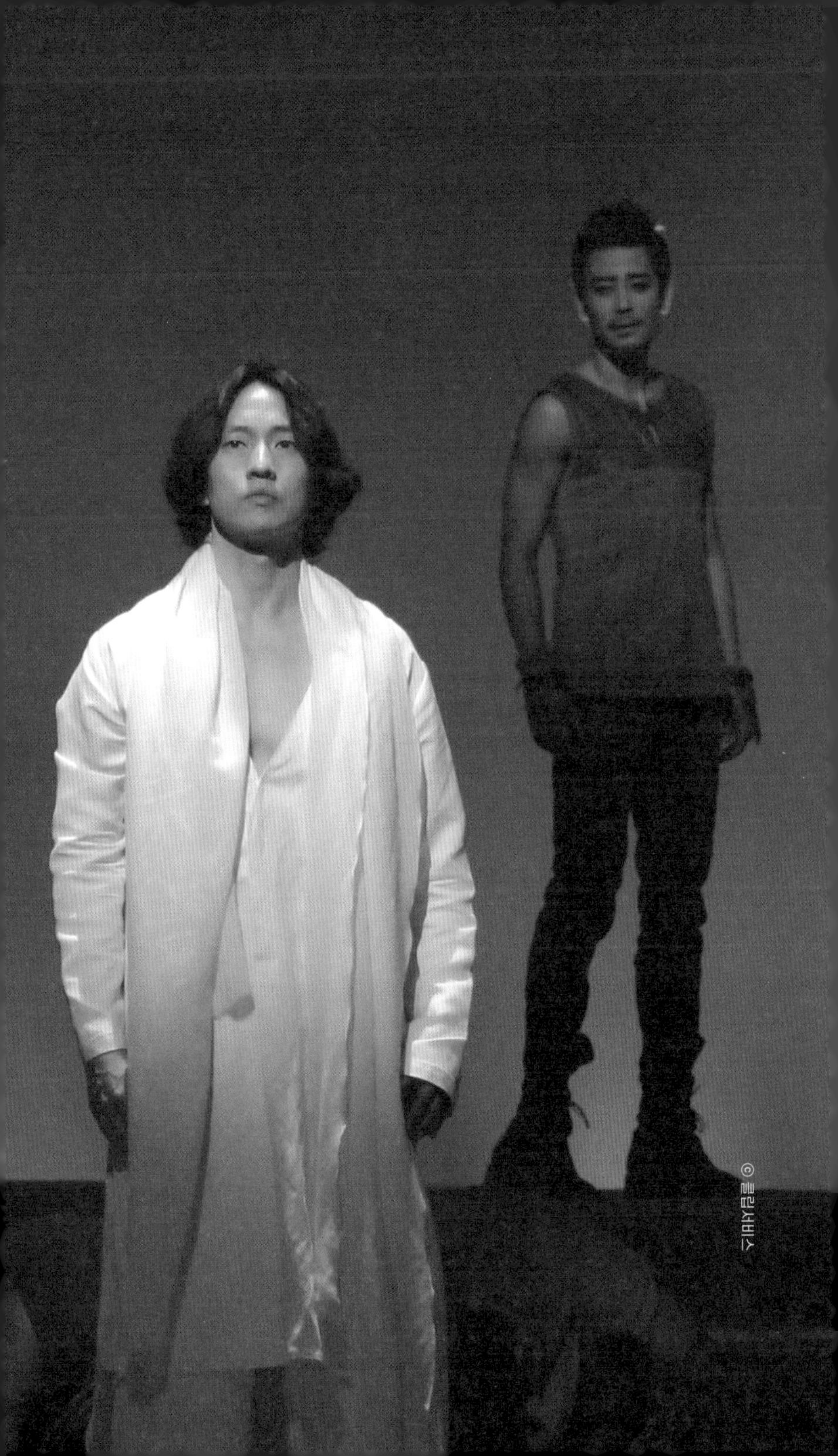

록 뮤지컬 <헤어>의 연출을 맡았던 톰 호오건이 맡았다. 팀과 웨버는 그들의 첫 뮤지컬인 <요셉 앤 어메이징>처럼 팝 칸타타 형식으로 풀어가고 싶었지만, 톰 호오건은 메시지가 두드러지는 연출을 선호했다. 인물을 명료하게 설정하고 이야기 흐름을 분명하게 해 결과적으로 웨버의 음악이 돋보였다.

유다를 주인공으로 내세우려는 애초 의도는 수정되었지만, 예수를 인간적인 관점에서 바라보는 시각이나, 유다를 배신자로 보는 일반적인 시각에서 벗어난 관점도 유지됐다. <지저스 크라이스트 수퍼스타>에서 예수는 자신의 운명을 끊임없이 회의하며, 주어진 길을 의심하는 인물이다. 가난한 사람들에 시달린 그는 거리의 여인 마리아에 의지해 위로를 받는 등 인간적인 모습도 보인다. 무엇보다도 유대인들의 예수에 대한 열광을 록 스타에 대한 열광과 같은 맥락으로 바라보았다. 예수 역에 무대 경험이 전혀 없는 딥 퍼플의 이언 길런, 스키드로우의 세바스찬 바흐, 에어 서플라이의 러셀 히치콕 등 록 스타가 주로 캐스팅된 것은 우연이 아니다. 예수를 록 스타와 비슷한 존재로 보았기 때문에 2012년 영국 아레나 투어 공연에서는 헤롯을 쇼 호스트로 그려내거나, 예수의 수난을 취재 경쟁하는 미디어들을 등장시키는 연출이 가능했다.

반면 은 30냥에 예수를 팔았던 유다는 유대인을 이끄는 지도자 또는 예정된 운명을 완성하기 위한 희생양으로 그린다. 작품은 배신의 이유를 금전적인 욕망이 아니라 예수와의 정치적인 의견 차이에서 찾는다. 작품 속에서 예수를 로마군에 넘긴 유다는 죄책감에 결국 자살한다. 이때 부르는 '유다의 죽음Judas' Death'에는 마리아가 잠든 예수에게 사랑의 감정을 느끼는 노래 '어떻게 그를 사랑하나요? I Don't Know How to Love Him'의 멜로디가 사용된다. 예수를 향한 마리아의 사랑과 유다의 마음이 결코 다르지 않음을 보여주는 것이다.

예수의 7일간 행적

<지저스 크라이스트 수퍼스타>은 예수가 열두 제자를 데리고 예루살렘에 입성하기 하루 전부터 십자가에 못 박히는 성금요일까지 일주일간의 행적을 내용으로 한다. 예수는 이스라엘 백성들의 '호산나(구하옵나니, 이제 구원하소서)'라는 환호를 받으며 새끼 나귀를 타고 예루살렘에 입성한다. 작품 중 7번 뮤지컬 넘버 '호산나'는 바로 이들이 예루살렘에 입성하는 장면에 해당한다. 서곡을 비롯한 6번 넘버까지는 예수와 유다와의 갈등, 이스라엘 백성들의 메시아에 대한 열망, 그리고 이에 대한 제사장들의 두려움과 음모를 보여준다. 예루살렘 입성 이후 예수는 장사치들과 강도들이 득실거리는 성전에서 분노하고, 제사장들과 유다는 음모를 꾸미며, 예수는 최후의 만찬에서 자신의 죽음과 제자들의 배신을 예언한다. 로마군에 잡힌 예수를 로마의 장군 빌라도에게 데려가지만, 빌라도는 유대의 왕 헤롯에게 판결을 미룬다. 헤롯은 예수에게 기적을 보이라며 조롱한 후, 그는 단지 사기꾼일 뿐이라며 다시 빌라도에게 보낸다. 빌라도는 군중들의 뜻에 밀려 예수를 십자가에 못 박는다. 이처럼 작품은 성경

의 내용을 그대로 따른다.

그 당시 이스라엘 백성들은 로마군의 지배를 받았다. 로마는 총독을 보내 이스라엘 백성을 지배하게 했는데 당시 총독이 본디오 빌라도였다. 총독은 군대를 보유한 실질적인 결정권자였지만 유대인의 통치에 직접 관여하지 않았다. 그러나 사형의 언도와 집행은 총독의 몫이었다. 예수의 사형을 바라던 군중들이 예수를 빌라도에게 데려간 것은 그러한 이유에서다. 유대인을 실질적으로 지배한 것은 제사장과 그들의 왕이다. 유대의 제사장들이 로마의 문화를 받아들이고 로마 황제에게 아첨하면서 그들의 지지 하에 유대인을 지배했다. 헤롯 안티파스(헤롯왕)는 바로 로마의 환심을 얻어 기득권을 유지했던 예수 시절의 유대왕이다. 헤롯왕이라고 하면 어린 예수를 제거하기 위해 두 살 이하의 어린아이를 모두 죽였던 잔인한 왕을 떠올리게 되는데, 헤롯 안티파스는 바로 그 잔인한 왕의 아들이다. 당시 유대인들은 새로운 로마의 문화와 물건에 경도된 이들도 있었지만, 로마의 정치적인 지배에서 벗어나 과거 다윗 왕이 지배하던 유대 왕국을 재건하길 바라는 이들이 다수였다. 이들은 진정한 메시아가 나타나 자신들을 해방시켜 줄 것이라고 믿었다. 이때 예수가 유다를 비롯한 열두 제자를 이끌고 나타난 것이다.

<지저스 크라이스트 수퍼스타>는 예수 당대의 사회적, 정치적 배경을 토대로 한다. 다수의 복음서에서 유다는 사탄에 비유되기도 하고 물욕에 눈이 멀어 은 30냥에 예수를 팔아넘긴 파렴치한으로 묘사된다. 마태복음에 의하면 유다는 예수를 판 것을 후회하고 자살했다고 하지만 사도행전은 불의로 얻은 돈으로 밭을 사는 등 사욕

을 채우다가 후에 곤두박질돼 배가 터지고 창자가 흘러나와 죽었다고 기록한다. 사도행전은 유다가 회개하지 못하고 천벌을 받아 죽었음을 강조한다. 유다를 바라보는 기독교의 일반적인 시각은 이처럼 부정적이다.

<지저스 크라이스트 수퍼스타>에서는 이러한 일반적인 시각을 뒤집고 유다를 다른 관점으로 바라본다. 유다를 현실에서 혁명을 통해 세상을 바꾸려는 열성적인 당원으로 파악한 것이다. 유다가 예수에게 대항하고 그를 배신하는 이유는 예수가 유대인을 이끄는 방식에 불만을 품었기 때문이다. 서곡 이후 실제적인 작품의 첫 곡은 유다가 부르는 '마음의 천국Heaven On Their Minds'이다. 이 노래에서 유다는 "이들은 현실의 해방을 바라는데 당신은 각자의 천국만을 설교하고 있다, 그러면 이들이 예수를 무너뜨릴 것"이라고 예수에게 경고한다. 유다는 해방을 원하는 다른 유대인과 마찬가지로 예수가 그들을 이끌 새로운 왕이 되어주길 바랐지만, 예수는 영혼의 구원을 설파하며 백성들을 위로한다. 유다는 혁명가를 원했는데 예수는 그럴 생각이 없었던 것이다.

유다를 현실적인 혁명을 갈망하는 열성당원으로 바라보는 시각은 전혀 새로운 것이 아니다. 유다의 이름 뒤에 붙는 '이스카리옷Iscariot'은 그가 열성당원이었다는 근거로 제시되기도 한다. 히브리인 이름 뒤에 붙이는 호칭은 그 사람의 출신이나 본적지, 아버지의 이름이거나 신체적 특징을 나타낸다. 그래서 일반적으로 카리옷 사람 유다로 해석하지만, 그를 열성당원이라고 보는 입장은 이스카리옷을 '시카리sicarii 단도의'에서 파생된 단어로 해석해 유다를 무력을 통해

© 클립서비스

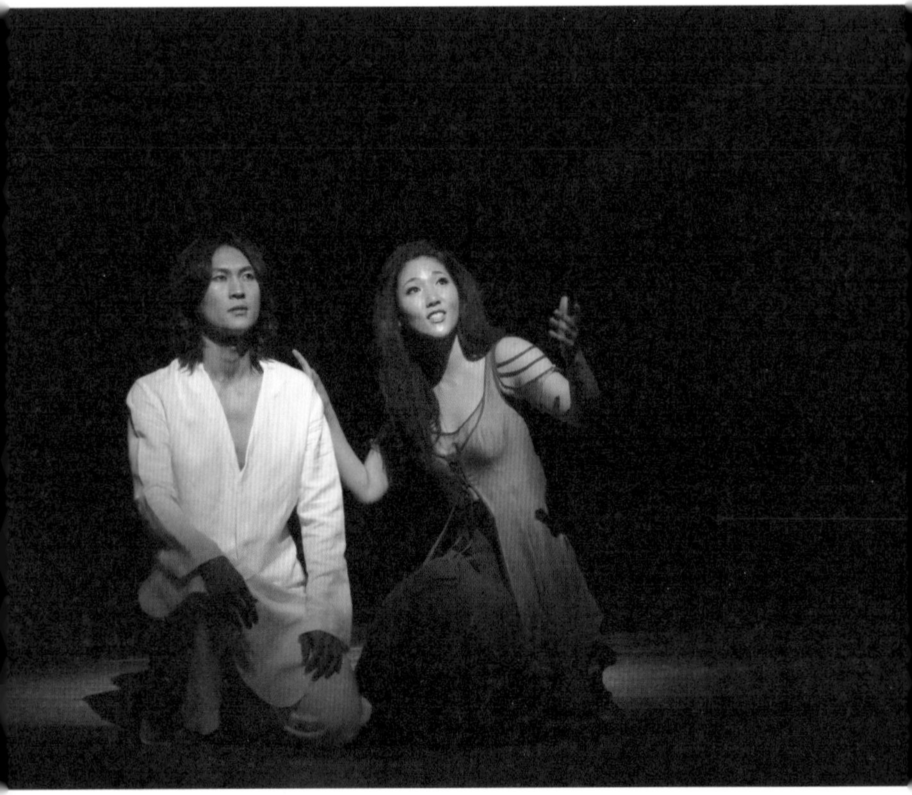

'유다의 죽음Judas' Death'은 마리아가 잠든 예수에게 사랑의 감정을 느끼는 노래 '어떻게 그를 사랑하나요?I Don't Know How to Love Him'의 멜로디를 사용한다. 예수를 향한 마리아의 사랑과 유다의 마음이 결코 다르지 않음을 보여준다.

유대인의 해방을 꿈꿨던 사람으로 본다. <지저스 크라이스트 수퍼스타>에서는 이러한 입장을 받아들여 유다를 유대 왕국의 재건을 주장하는 열성당원이었으며 메시아 예수가 자신이 원하는 왕국을 건설해주길 원했던 인물로 그린다.

피터 스탠퍼드의 《예정된 악인 유다》(부제, 누가 그를 배신자로 만들었는가)에서는 유다를 원치 않은 운명을 받아들여야 하는 희생양으로 파악한다. 피터 스탠퍼드는 여러 복음성서에서 유다의 기록을 점검하면서 그의 이야기가 복음서에 따라 다르게 쓰여 있다는 점에 주목한다. 마태와 누가, 요한 복음서에서는 유다를 은 30냥을 위해 예수를 팔았으며, 심지어는 사탄이라고 지칭하기도 한다. 그러나 바울과 마가 복음서에서는 유다가 돈을 받기 위해 예수를 배신한 것이라는 대목은 없다. 마가 복음서에서는 제사장이 먼저 유다에게 돈을 제안한다. 이 복음서에서는 적어도 유다가 돈 때문에 이런 일을 벌이지 않았음을 분명히 한다. 유대교에서 이어진 마태와 누가, 요한은 유다를 적대시하고 그를 배척하려고 했지만, 이방인 출신이었던 마가와 바울은 유다를 아웃사이더로 그리지 않았다. 유다는 신의 비밀을 알고 있고, 신이 자신에게 부여한 역할을 수행함으로써 예수를 돕는 존재로 본다. 책의 제목처럼 유다를 '예정된 악인'으로 본 것이다. 이 세상 모든 것이 하느님의 계획이었고, 유다 역시 그것에서 벗어날 수 없다는 기독교의 오래 된 논리와 연장선에서 유다를 파악한 것이기도 하다.

뮤지컬 <지저스 크라이스트 수퍼스타>의 유다는 예정된 계획을 위해 원하지 않은 운명을 받아들여야 하는 희생양으로 그려진다.

로마군에게 예수의 존재를 알리는 신호로 키스할 때도 예수는 유다의 키스를 거부하지 않는다. 겟세마네에서 이미 신이 정한 길을 따르겠다고 한 예수와 마찬가지로 유다도 원치 않지만 예수를 로마군에게 넘기는 악인 역을 받아들인다. 특히 뮤지컬에서는 신의 목소리를 통해 예정된 악인으로서의 유다를 부각한다. 예수를 넘긴 이후 죄책감에 쌓인 유다에게 들리는 "잘했다 유다, 착한 유다Well done Judas, Good old Judas" 라는 신성한 목소리는 책임을 다한 유다를 위로하면서 그의 배신은 정해진 역할이었음을 드러낸다. 그리고 이 소리는 유다가 모든 일을 치르고 후회하며 자살하는 장면에서 다시 들린다. "안녕 유다, 불쌍한 유다So long Judas, Poor old Judas" 작품은 유다를 비난하는 것이 아니라, 정해진 운명의 희생자로 동정한다.

혁신적이고 현대적인 뮤지컬

2000여 년 전 이야기를 소재로 40여 년 전에 만든 이 뮤지컬은 지금도 그 어느 작품보다 현대적이고 혁신적인 작품으로 평가받는다. 그런 평가에는 1971년 초연 당시는 물론이고, 지금 들어도 여전히 세련된 웨버의 음악에 공을 돌려야 한다. 웨버는 <지저스 크라이스트 수퍼스타>를 록 오페라 형식으로 만들려고 했다. 1960년대까지 대중문화의 꽃으로 황금기를 맞았던 뮤지컬은 1970년대에 들어서면 급격히 위상이 떨어진다. 1950년대부터 젊은이들을 지배한 것은 록 음악이다. 그러나 뮤지컬 음악은 여전히 클래식과 재즈가 대세였다. 록 뮤지컬이 없었던 것은 아니지만 〈헤어〉를 제외하고 변변한 성공작이 나오지 않았다. 바로 그때 〈지저스 크라이스트 수퍼스타〉는 록 음악을 오페라 형식에 접목시키면서 진일보한 록 오페라를 선보였다. 이 작품의 음악은 당시로서도 앞섰지만 40여 년이 지난 지금 들어도 여전히 세련된 느낌을 준다. 이 작품이 웨버의 가장 대중적인 성공작은 아니지만 그의 천재성을 보여준 작품으로 평가하곤 한다. 웨버 자신도 "내가 쓴 작품 중 가장 어려운 음악이다. 지금 다시 쓴다고 해도 그런 곡은 나오지 않을 것"이라고 밝힌 바 있다.

현실을 개혁하고 새로운 세상을 열려고 했던 유다의 생각은 1971년 반전운동과 히피 문화에 물든 젊은이들에게 매력적으로 다가왔을 것이다. 안정과 변화의 갈등, 젊은이들의 변화의 열망을 담은 작품은 리바이벌되면서 동시대적이고 시의적인 요소를 담아내며 다양하게 연출되었다.

1973년 노만 주이슨 감독이 제작한 뮤지컬 영화 버전은 히피 청년들이 사막에서 공연을 촬영한다는 독특한 콘셉트로 제작되었다. 거칠고 황량한 사막은 예수 시대의 이스라엘의 분위기를 재현했지만, 나팔바지를 입은 대중이나 헬멧을 쓰고 기관총을 든 로마군 등 의상과 소품은 현대적으로 꾸몄다. 자유와 반전 운동을 요구했던 68세대의 열망이 여전히 남아 있던 시대를 반영한 것이다. 2000년 스튜디오에서 촬영한 브로드웨이 리바이벌 공연에서는 청바지와 민소매 옷을 입은 히피 복장의 젊은이들과, 마치 록 스타처럼 검은 가죽점퍼를 입은 유다, 독일 장교의 제복과 영화 〈스타워즈〉의

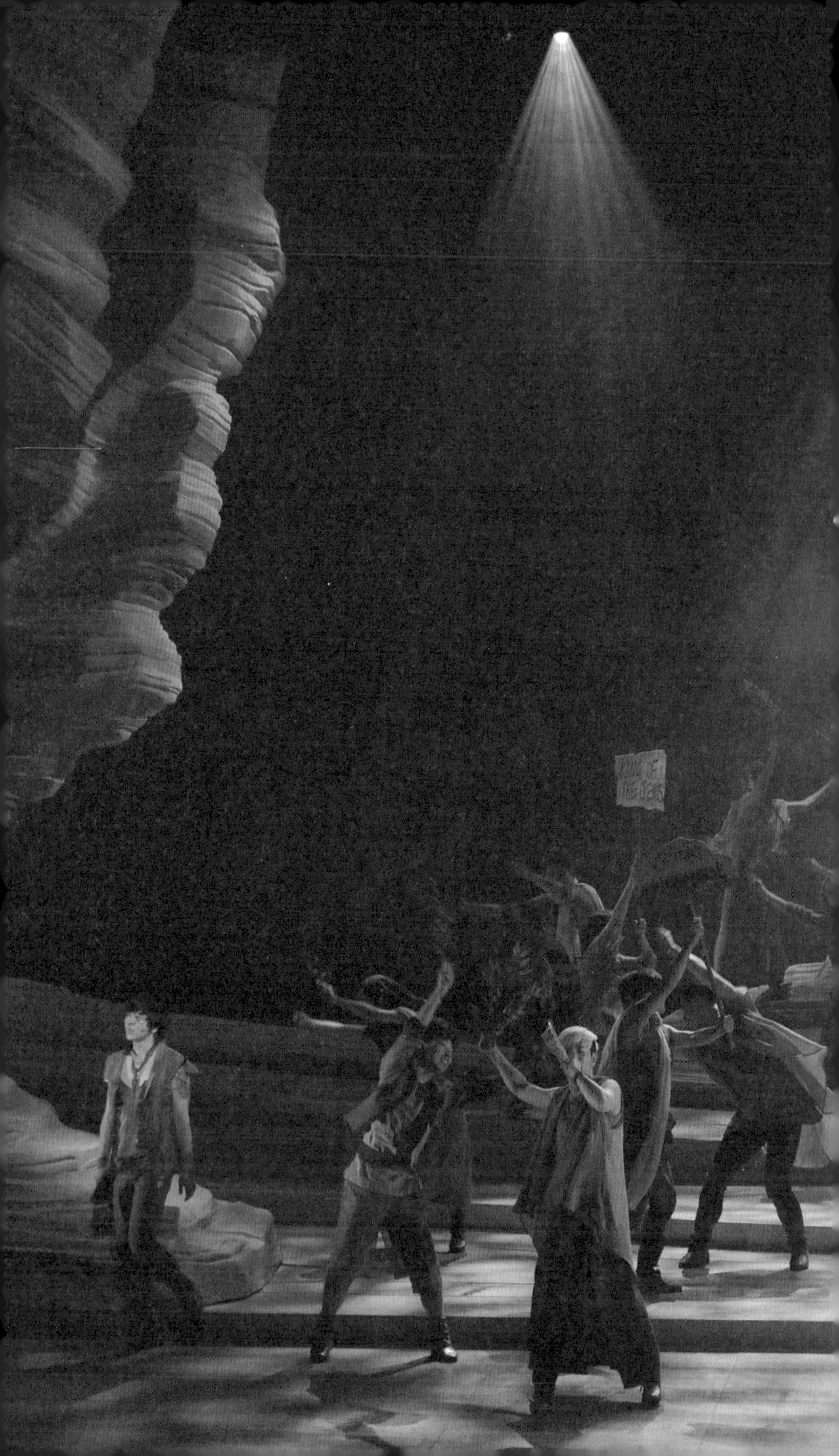

ⓒ 클립서비스

제국군 군사를 연상시키는 제사장과 빌라도가 등장한다. 예수와 그의 제자들을 제국주의에 맞서 자유를 바라는 청년들로 파악한 것이다. 심플한 콘크리트 벽에 마구잡이로 써놓은 그래피티로 젊은이들의 자유에 대한 갈망을 강조했다. 헤롯왕을 MTV 쇼 프로그램의 쇼 호스트처럼 꾸미고, 십자가를 짊어진 예수를 언론이 취재 경쟁하는 등 예수를 자극적인 소재로만 소비하는 미디어의 생리를 보여주기도 했다. 2002년 케빈 모리아티Kevin Moriarty가 브로드웨이에서 연출한 리바이벌 공연은 시대 배경을 아예 미래 사회로 가져왔다. 예수와 그 제자들은 경제적으로나 정치적으로 좌절된 젊은 집단으로 표현된다. 이들을 억압하는 경찰의 폭력성이 강조되고 사회적인 분노가 가득한 시대에 유다는 메시아의 상징성을 이용하려는 급진주의자로 표현된다. 2012년 웨스트엔드 초연 40주년을 기념하는 아레나 투어 공연 역시 현대적인 시점에서 이야기를 전개했다. 거대한 대형 스크린을 이용해 세계 곳곳에서 일어나는 시위 영상을 보여주며 시작한다. 태블릿 PC를 든 제사장이나 조깅을 하고 핸드폰을 사용하는 빌라도가 신선하게 다가왔다. 군중들이 환호하는 예수의 사진과 SNS 글을 영상으로 보여주는 등 현대적인 문물을 통해 작품의 현대성을 부각했다. 예수가 로마군에 잡혀 심문 받을 때는 관타나모 수용소 죄수복을 입었다. 관타나모 수용소는 쿠바 만에 있는 미국 수용소로 주로 테러범들을 수용하며 가혹한 고문이 이루어진 곳으로 알려져 있다. 이 작품에서도 헤롯은 오디션 프로그램을 진행하는 쇼 호스트로 새로운 신인 스타를 소개하는 방식으로 예수를 소개하며 그의 죄를 물었다.

어느 시대나 지배하는 자와 지배를 받는 자가 있고, 지배를 받는 자들은 자신들을 구원해주는 메시아의 등장을 바라기 마련이다. 자신들을 이끌 메시아를 록 스타로 풀어낸 <지저스 크라이스트 수퍼스타>는 자유로운 연출적인 변형을 통해 동시대적인 작품으로 공연되었고, 앞으로도 공연될 것이다.

EVITA

05

음악과 드라마의 절묘한 조율

에비타

웨버와 팀 라이스의 초기 흥행작인 〈에비타〉는 아르헨티나의 퍼스트 레이드 에바 페론의 삶을 극화한 작품이다. 웨버의 대표작에 비해 오늘날 관객들의 관심은 떨어지는 편이지만 역사적인 인물을 소재로 삼고 있으면서 음악, 가사, 연출의 완벽한 조화를 이룬 보기 드문 수작이다. 1978년 초연한 웨스트엔드 공연은 2,900회나 이어갈 정도로 흥행했다. 1996년에는 영화로도 제작되었다. 뮤지컬 〈에비타〉의 영화화 소식은 1980년대부터 들려왔다. 켄 러셀, 올리버 스톤 등의 감독이 거론되었지만 1996년 최종 메가폰을 잡은 것은 알란 파커였다. 알란 파커가 〈에비타〉의 감독으로 결정된 후 세계적인 여배우들이 물망에 올랐다. 이때 알란 파커에게 한 통의 편지가 도착한다. 마돈나가 보내온 네 장에 걸친 장문의 편지였다. 편지에는 자신이 왜 에바 페론 역을 맡아야 하는지에 대한 구구절절한 이유가 담겨 있었다. 알란 파커 감독은 원래 주인공으로 미셸 파이퍼를 염두에 두었지만 임신 중이라 출연이 어려웠다. 감독은 마돈나의 열정에 감복해 그녀를 에바 역에 캐스팅한다. 아르헨티나에서는 여전히 성녀로 사랑받고 있는 에바 역에 마돈나가 캐스팅되자 아르헨티나 국민들이 강력하게 반발했다. 부에노스 아이레스에서의 현지 촬영은 무산되었고, 부통령까지 나서서 영화 불매 운동에 나섰다. 마돈나는 아르헨티나 대통령을 찾아가 협조를 요청하고, 영화 촬영 기간 내내 조신하게 지내는 등 아르헨티나 국민들을 자극하지 않으려고 애썼다. 그런 우여곡절 끝에 만들어진 영화는 결과적으로 크게 히트했다.

거룩한 악녀이자 천한 성녀

마돈나는 왜 그토록 에바 역을 원했던 것일까. 에바 역의 배우를 선정하는 데 많은 우여곡절이 있었지만 마돈나가 적역이라는 것은 부정하기 힘들다. 마돈나는 성인영화 출연 전력과 다양한 성 편력, 그리고 자신의 섹스북 유출이 자작극이라는 혐의를 받는 등 좋지 않은 소문으로 더 유명한 가수이기도 하다. 이런 그녀가 아르헨티나 국민들의 영웅인 에바 페론에 캐스팅되었으니 아르헨티나 국민들이 반발할 만도 했다. 하지만, 마돈나는 그래미어워드 8회 수

© 클립서비스

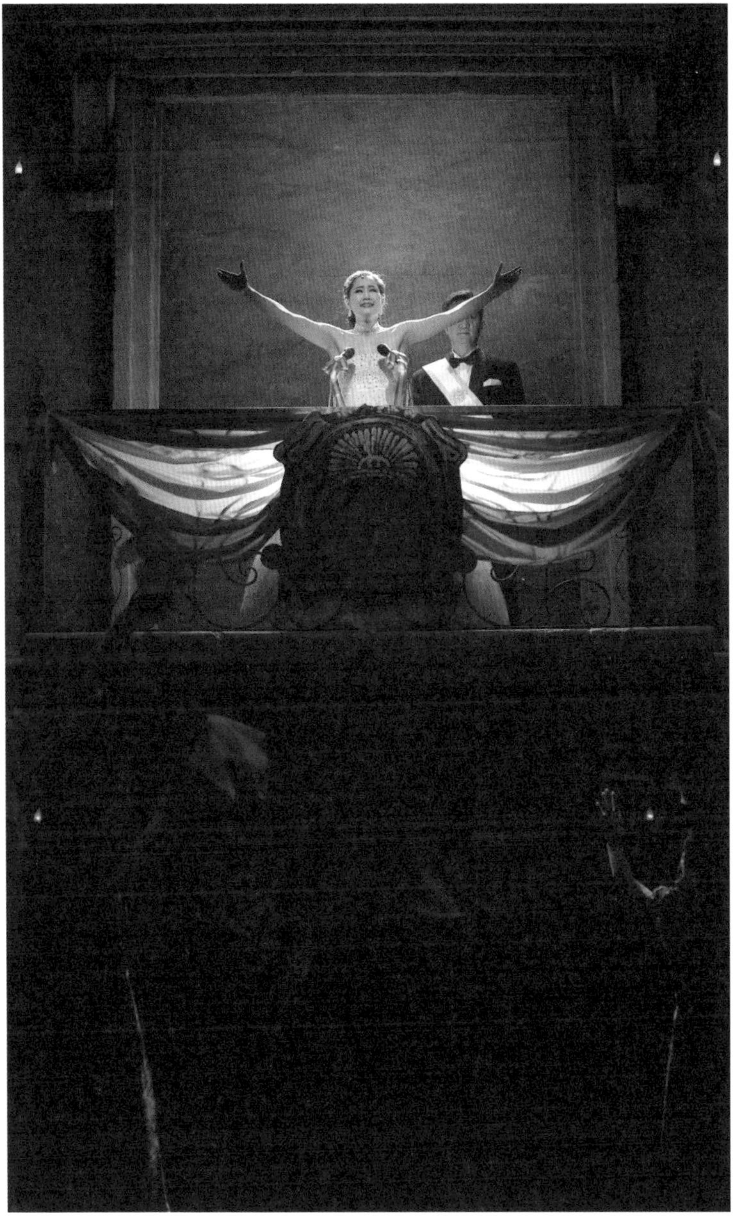

상, 빌보드 싱글 차트 1위 12회, 로큰롤 명예의 전당 입성하는 음악적인 성과를 거둔 이 시대 대표적인 팝 가수이다. 데뷔 이후 지금까지도 50대의 나이가 무색할 만큼 섹스어필한 매력을 발산하며 무대를 장악하는 최고의 섹시 디바이다. 그녀에게 늘 추문이 따라다녔지만 음악적 성과만큼은 무시할 수 없다. 에바 페론과 마돈나는 비난과 찬사를 동시에 받고 있다는 점에서 닮은꼴이다. 그러한 장단점이 성적 매력과 깊은 관련이 있으며 자신의 성적 매력을 적극적으로 어필했다는 점에서 더더욱 그렇다.

뮤지컬 〈에비타〉는 에바 페론의 공과 과를 공평하게 제시하며 극을 전개한다. 에바 두아르테(에바 페론의 본명)는 대지주인 아버지와 그 집의 요리사였던 어머니 사이에서 태어났다. 가난한 첩의 자식으로 자란 에바는 14세 때 탱고 가수 마갈디를 만나 부에노스 아이레스로 오지만 버림을 받고 아무도 없는 낯선 도시에서 하루 끼니를 해결하기도 힘들 정도로 힘겨운 시간을 보낸다. 가진 것도 도움을 줄 지인도 없는 낯선 곳에서 14세 소녀가 할 수 있는 일은 많지 않았다. 자신의 가장 강력한 무기인 젊음과 미모를 이용할 수밖에 없었다. 그녀는 남자들의 품을 전전하며 도시의 삶에 적응해갔다. 사진기자, 방송국PD 등의 도움으로 잡지 모델이 되고 작은 역도 맡게 되었으며, 라디오 방송도 진행하게 되었다. 뛰어난 미모를 생계 수단으로 이용할 줄 알게 된 에바는 25세 때 지진 희생자를 위한 모금 행사에서 자신보다 두 배 가량 나이가 많았던 후안 페론을 만난다. 뛰어난 외모와 성우 생활을 통해 숙련된 연설 실력을 지녔으며, 무엇보다도 야심가였던 에바는 페론이 집권하는 데 큰 힘을 보탠다. 페론은 미국이 지원하는 반정부 진영에 의해 구금을 당하는데, 이때 에바가 페론 추종 세력과 노동자들의 힘을 합쳐 페론을 구해낸다. 그리고 1946년 페론을 대통령으로 만든다. 시골 마을의 가난한 첩의 딸이었던 에바가 영부인의 자리에 오른 것이다.

에바는 노동자, 여성, 빈민들을 위한 정치를 내세운다. 자신의 이름을 딴 에바 재단을 통해 학교, 병원, 고아원을 짓고 병원 기차가 전국을 돌며 무료 진료에 나서기도 했다. 여성들의 참정권, 이혼의 권리를 주장하는 등 여성들의 권리 향상을 위해서도 힘썼지만, 아이러니하게도 모든 여성은 남편의 권위에 복종해야 한다고 주장하기도 했다. 포퓰리즘이라는 비판을 받지만 가난한 자의 편에 서서 그들의 고충을 들어주었던 에바 페론의 인기는 따를 자가 없었다. 퍼스트 레이드 자리에 만족하지 못했던 에바는 스스로 정치에 나서려고 한다. 부통령에 입후보하려고 했지만, 군부의 견제와 척수백혈병에 자궁암이 발발하면서 포기하고 만다. 에바는 병이 악화되어 33세의 젊은 나이로 화려한 생을 마감한다.

아르헨티나 국민들의 애도 속에 그녀의 장례는 한 달간 이어졌다. 죽어서도 그녀의 죽음은 순탄치 않았다. 그녀의 시체는 미라로 만들어져 보관되었는데, 새로운 군부는 국민들의 열렬한 사랑을 받았던 에바의 존재를 두려워해, 그녀의 미라를 몰래 이탈리아로 옮겨 마리아 마기라라는 과부의 이름으로 매장해 두었다. 한동안 미라를 찾기 위한 소동이 벌어졌고, 우여곡절 끝에 에바의 미라는 숨을 거둔 지 22년 만에 부에노스 아이레스로 돌아온다.

에바에게는 흔히 '거룩한 악녀이자 천한 성녀'라는 타이틀이 붙는

© 클립서비스

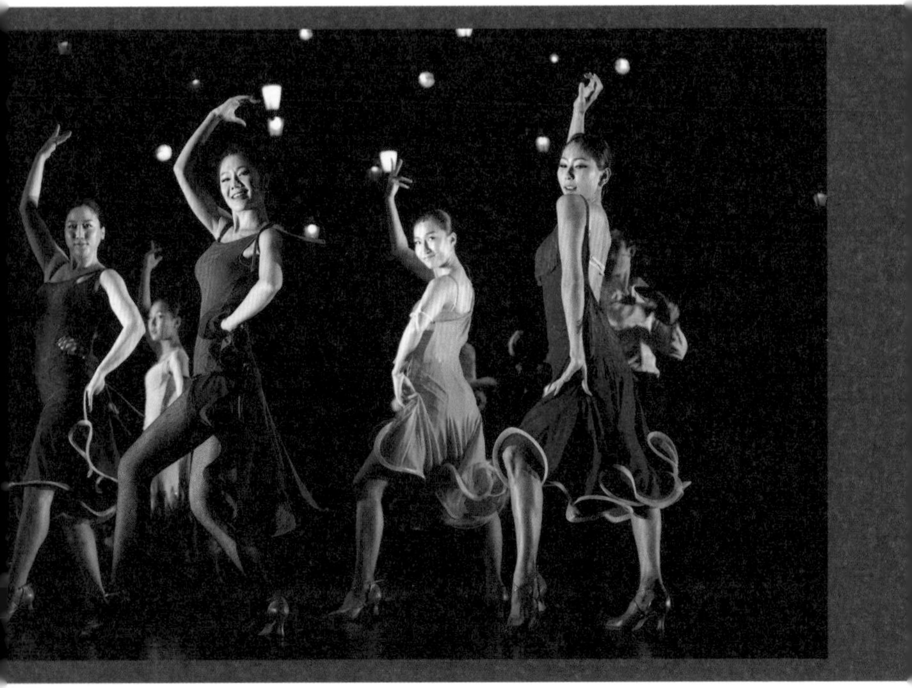

체가 부르는 '오! 멋진 쇼'라는 노래는 '울지 말아요, 아르헨티나'의 멜로디를 가벼운 남미풍의 음악으로 편곡한 곡이다. 에바의 죽음을 애도하는 국민들에게 '이 얼마나 멋진 쇼인가'라고 비아냥거리며 에바에게 의심의 시선을 거두지 않는다. 이 점만 본다면 창작자들은 적어도 에바의 행동을 포퓰리즘으로 보고 일종의 쇼로 인식하고 있는 것 같다.

다. 이만큼 그녀의 삶을 잘 정리해주는 말은 없다. 그녀는 타고난 미모를 이용해 페론이 정권을 얻는 데 힘을 보태고, 포퓰리즘 정책으로 정권을 공고히 하는 데 도움을 주는 한편, 가난하고 소외된 자들의 편에 서서 그들을 위한 정책을 펼친다. 가진 자들에게는 엄격했지만, 가난하고 소외된 자들에게는 한없이 관대했던 에바는 상반된 평가를 받는다. 그녀를 어떻게 평가할 수 있을까. 그녀는 정권을 유지하기 위해 소외된 자들을 이용한 것일까. 아니면 소외된 자들을 돕기 위해 권력이 필요했던 것일까. 뮤지컬도 이와 같은 질문을 던진다.

해설자 체 게바라

뮤지컬 〈에비타〉는 에바 페론의 일대기를 다룬다. 〈지저스 크라이스트 수퍼스타〉, 〈요셉 앤 어메이징 테크니컬러 드림코트〉로 성공을 맛본 앤드루 로이드 웨버와 팀 라이스가 세 번째로 호흡을 맞춘 작품이다. 두 작품을 성공적으로 이끈 웨버와 팀 라이스는 다음 작품을 구상 중이었다. 그때 팀 라이스가 에바를 다룬 라디오 프로그램을 듣고는 에바의 삶에 매력을 느꼈다. 웨버에게 그녀의 삶을 다루는 뮤지컬을 제작하자고 제안했지만 웨버는 별다른 감흥을 얻지 못했다. 결국 웨버는 다른 작사가와 영화 〈바이 지브스〉를 뮤지컬화하는 작업에 참여한다. 그러나 이 작품이 2주 만에 막을 내리며 참혹한 실패를 거두자 다시 팀 라이스에게로 돌아온다. 〈에비타〉의 흥행에 대해 여전히 반신반의했지만 본격적인 뮤지컬을 제작하기 전인 1976년 발표한 더블 컨셉 앨범이 100만 장 이상 판매되며 인기를 끌자 본격적으로 뮤지컬 작업에 착수한다.

뮤지컬은 에바 페론의 일대기를 통해 대중들의 권익에 앞장선 성녀와, 권력욕에 눈멀어 포퓰리즘 정책으로 나라 경제를 침체로 몰아넣은 악녀 두 가지 모습을 모두 보여준다. 에바에 열광하는 대중들을 냉소하며 균형을 잡아주는 인물이 해설자 체이다. 체는 작품의 안팎을 넘나들며 에바를 어떻게 평가할 것인지 질문한다. 체는 아르헨티나의 혁명가 체 게바라에서 가져온 캐릭터이다. 페론 정권이 한창일 때 체는 아직 혁명을 모르는 학생이었다. 실제 에바와 체의 활동 시기는 약간의 차이가 있다. 그럼에도 체를 해설자로 데려온 이유는 둘이 아르헨티나를 상징하는 인물이라는 점은 같지만 살아온 길이 정확히 반대되기 때문이다. 의과대학을 나온 촉망받는 젊은이였지만 혁명의 최전선에 뛰어들어 험난한 길을 걸어온 체 게바라와, 국민들을 위한 정책을 펴긴 했지만 최고의 권력에 올라 부와 명예를 누렸던 에바 페론은 전혀 다른 선택을 한 인물이다. 안락한 삶을 포기하고 혁명의 길을 걸었던 체를 사회자로 설정한 것부터 에바의 삶을 비판적으로 보고 있다는 혐의가 다분하다. 그것을 의식해서였는지 웨버와 팀 라이스는 해설자 체가 정확히 체 게바라로 인식되지 않기를 바랐다. 하지만 연출을 맡은 해롤드 프린스에게 해설자 체는 체 게바라여야만 했다. 그래서 초연 공연부터 해설자 체는 체 게바라의 상징인 베레모를 쓰고 군복을 입은 채 등장한다. 그러나 1996년 웨버와 팀 라이스가 주도로 제작된 영화에서 체 역할을 맡은 안토니오 반데라스는 체 게바라의 인상을 지운다. 그는 주로 깔끔한 정장을 입고 등장해 에바 페론의 삶을 냉소적이지만 객관적인 시각으로 바라본다. 뮤지컬을 보지 않았다면 영화 속 안토니오 반데라스에게서 체 게바라를 떠올릴 단서는 아무 것도 없다.

뮤지컬은 에바 페론의 죽음이 아르헨티나 국민들에게 알려지는 장면부터 시작해서 그녀의 일생을 회상한다. 체의 안내로 그녀의 일대기를 따라 가며 그녀의 삶을 되돌아본다. 대답을 강요하지 않지만 작품은 체를 통해 끊임없이 묻는다. 그녀는 성녀였나, 악녀였나.

극과 노래의 완벽한 조화

〈지저스 크라이스트 수퍼스타〉, 〈라이온 킹〉, 〈아이다〉 등 세계적인 작사가 팀 라이스는 자신의 인생의 최고작으로 〈에비타〉를 꼽았다. 그의 화려한 필모그래피를 살펴보면 의아한 생각이 들 수 있을 것이다. 그러나 〈에비타〉의 드라마와 음악의 절묘한 구성을 보면 수긍이 간다. 〈에비타〉는 총 28곡으로 이루어진 성쓰루Sung-Through 뮤지컬이다. 성쓰루 뮤지컬치고는 노래 수가 적지만 주요 멜로디가 반복 재생되면서 드라마틱한 구성을 이룬다. 노래 역시도 에바에 대한 상반된 평가를 반영하고 있다.

뮤지컬 넘버 '굿나잇, 앤 땡큐Good Night And Thank You'는 부에노스 아이레스에 온 에바가 사진기자, 편집장, 방송국PD 등 남자들을 바꿔가며 신분 상승하는 과정을 한 곡으로 보여준다. 이 노래는 세 파트가 반복된다. 편의상 A, B, C라고 하면 체가 에바의 남자들을 조롱 섞인 말로 위로하는 A 부분과, 에바가 그동안 즐거웠다며 안녕을 고하는 B 부분, 그리고 에바의 남자들이 주축이 되어 사랑의 환멸을 노래하는 C 부분으로 이루어진다. 에바의 남자가 사진기자에서 편집장으로 다시 방송국PD에서 군인 간부로 바뀔 때마다 노래가 반복된다. A, B, C가 반복될수록 C부분 에바에게 버림받은 남자들이 늘어나면서 이들의 합창은 풍성해진다. C 부분의 노래가 커질수록 에바의 지위도 높아진다. 수년에 걸쳐 에바가 남자를 바꿔가며 사회적인 지위가 높아지는 과정을 이 한 곡의 노래로 경제적으로 보여준다. 이 노래만 비춰본다면 에바는 출세를 위해 남자를 이용하는 인물로 비춰진다. 그런데 여기에 반전이 있다. 체가 남자들에게 조롱 섞인 위로를 보내는 A 부분은 에바의 시골 고향에서 마갈디가 어린 에바를 이용하고선 도망치려는 노래 '에바 도시는 위험해Eva, Beware of the City'의 멜로디를 가져온 것이다. 마갈디는 어린 소녀를 이용하고는 도시는 위험하다며 고향에 남으라고 부드러운 목소리로 설득한다. 그때 바로 A 부분의 멜로디가 나온다. 어린 시절 마갈디에게 이용당했던 에바는 '굿나잇 앤 땡큐'에서 그대로 마갈디를 비롯한 다른 남자들에게 가식에 찬 위로의 노래를 되돌려준다. 에바가 남자들의 마음을 출세의 도구로 삼았던 것을 탓하기 이전에 에바를 성적 대상으로 여겼던 남자들의 태도를 비난하는 것이다. 이러한 설정은 에바가 가해자이기 이전에 피해자였음을 드러낸다.

이러한 구조는 뮤지컬 넘버 '또 다른 슈케이스, 또 다른 방Another Suitcase in Another Hall'에서도 나타난다. 뮤지컬에서 이 곡은 에바가 페론의 마음을 빼앗고 페론의 어린 정부를 내쫓을 때 부른다. 어린 정부는 가방을 싸며 "어디로 가야하나" 고민하는데, 남자들의 목소리로 "또 다른 슈케이스, 또 다른 방" 후렴을 반복한다. 이 곡에서 에바는 가해자이고 어린 정부는 피해자이다. 그러나 에바 역시 부에노스 아이레스에서 마갈디에게 버림받을 때 어린 정부와 같은 입장이었다. 어린 정부는 다름 아닌 어린 에바 자신이고, 나약하게 버림받는 어린 정부는 에바와 같은 야심가가 될지도 모를 일이다. 그래서 '또 다른 슈케이스, 또 다른 방'은 버려진 페론의 어린 정부의 노래이면서, 마갈디에게 버림받을 당시의 어린 에바의 노래이기도 하다. 1996년 마돈나가 출연한 영화에서는 마갈디를 따라 부에노스 아이레스로 온 에바가 버려지는 장면에서 이 노래를 부른다. 영화에서는 어린 정부와 에바의 관계를 좀 더 직접적으로 보여준다.

이처럼 〈에비타〉는 균형 잡힌 태도로 에바를 바라보고 있다. 에바의 정치적 야망이 정점에 이른 시점에 부르는 '울지 말아요, 아르헨티나Don't Cry for Me Argentina' 역시 에바를 바라보는 관점을 담고 있는 곡이다. 이 노래는 에바가 드디어 영부인 자리에 오르고 대중들 앞에서 지나온 시간을 회고하며 부르는 〈에비타〉의 대표곡이다. 에바의 진심을 다해 부른 이 곡은 아름답고 호소력 짙은 멜로디로 대중들을 향해 자신도 그들과 다르지 않음을 강조한다. 이 호소력 깊은 노래에 담긴 에바의 진심을 의심하기는 힘들다. 에바의 포퓰리즘적 정책은 결과적으로 아르헨티나 경제를 무너뜨리는 결과를 가져왔지만 그녀가 국민들을 위하는 마음만큼은 의심할 수 없게 만든다. 뮤지컬은 호소력 짙은 이 노래의 진정성에 의문을 제기한다. 극 초반 에바의 죽음을 알리는 장면에서 온 나라가 슬픔에 잠긴 아르헨티나의 국민들을 바라보며 부르는 체의 노래에 이미 '울지 말아요, 아르헨티나'의 라이트모티프가 사용된다. 체가 부르는 '오 멋진 쇼Oh! What a Circus'는 '울지말아요. 아르헨티나'를 가벼운 남미풍으로 편곡한 곡이다. 극의 서두에 에바의 죽음을 애도하는 국민들에게 '이 얼마나 멋진 쇼인가'라고 비아냥거리며 에바를 의심하고 있는 것이다. 이 점만 본다면 창작자들은 적어도 에바의 행동을 일종의 쇼로 인식하고 있는 것 같다.

그러나 '울지 말아요, 아르헨티나'는 작품 속에서 한 번 더 등장한다. 마지막으로 대중들에게 연설하는 장면에서 에바가 암에 걸려 죽어가면서 조금 느리고 슬프게 편곡된 이 노래를 부른다. 에바가 죽음을 앞두고 국민들에게 연설하는 노래에서 "제 모든 말은 사실이에요"라고 마지막 남은 힘을 다해 호소하는 장면을 보면 이것조차 쇼라고 보기는 힘들 것 같다. 그러나 여전히 체와 대표곡 '오! 멋진 쇼'는 에바를 비판적으로 보고 있다는 인상을 지울 수 없다. 창작진의 의도와는 다르게 작품이 비판에 무게가 실렸다고 생각했는지 영화에서는 죽음을 앞둔 에바가 페론에게 나지막이 읊조리는 노래 '날 사랑해줘요You Must Love Me'가 추가된다. 에바의 심정을 대변하는 이 노래는 아카데미 주제가상을 받기도 했는데, 2006년 런던 리바이벌 공연에서도 이 노래를 추가해 에바의 입장을 두둔한다.

뮤지컬 〈에비타〉는 에바에 대한 상반된 평가를 제시하고는 있지만 어느 한편으로 기울어지지 않으려고 노력한다. 〈에비타〉는 에바의 일생을 체를 통해 들려주면서 균형 잡힌 시각을 제시하고, 그 평가는 각각의 관객에게 돌린다.

THE PHANTOM OF THE OPERA

06

가면 뒤에 숨은 나약한 영혼

오페라의 유령

대중문화연구가 리차드 다이너는 뮤지컬의 속성을 밝힌 《엔터테인먼트와 유토피아》란 글에서 "엔터테인먼트에서 제공하는 것은 실제적인 유토피아가 아니라, 유토피아가 주는 느낌이다. 그러므로 이것은 정서적으로만 가능하다"고 했다. 뮤지컬의 핵심을 가장 잘 짚은 문장이라고 생각한다. 뮤지컬 〈오페라의 유령〉이 성공할 수 있었던 이유도 여기에 있다. 이 작품은 오페라와 같은 고급지로 포장되어 있으면서도 대중들이 받아들이기에 어렵지 않다. 록 오페라 형식의 〈지저스 크라이스트 수퍼스타〉로 세상에 이름을 알린 앤드루 로이드 웨버는 10여 년 동안 명성을 쌓은 후 〈오페라의 유령〉에서는 맘먹고 클래식 작곡의 재능을 선보인다. 팝 클래식 스타일의 음악과 감동적인 스토리, 화려한 무대와 의상, 그리고 고품격의 문화를 즐기고 있다는 자부심까지 주었던 〈오페라의 유령〉은 최고의 엔터테인먼트 상품으로 대중들의 사랑을 받고 있다. 1986년 웨스트엔드 허 머제스틱 극장에서 초연한 〈오페라의 유령〉은 2년 후 브로드웨이에 건너가 공연 메카인 두 지역에서 지금까지도 공연을 이어가고 있다. 2014년까지 전 세계에서 공연 티켓 판매로 벌어들인 금액만 60억 달러를 넘겼다. 비록 2014년 9월 〈라이온 킹〉에 브로드웨이 최고 박스 오피스 기록은 넘겨줬지만, 브로드웨이와 웨스트엔드 두 곳에서 초연 이후 30여 년간 공연하는 작품은 〈오페라의 유령〉이 유일하다.

다양한 버전의 오페라의 유령

뮤지컬 〈오페라의 유령〉은 프랑스 추리소설가 가스통 르루Gaston Leroux의 동명 소설을 원작으로 한다. 파리 오페라 하우스에서 벌어진 의문의 사건을 풀어가는 미스터리 형식의 소설은 거대한 샹들리에를 타고 있는 팬텀의 삽화를 통해 대중들의 관심을 끌었다. 가스통 르루는 호방한 성품의 독특한 인물이었다. 유복한 가정에서 태어나 부모님의 뜻에 따라 법조인 생활을 하기도 했지만 법조 일은 그에게 어울리지 않았다. 부모님이 돌아가신 후 물려받은 적지 않은 재산은 오래지 않아 방탕한 생활로 탕진한다. 이후 잡지사 기자로 생계를 유지하는데 상상력이 번뜩이는 기사로 인기를 끌었다.

여행을 좋아하고 모험을 즐겼던 그는 러시아와 스칸디나비아, 북아프리카 등지를 돌며 해외 특파원 생활을 했다. 위장이나 잠입을 감행하며 러시아 차르와 독일 빌헬름 2세의 비밀 회담을 취재하는 특종 기사를 쓰기도 한다. 각국을 돌면서 다양한 문화를 섭렵했던 경험으로 음악, 철학, 연금술, 독심술까지 모든 것을 완벽하게 해낼 수 있었던 팬텀이란 인물이 태어날 수 있었다.

소설 《오페라의 유령》은 화자가 국립음악원의 문서 보관소에서 팬텀에 관한 서류를 발견하면서 이를 밝혀내는 탐정물 형식을 띤다. 가스통 르루는 기자 출신답게 인터뷰 내용을 싣기도 하고, 수사 기록물을 제시하는 등 사건을 하나하나 취재해가며 팬텀의 실체에 다가가는 방식으로 호기심을 자극했다. 처음에는 호기심과 두려움으로 파리 오페라 하우스의 괴이한 존재에 다가가지만 나중에는 가면 뒤 일그러진 얼굴 속에 감춰진 나약하고 가여운 영혼을 만나 연민을 느끼게 된다. 대중적으로 큰 사랑을 받았던 이 소설은 여러 편의 영화와 뮤지컬로 재탄생되었다.

괴기스러운 외모와 뛰어난 능력을 지닌 팬텀의 이야기를 제일 먼저 영화로 옮긴 것은 1916년 독일에서였다. 가장 주목을 받은 영화는 1925년 루퍼트 줄리안 감독, 론 채니 주연의 무성영화였다. 팬텀의 괴기한 얼굴을 재현하기 위해 론 채니는 코에 와이어를 삽입하고 울퉁불퉁한 가짜 치아를 이용해 공포감을 자극했다. 이전의 영화가 흉측한 얼굴을 한 팬텀의 공포감을 강조했다면 1943년 루빈 감독의 영화는 바이올리니스트였던 팬텀이 염산을 뒤집어써 일그러진 얼굴을 갖게 된다는 설정을 추가했다. 팬텀이 흉측한 얼굴이 된 사연을 통해, 날 때부터 괴이한 얼굴을 지닌 현실성이 떨어지는 인물을 이해 가능하고 감싸주고 싶은 인물로 만들었다.

르루의 소설을 뮤지컬로 제일 먼저 제작한 것은 켄 힐이었다. 1976년 켄 힐은 베르디와 오펜바흐, 구노, 모차르트의 오페라 아리아를 개사해 오페레타 스타일의 작품을 선보였다. 웨버가 〈오페라의 유령〉에 관심을 갖게 된 것도 1984년 켄 힐의 리바이벌 공연을 통해서였다. 웨버가 관심을 갖은 것은 작품의 스펙터클한 볼거리였다. 애초에는 켄 힐처럼 기존의 클래식 음악을 사용해 화려한 볼거리의 공연으로 만들려고 했다. 그러나 "로맨스를 살리는 방향으로 직접 작곡해 보라"는 연출가 짐 샤먼의 조언을 받아들여 이미 절판된 가스통 르루의 원작을 어렵게 구해서 읽었다. 이것이 웨버의 생각에 큰 변화를 준다. 팬텀의 신비스럽고 괴기스러운 모습에 매료된 웨버는 원작 소설 속 팬텀의 매력을 가장 잘 담아낸 작품을 만들어낸다.

웨버보다 앞서 이 작품에 관심을 두고 작업에 들어간 창작자가 있었다. 1982년 〈나인〉으로 토니상 작품상을 받은 작곡가 모리 예스톤Maury Yeston과 작가 아서 코핏Arthur Kopit이었다. 이들은 가스통 르루 재단으로부터 공연권을 획득하고 뮤지컬 제작을 구상하고 있었는데, 이것이 공유 저작물이 되면서 누구나 제작할 수 있게 되었다. 1984년 모리 예스톤은 웨버가 〈오페라의 유령〉을 제작하고 있다는 뉴스를 전해 듣지만 작품 제작을 지속한다. 1986년 웨버가 웨스트엔드에서 올린 공연이 큰 호응을 얻자 투자자들이 하나둘 떠나게 되면서 자연스럽게 제작을 중단할 수밖에 없었다. 몇 년이 지난 후 모리 에스톤과 아서 코핏은 웨버의 작품을 보고 자신들이 구상한 작품과 완전히 다른 작품임을 알고는 제작을 이어갔다. 모리 에스톤의 〈팬텀〉은 1991년 휴스턴에서 막을 올렸다. 이 작품은 앞선 영화들처럼 팬텀을 인간적인 존재로 그리며, 그가 흉측한 얼굴로 오페라 하우스 지하에 숨어살게 된 이유를 설명하는 데 힘쓴다.

화려한 무대와 의상

뮤지컬 〈오페라의 유령〉 하면 화려한 무대와 의상을 빼놓고 이야기할 수 없다. 웨버의 〈오페라의 유령〉은 1980년대 이후 브로드웨이를 지배했던 스펙터클한 대형 뮤지컬 시대를 대표하는 작품이다. 화려한 파리 오페라 하우스를 재현한 무대는 시종 감탄을 자아낸다. 특히 수백 개의 촛불이 일렁이는, 안개가 자욱한 호수를 헤치고 팬텀의 나룻배를 노 저어 오는 장면은 관객들을 압도한다. 배경이 되는 파리 오페라 하우스는 1861년 공사를 시작해 1875년 14년 만에 완공된 파리의 대표적인 공연장이었다. 이 건물은 파리에 오페라 거리를 만들겠다는 나폴레옹 3세의 계획을 마무리하는 가장 중요한 건물이다. 공사 도중 프랑스-프로이센 전쟁으로 잠시 중단되기도 하고, 파리 코뮌 시대에는 감옥으로 사용되기도 하였다. 가스통 르루의 소설 도입부에 오페라 하우스에서 한 구의 시체가 발견되고 화자는 그것이 팬텀의 것이라고 직감한다. 팬텀의 존재를 믿지 않는 이들은 이것이 파리 코뮌 시대의 시체일 것이라고 추정하는데, 이런 소설 속 이야기는 파리 오페라 하우스의 완공 과정에서 기반한 것이다. 오페라 하우스는 지하수를 봉쇄하고 그 위에 건물을 지었다. 그래서 건물 밑으로 호수가 생겼다. 연출가 해롤드 프린스와 무대디자이너 마리아 비요른슨Maria Björnson은 파리 오페라 하우스를 수차례 방문해 지하 공간부터 지붕 위까지 답사한 후 지금의 작품을 완성했다. 지하 호수에 있는 팬텀의 은신처나 라울과 크리스틴이 공연장의 지붕 위로 도망치는 장면은 실제 오페라 하우스에서 영감을 얻은 것이다.

호수 장면과 더불어 〈오페라의 유령〉을 대표하는 추락하는 샹들리에 장면 역시 사실에 기반한 것이다. 1896년 거대한 샹들리에를 받치고 있던 8개의 평행추 중 하나가 부식되어 샹들리에가 객석으로 떨어지는 사고가 생겼다. 이 사고로 중년부인이 사망했다. 신문에도 크게 다루어졌다. 이 실제 사고에서 영감을 받아 소설에서는 팬텀이 분노해 의도적으로 사고를 일으키는 장면으로 꾸며졌다. 사실을 기반해 소설에서 상상력이 첨가되고, 무대에서 이를 재현하면서 웨버는 뮤지컬사에 빼놓을 수 없는 장면을 만들어낸다. 공연되기 1년 전 웨버는 자신의 집이 있던 시드먼튼에 있는 작은 예배당에서 사람들을 초대해 〈오페라의 유령〉 1막을 선보였다. 무대디자이너 마리아 비요른슨이 기지를 발휘해 샹들리에가 떨어지는 장면을 연출했고 관객들의 뜨거운 호응을 얻었다. 이때부터 작품의 성공을 직감했다. 떨어지는 샹들리에 장면은 작품에서 가장 중요한 역할을 할 것이었다. 실제 공연에서 객석 4~5열 머리 위에 매달린 500kg의 거대한 샹들리에가 사선을 그리며 무대로 곤두박질치는 장면은 관객들의 간담을 서늘하게 하며 여전히 훌륭한 볼거리를 제공한다.

19세기 말 시대의 의상을 고증한 〈오페라의 유령〉의 화려한 의상은 또 하나의 볼거리다. 시대를 고증하기 위해 원단 자체를 새로 제작하는 등 공을 들였다. 무엇보다도 극중극 장면에서의 무대 의상은 화려함의 극치를 보여준다. 〈오페라의 유령〉이 수십 년 동안 사랑을 받은 이유는 감동적인 이야기 및 캐릭터와 더불어 지금까지도 놀라움을 금치 못하는 무대와 의상이 큰 역할을 하기 때문이다.

가장 강렬한 캐릭터, 팬텀

연극이나 영화, 뮤지컬로 수많은 〈오페라의 유령〉이 태어났지만, 웨버의 〈오페라의 유령〉만큼 성공을 거둔 작품은 없다. 심지어 2004년 웨버가 직접 만든 뮤지컬 영화는 흥행에 실패했다. 뮤지컬 〈오페라의 유령〉의 영화화는 1990년대 말부터 끊임없이 들려왔다. 웨버의 이전 히트작인 〈에비타〉의 영화 버전에서 체 역을 맡은 안토니오 반데라스가 팬텀 역에 유력하다는 소문이 돌았으나, 정작 2004년 조엘 슈마허 감독이 메가폰을 잡은 영화에서는 제라드 버틀러가 팬텀 역에 낙점됐다. 팬텀이 사라지고 수십 년이 흐른 뒤 낡은 오페라 하우스에서 공연장 물품을 경매하는 흑백 장면에서 먼지 같은 시간의 더께를 벗고 화려한 당시로 플래시 백 되는 멋진 오프닝 장면을 제외한다면 영화 〈오페라의 유령〉은 전반적으로 뮤지컬에 비해 감동이 떨어진다. 카메라가 무대 구석구석을 휘저으며 화려한 무대 앞과 뒤를 생생하게 보여주고 인물들의 관계를 좀 더 친절하게 설명하지만 드라마적인 긴장감이 느슨해졌다. 더 화려해지고 더 개연성이 부가되었는데 더 재미가 없어진 것이다. 조엘 슈마허의 영화 〈오페라의 유령〉에서 사라진 것이 하나 있다면 그것은 팬텀의 신비감이다. 영화 화면에 수시로 등장하는 팬텀은 인간 그 이상, 이하도 아니었다. 그저 사랑하는 여인을 빼앗길까봐 전전긍긍하는 평범한 남자일 뿐이다. 소설 《오페라의 유령》을 원작으로 한 많은 작품들이 뮤지컬 〈오페라의 유령〉을 넘어서지 못한 이유가 바로 여기 있다.

뮤지컬 〈오페라의 유령〉의 팬텀은 지금까지의 그 어떤 뮤지컬 캐릭터보다도 강력하게 작품을 지배한다. 2시간 반 공연 동안 팬텀은 단 한순간도 극의 중심에서 벗어나지 않는다. 극에서 팬텀이 장악하지 못하는 장면은 단 한 곳도 없다. 매 장면에서 팬텀은 관심의 대상이고 그에 대한 이야기가 전개된다. 그런데 놀랍게도 팬텀이 무대에 등장하는 시간은 크리스틴의 연인인 라울보다 많지 않다. 역대 최대로 강력한 캐릭터이고 모든 이야기가 팬텀을 향하고 있는데, 등장 시간으로만 치자면 조역 수준이다. 심지어 그가 처음 등장하는 것은 공연이 시작하고 22분 후다. 그때도 목소리로만 등장한다. 크리스틴이 성공적인 데뷔 무대를 마치고 '음악의 천사The Angel of Music'를 부를 때 "브라보 크리스틴."이라며 자랑스러워하는 누군가의 목소리가 들리는데, 이것이 팬텀이 직접적으로 등장하는 첫 장면이다. 그 후 음악의 천사를 찾는 크리스틴의 노래에 화답하듯 거울 뒤에서 처음으로 얼굴을 드러낸다. 이때가 공연이 시작한 후 25분이 흐른 뒤이다.

그러나 팬텀이 직접 모습을 드러내기 전부터 팬텀은 항상 무대에 있었다. 첫 장면 한니발 연습 장면에서 막이 떨어지고 발레리나들이 공포에 떨 때, 크리스틴의 숨겨진 과외 선생을 언급할 때, 소문처럼 떠도는 팬텀의 존재는 공기처럼 늘 무대 위에 그들과 함께 존재했다. 팬텀은 등장하지 않지만 그의 대리인인 안무가 마담 지리를 통해, 그리고 칼롯타를 비롯한 배우나 프로듀서에게 보낸 편지를 통해 그의 뜻이 전해졌다. 등장인물들이 끊임없이 팬텀을 두려워하고 의식하면서, 등장하지 않은 팬텀이 매 순간 극을 지배하게 된다. 이러한 극 구조는 매순간 극에 등장해 있는 어떤 존재보다도 팬텀을 더욱 신비롭고 강력하게 만든다. 다른 버전의 〈오페라의 유령〉들이 비현실적인 팬텀을 현실적인 존재로 끌어들이기 위해 갖가지 설명을 붙이고 이유를 들면서 납득할 만한 인물로 만드는 데는 성공하지만 신비감을 잃은 것과는 다른 선택이었다.

웨버의 〈오페라의 유령〉에서 1막 내내 그의 존재는 신비스러움 자체이고 다른 이들에게 공포감을 조성한다. 1막에서 크리스틴에게 가면 속 일그러진 얼굴을 들키지만 단 한 순간도 절대적인 카리스마와 위엄을 잃지 않는다. 그러나 뮤지컬 〈오페라의 유령〉에서 팬텀의 진짜 매력은 오히려 그의 실체가 연약한 영혼이라는 데 있다. 서서히 위엄 있고 품위 있으며 강력한 능력을 지닌 이미지 뒤에 연약하고 상처받은 여린 영혼이 드러난다. 오페라 하우스의 안개와 같은 그의 신비감이 걷히고 드디어 팬텀의 본 모습을 확인하면서 관

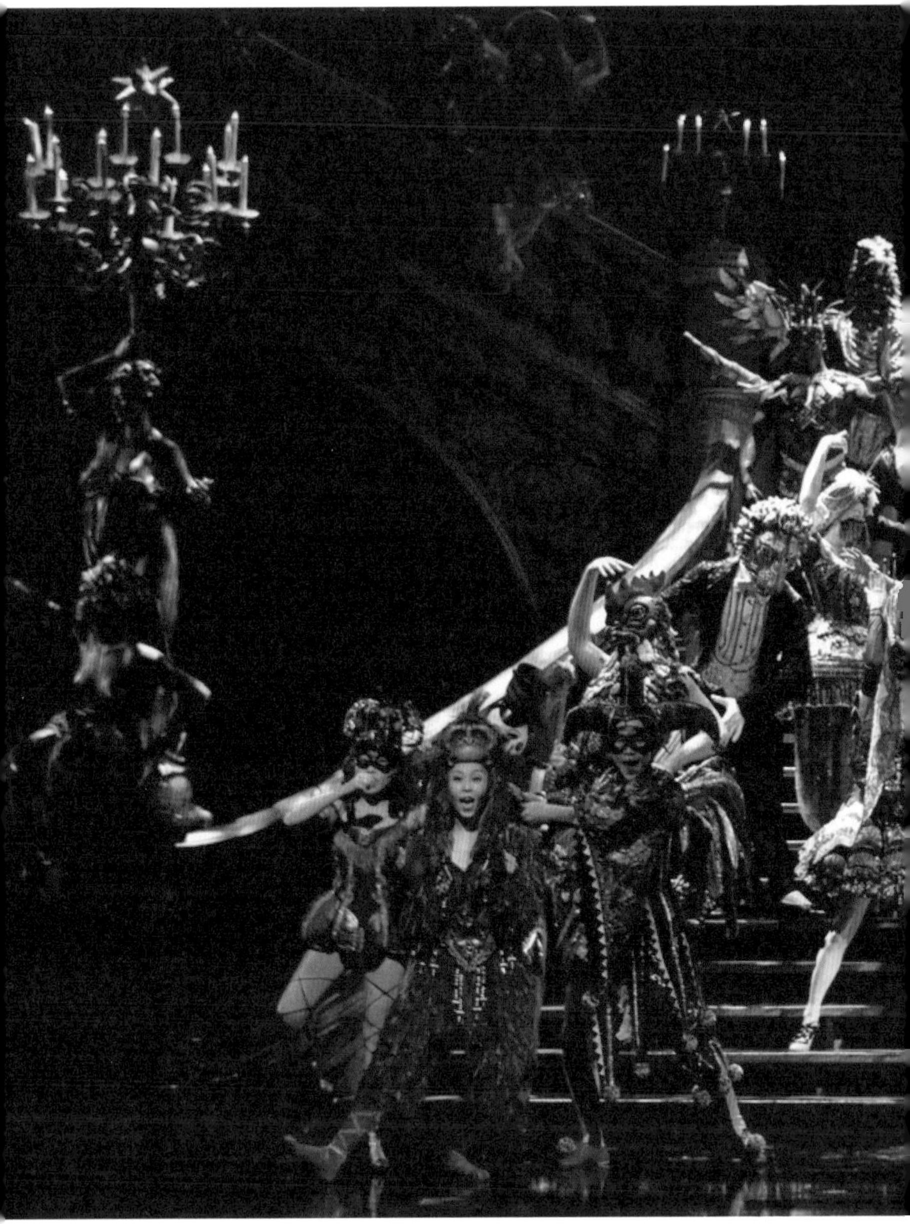

© 클립서비스

객들은 가슴 아파하고 그에게 마음을 열게 된다.

팬텀의 테마곡, 마스커레이드

〈오페라의 유령〉은 화려한 의상과, 환상적인 무대, 뛰어난 무대 메커니즘으로 완성된 작품이다. 그렇지만 이 작품이 30년이 넘는 동안 사랑받을 수 있는 가장 큰 이유는 팬텀이라는 인물 때문이다. 뛰어난 지능과 학식, 예술적 능력을 겸비했지만 그의 내면에는 흉측한 외모 때문에 부모에게도 버림받고 평생을 숨어서 살아야 했던 고독과 상처를 지니고 있다. 그래서 〈오페라의 유령〉을 대표하는 가장 상징적인 요소는 곤두박질하는 샹들리에도, 안개가 자욱하고 촛불이 일렁이는 오페라 하우스의 지하 호수도 아닌, 바로 팬텀의 가면이다. 그는 단호하고 새하얀 상아빛 반 가면으로 상처받은 내면을 감춘다. 이러한 구조는 음악에서도 확인할 수 있다.

〈오페라의 유령〉에서 가장 기억에 남는 곡은 '오페라의 유령The Phantom of the Opera'이다. 강렬한 파이프 오르간 연주와 함께 시작되는 이 노래는 팬텀이 첫 등장 후 크리스틴을 데리고 지하 은신처로 숨어드는 내내 울려 퍼진다. 이 노래는 강렬한 사운드와 흡인력 있는 멜로디로 수많은 드라마와 광고, 스포츠 대회에 단골 곡으로 사용된다. 극 중에서도 팬텀의 주제곡으로 그가 등장하는 장면마다 중심 멜로디가 연주된다.

뮤지컬 넘버 '오페라의 유령'이 가면을 쓴 단호하고 카리스마 넘치는 팬텀의 겉으로 드러난 모습을 보여준다면, '마스커레이드 Masquerade'는 가면 속의 상처 입은 내면을 드러내는 곡이다. 2막 처음 가면무도회 장면에서 모든 이들이 변장을 하고 나와 부르는 화려한 노래로 "아무도 찾지 못하도록 얼굴을 숨기"라는 중의적인 가사의 '마스커레이드'가 합창된다. 파티에 사용되고 풀 오케스트라와 합창으로 굉장히 화려한 느낌을 주지만 이 곡에는 감춰진 이야기가 있다. 뮤지컬 〈오페라의 유령〉에서 제일 먼저 나오는 음악은 경매에서 원숭이 오르골이 연주하는 곡이다. 나이가 든 라울이 원숭이 오르골을 유심히 보며 추억에 잠기는데, 이 원숭이 오르골에서 흘러나오는 음악이 바로 '마스커레이드'이다. 원숭이 오르골의 연주 장면은 공연 후반에 재현된다. 크리스틴을 납치하고 사랑을 강요했던 팬텀은 인간에 대한 연민이긴 하지만 크리스틴의 진심 어린 키스를 받고는 그녀를 보내준다. 자신을 이해해준 유일한 존재인 크리스틴을 보내고 가면을 벗은 흉측한 얼굴을 드러낸 채 원숭이 오르골을 보고 서글프게 '마스커레이드'를 부른다. 모두가 떠난 후 아무에게도 보여주고 싶지 않았던 내면을 비로소 보여주는 장면이다. 2막 오프닝 가면 무도회 장면에 화려한 포장으로 감춰 있지만 '마스커레이드'는 팬텀의 상처와 고독을 담고 있는 그를 가장 잘 드러내는 곡이다.

MISS SAIGON

07

전쟁 속에 피어난 사랑

미스 사이공

1980년대 메가 뮤지컬 시대를 마무리하는 빅4의 네 번째 작품 <미스 사이공>은 한 장의 사진으로부터 출발한다. 이 작품의 작곡가 미셸 쇤베르크는 누군가 두고 간 잡지 속 사진에서 눈을 뗄 수 없었다. 조그만 베트남 여자 아이는 엉엉 울고 있었고, 그녀의 어머니는 무표정했지만 가늠할 수 없는 슬픔과 비애에 쌓여 있었다. 호치민 공항, 이제 어린 딸은 태어나서 한 번도 본 적이 없는 지구 반대편 미군 아빠를 만나기 위해 미국행 비행기에 오를 것이다. 둘은 다시 만나지 못할 수도 있지만 베트남 엄마는 딸의 행복한 미래를 위해 딸을 떠나보내려 한다. 베트남 모녀의 이별 장면은 미셸 쇤베르크에게 깊은 울림을 주었고, 푸치니의 오페라 <나비부인>을 떠올리게 했다.

〈미스 사이공〉의 모티프, 〈나비부인〉

19세기 말 유럽인들은 동양을 야만과 신비가 공존하는 곳으로 여겼다. 1887년 프랑스 장교 피에르 로티는 일본이 개항한 나가사키에서 현지 게이샤와 계약 결혼한 이야기를 소설로 옮겼다. 로티의 소설에 등장하는 동양 사람들은 어리석은 미개인이었다. 존 루터 롱은 로티의 소설과 선교사인 남편을 따라 나가사키에서 살았던 여동생의 이야기를 토대로 단편소설 《나비부인》을 쓴다. 로티의 소설에서와 달리 롱의 작품에 등장하는 동양 여인은 희생적이고 순종적이며 연약한 여인으로 그려졌다. 마치 가냘픈 날개짓으로 아름다운 춤을 추는 나비처럼 동양 여인을 섬세하고 연약하며 보호 본능을 불러일으키는 이미지로 그려낸 것이다. 서구인에게 동양 여인에 대한 환상을 만들어내는 역할을 한 〈나비부인〉은 큰 인기를 끌었고, 1900년 벨라스코가 연극으로 올렸다. 푸치니는 이 연극을 보고 나비부인에 완전히 빠져들었다. 이렇게 푸치니의 대표작 중 하나인 오페라 〈나비부인〉이 태어났다.

일본 나가사키에 파견 나온 해군 핑커톤은 중매쟁이 고로의 소개로 초초상을 아내로 맞는다. 맞는다기보다는 '얻는다'는 표현이 적당한데 그 이유는 핑커톤은 초초상을 아내로 맞기 위해 많은 비용을 지불하기 때문이다. 얼마 후 미국으로 돌아간 핑커톤은 초초상을 까맣게 잊어버리고 미국인 여자와 결혼한다. 그런 사실도 모르고 초초상은 아이를 낳아 기르며 핑커톤이 돌아오기만을 기다린다. 3년 후 핑커톤의 배가 들어온 것을 확인하자 그녀는 기쁜 마음에 정원에 꽃을 모두 따다가 방을 꾸민다. 반가움을 겉으로 드러내지 않는 초초상은 핑커톤을 기다리며 달 그림자가 방향을 바꾸는 동안 한 치의 흐트러짐도 없이 밤을 새운다. 이때 한 줄의 가사도 없이 허밍으로만 부르는 〈나비부인〉의 대표곡 '허밍 코러스'는 초초상의 쓸쓸한 내면을 담아낸다. 핑커톤에게 현지 아내가 있다는 것을 알게 된 초초상은 아이를 핑커톤에게 맡기고 자살한다.

소설과 오페라 〈나비부인〉의 초초상은 수동적이면서도 속 깊은 동양 여인의 이미지를 담아내고 있다. 〈나비부인〉에 대한 푸치니의 애정은 각별했다. 〈나비부인〉의 초초상은 푸치니가 가장 사랑하는 캐릭터 중 하나였다. 당시 오페라를 제작할 때는 배우를 염두에 두고 대본을 쓰곤 했는데, 푸치니는 아내와의 불화를 감수하면서까지 일본인 배우를 집안에 들여 작품의 영감을 얻었다고 한다. 푸치니가 거액을 들여 산 보트에 '초초호'라는 이름을 붙이기도 했다. 당시 서구인은 순종적이면서도, 검은 눈동자의 인형처럼 자그마한 체구의 동양 여성에게 강한 매력을 느꼈다. 그러한 서구인이 동경해온 동양 여성의 이미지를 형상화한 인물이 초초상이다.

〈나비부인〉은 순수한 초초상의 사랑과 희생에 방점을 찍었다면, 이를 모티프로 한 뮤지컬 〈미스 사이공〉은 전쟁 통에 고아가 된 베트남 소녀 킴과 미군 크리스의 사랑뿐만 아니라, 아메리칸 드림의 허상, 그리고 킴의 진한 모성을 다채롭게 보여준다. 〈미스 사이공〉은 대사가 거의 없고 대부분 노래로 풀어가는 성쓰루 뮤지컬이다. 뮤지컬이 집중하고 있는 세 가지 테마를 음악을 통해 드라마틱하게 전한다. 〈미스 사이공〉은 실물 크기의 헬기가 무대로 내려오는 화

© KCMI

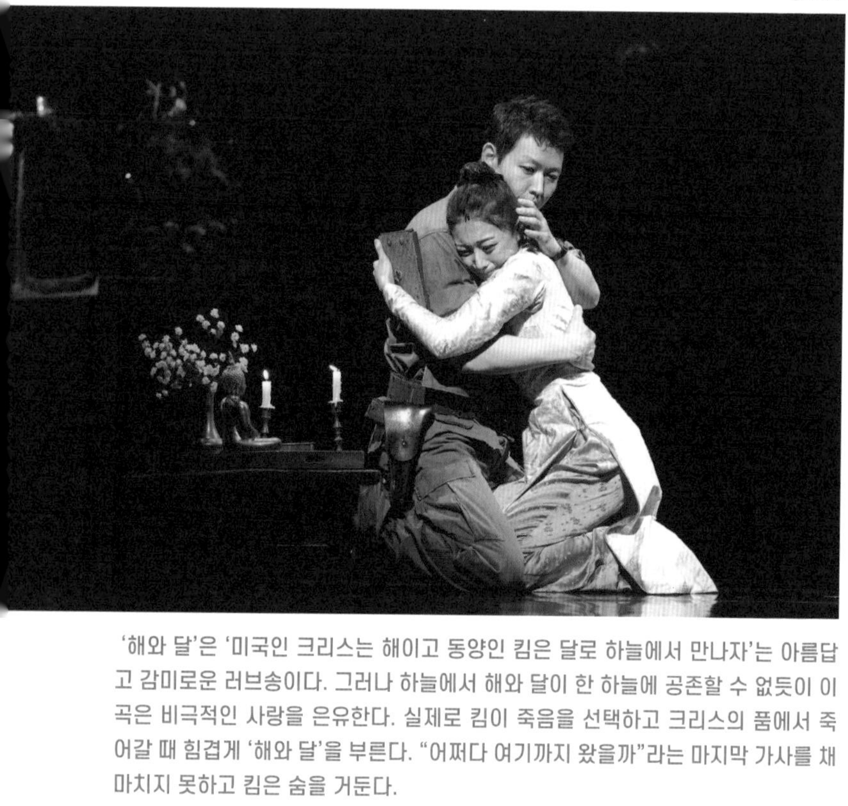

'해와 달'은 '미국인 크리스는 해이고 동양인 킴은 달로 하늘에서 만나자'는 아름답고 감미로운 러브송이다. 그러나 하늘에서 해와 달이 한 하늘에 공존할 수 없듯이 이 곡은 비극적인 사랑을 은유한다. 실제로 킴이 죽음을 선택하고 크리스의 품에서 죽어갈 때 힘겹게 '해와 달'을 부른다. "어쩌다 여기까지 왔을까"라는 마지막 가사를 채 마치지 못하고 킴은 숨을 거둔다.

려한 무대 메커니즘으로 주목받았다. 그러나 이 작품이 지금까지도 사랑을 받으며 공연될 수 있는 이유는 쇤베르크의 아름답고 드라마틱한 음악 때문이다. 2막 킴이 악몽을 꾸는 장면에서 크리스와 헤어질 당시를 회상하는 헬기 장면은 이 작품의 유명세를 높이는 데 크게 기여했지만 드라마적으로는 삭제해도 무방하다.

공포와 필요가 빚어낸 사랑

전쟁 속에 만난 연인 크리스와 킴. 둘의 사랑은 작품을 일관되게 흐르는 중심 주제이다. 전쟁은 악화일로로 빠져들고 죽음의 공포가 군인들을 덮친다. 기회주의자인 엔지니어(캐릭터 이름)는 미군의 불안한 심리를 교묘하게 이용해 성인 클럽 '드림랜드'를 운영한다. 첫 곡 '사이공이 달아오르네The Heat is on Miss Saigon'는 죽음과 공포가 가득한 현실을 회피하려는 군인들의 욕망을 노래한다. 과장되게 흥분된 노래에는 카니발적인 흥겨움 속에 두려움을 극복하려는 병든 욕망이 숨어 있다. 이들을 상대하는 베트남 여인들도 절박한 욕망으로 미군들의 축제에 참여한다. 이들에게 미군은 단순한 돈벌이 수단을 넘어 지옥과도 같은 현실을 벗어날 수 있는 유일한 탈출구이다. 하지만 그 탈출구는 자주 열리지 않는다. 친구인 존을 따라온 크리스는 공포를 잊기 위해, 그리고 킴은 삶을 유지하는 유일한 수단으로 드림랜드에 오게 된다. 킴과 크리스는 여느 미군이나 바걸과는 다른 서로에게 끌린다. 전쟁의 공포를 과장된 웃음으로 숨기고, 자신의 몸뚱이를 유일한 희망으로 삼아 상품으로 전시하는 드림랜드에서 크리스와 킴은 각자의 솔직한 모습을 발견하고 끌리게 된다.

크리스와 킴의 사랑을 상징하는 곡은 '해와 달Sun and Moon'이다. 이 노래의 모티프는 킴과 크리스가 첫날밤을 보내고 화대를 주고 떠나려 하자, 킴이 돈을 거부하는 노래 '이 돈은 너의 것The Money Is Yours'에서 처음 등장한다. 킴은 이런 일이 처음이라고 말하지만 크리스는 믿지 않는다. 그러자 킴은 전쟁으로 부모님이 얼마나 처참한 죽음을 맞았고, 드림랜드에 올 수밖에 없었던 과정을 복받치는 감정으로 노래한다. 킴의 절규를 풀 오케스트라에 담아 쏟아내고 나면, 풀피리 소리로 '해와 달'의 멜로디가 흐른다. 킴의 솔직한 고백이 크리스의 마음을 열었던 것이다. 곧 이어 킴과 크리스가 러브 듀엣 '해와 달'을 부르게 된다. '해와 달'은 미국인 크리스는 해이고 동양인 킴은 달로 하늘에서 만나자는 아름답고 감미로운 러브송이다. 그러나 해와 달이 한 하늘에 공존할 수 없듯이 이 곡은 비극적인 사랑을 은유한다. 실제로 킴이 죽음을 선택하고 크리스의 품에서 죽어갈 때 힘겹게 '해와 달'을 부른다. "어쩌다 여기까지 왔을까"라는 마지막 가사를 채 마치지 못하고 킴은 숨을 거둔다.

또 다른 사랑의 곡 '세상의 마지막 밤The Last night of the World' 역시 제목 자체에서 이들의 사랑이 비극으로 끝날 것임을 암시한다. '세상의 마지막 밤'은 킴과 크리스의 사랑이 정점을 향해 갈 때 울려 퍼진다. 그러나 이들은 이 노래가 사이공에서 함께하는 마지막 순간임을 알지 못한다. '세상의 마지막 밤'의 멜로디는 킴과 크리스가 드림랜드에서 처음 만나 어색하게 춤을 추는 곡 '춤the Dance'에서 처음 등장한다. 솔로 섹스폰으로 연주되는 이 멜로디는 이들의 만남부터 이별을 함께한다.

〈미스 사이공〉의 대표곡 중 하나인 '여전히 믿어요I Still Believe'는 이별 후에도 여전히 지속되는 사랑을 노래한다. 미처 크리스를 따라가지 못한 킴이 수용소에서 부르는 노래로 이 작품에서 중요한 러브송이다. 그런데 이 노래는 킴과 크리스의 듀엣이 아닌 킴과, 크리스의 미국 아내 엘렌의 듀엣으로 부른다. 킴이 지금은 비록 떨어져 있지만 당신이 돌아오고 우리의 사랑이 변치 않을 것임을 믿는다고 노래하면, 무대 저편에서 미국의 크리스의 방이 펼쳐지고 그의 부인 엘렌이 킴과 같은 멜로디로 크리스에 대한 사랑과 믿음을 노래한다. 킴은 애원을 담아 크리스에게 호소한다면 엘렌은 크리스를 지키겠다고 다짐하는 입장이다. 멜로디는 같지만 둘의 태도는 다르다. 크리스에 대한 한결같은 사랑을 킴은 기다리면서, 엘렌은 감싸주면서 지켜나가겠다고 다짐한다. 킴과 엘렌이 서로 다른 멜로디를 2중창으로 부르다가 마지막 가사 "죽을 때까지"를 한 목소리로 부른다. 그러나 엘렌의 품에는 잠에서 깬 크리스가 있지만 킴은 홀로 남겨진다. 이 묘한 대조는 둘의 운명을 예감하게 한다.

모성으로 완성되는 사랑

〈미스 사이공〉에서 크리스와 킴의 사랑만큼 중요한 감정이 모성이다. 원작인 〈나비부인〉에서도 초초상이 아들을 핑커톤에게 보내고 자살을 하는데, 이것이 실연의 아픔으로 죽음을 선택한 것이라면 〈미스 사이공〉의 킴은 철저히 아들 탐을 위해 죽음을 선택한다. 전쟁이 만들어낸 사랑이지만 그 사랑의 결실로 탐이 태어났고, 킴의 나머지 일생은 탐을 위해 바쳐진다. 미셸 쇤베르크가 영감을 얻었던 사진의 이미지가 뮤지컬에서는 모성으로 투영된다.

〈미스 사이공〉에서 크리스와의 사랑보다 더 가슴 절절하게 다가오는 것은 자식을 위해 목숨마저도 희생하는 모성이다. 이 모성이 가장 잘 드러나는 곡이 바로 '널 위해 내 목숨 다 바칠거야I'd Give My Life for You'라는 노래다. "태양의 신들이 내게 데려다준 아기"라는 가사는 크리스와 킴의 사랑을 상징하는 노래인 '해와 달'을 떠올리게 한다. 특히 가슴에 와닿는 가사는 "네가 되고 싶은 사람이 될 수 있을 거야"라는 대목이다. 킴 역시 전쟁 통에 부모를 잃고 본인의 의지와는 상관없이 드림랜드에서 몸을 파는 일을 한다. 그런 암울한 과거를 자식에게 이어주지 않겠다는 의지로 킴은 어떻게든 탐을 아버지의 나라 미국으로 보내려고 한다. 아들을 위해 그를 해치려는 베트공 장교 투이를 살해하고, 크리스의 부인 엘렌을 만났을 때 이전의 킴과는 다르게 모진 어머니로 변한다. '널 위해 내 목숨 다 바칠거야'의 마지막 부분에는 킴이 크리스에게 들려주었던 자신의 부모가 어떠한 죽음을 당했는지를 호소할 때 사용된 멜로디가 반주의 형

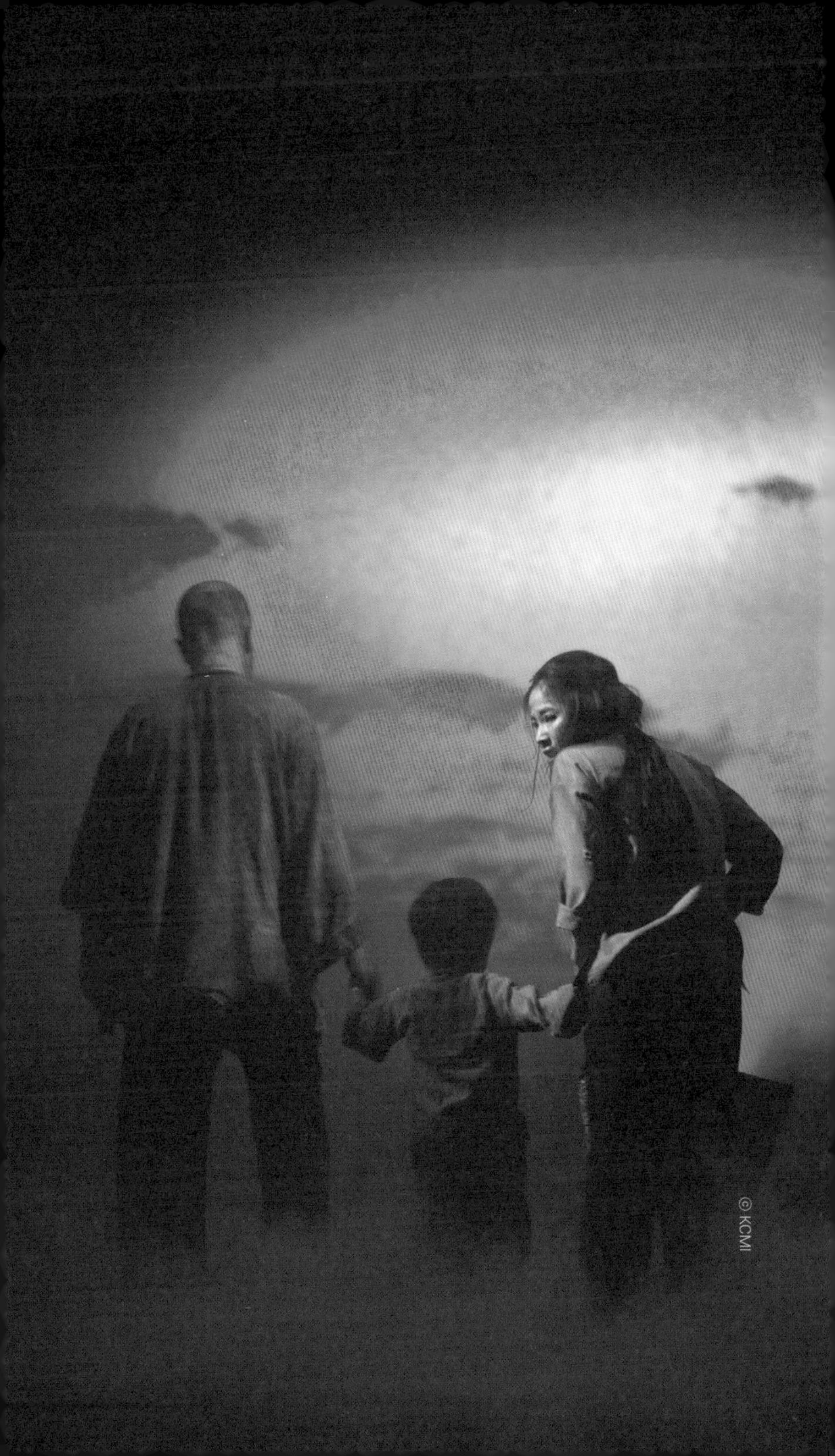
© KCMI

태로 결합된다. 감동적이고 따스한 모성의 멜로디 뒤에 부모의 죽음 이미지를 결합시켰다. 자식을 위해 죽음을 선택하는 킴의 운명을 음악적 복선으로 깔아둔 것이다.

킴은 죽음을 맞기 전 마지막으로 아들을 안고서 '고결한 새The Sacred Bird'를 부른다. 이 곡은 킴의 결심을 담아낸 노래이다. 이 곡은 킴이 투이를 죽이고 나서 부르는 '바로 지금이야This Is the Hour'와 같은 멜로디이다. 투이를 죽이면서 크리스를 찾아 사이공을 벗어나는 운명적인 결정을 했듯, 이제 킴은 또 다른 중요한 결정을 한다.

현실 속 허상 아메리칸 드림

사랑과 모성 외에 작품에서 중요한 테마 중 하나는 아메리칸 드림이다. 미국에 가서도 천대받는 밑바닥 인생이 될 가능성이 크지만 사이공 사람들에게 미국은 기회의 땅이자, 희망의 땅이다. 드림랜드의 바걸들의 궁극적인 목적은 미국행이다. 이러한 환상을 은유적으로 드러낸 곡이 바로 '내 마음속의 영화The Movie in My Mind'이다. 미스 사이공으로 선발된 지지가 부르는 이 곡에서 미군은 어린애처럼 나약하지만 그가 자신을 구해줄 것이라고 영화처럼 꿈을 꾼다는 내용이다. 이러한 아메리칸 드림을 신봉하고 삶의 목적으로 삼는 이가 엔지니어이다. 크리스의 아들이 있다는 것을 알게 된 엔지니어는 킴과 그녀의 아들이 방콕에 올 수 있도록 돕는다. 엔지니어는 크리스의 아들 탐이 미국행을 실현해줄 여권이라고 생각한다. 탐을 만나 부르는 '서구형 코를 봐Let me See His Western Nose'라는 노래는 아메리칸 드림의 허상을 노래했던 '내 마음속의 영화'의 멜로디와 같다. 엔지니어의 바람 역시 헛된 아메리칸 드림임을 암시한 것이다.

'아메리칸 드림'은 크리스가 탐을 만나기 위해 방콕에 왔다는 것을 알게 된 엔지니어가 미국으로 갈 생각에 들떠서 부르는 노래이다. 엔지니어는 자본주의 미국에서 자신의 상술이 발휘될 것이라고 생각한다. '아메리칸 드림'에는 이러한 그의 생각이 잘 담겨 있다. 늘씬한 쇼걸들이 등장하고, 근사한 캐딜락 자동차가 무대에 들어선다. 그리고 미국을 상징하는 자유의 여신상이 엔지니어의 미국 도착을 환영하듯이 축하를 보낸다. 이 작품에서 유일한 판타지 장면인 '아메리칸 드림'은 헛된 망상을 뮤지컬 양식으로 표현했다. 미국의 대표적인 쇼 장르인 뮤지컬 양식을 통해 엔지니어의 아메리칸 드림의 허황됨을 드러낸다.

이 노래에서 엔지니어는 혼혈아로 태어나 몸을 파는 엄마에게 남자를 데리고 와야 했던 그의 과거를 고백한다. 작품 마지막에 비열한 기회주의자로만 보였던 엔지니어의 아픈 과거를 이야기한다. 이기적이고 계산적인 그 역시도 전쟁 속에서 살아남기 위해 발버둥쳤던 피해자였다. 탐을 방콕에 데려온 것은 단순히 미국행을 바라는 마음만 있었던 것이 아니라 탐에게서 자신의 모습을 발견했던 것이다.

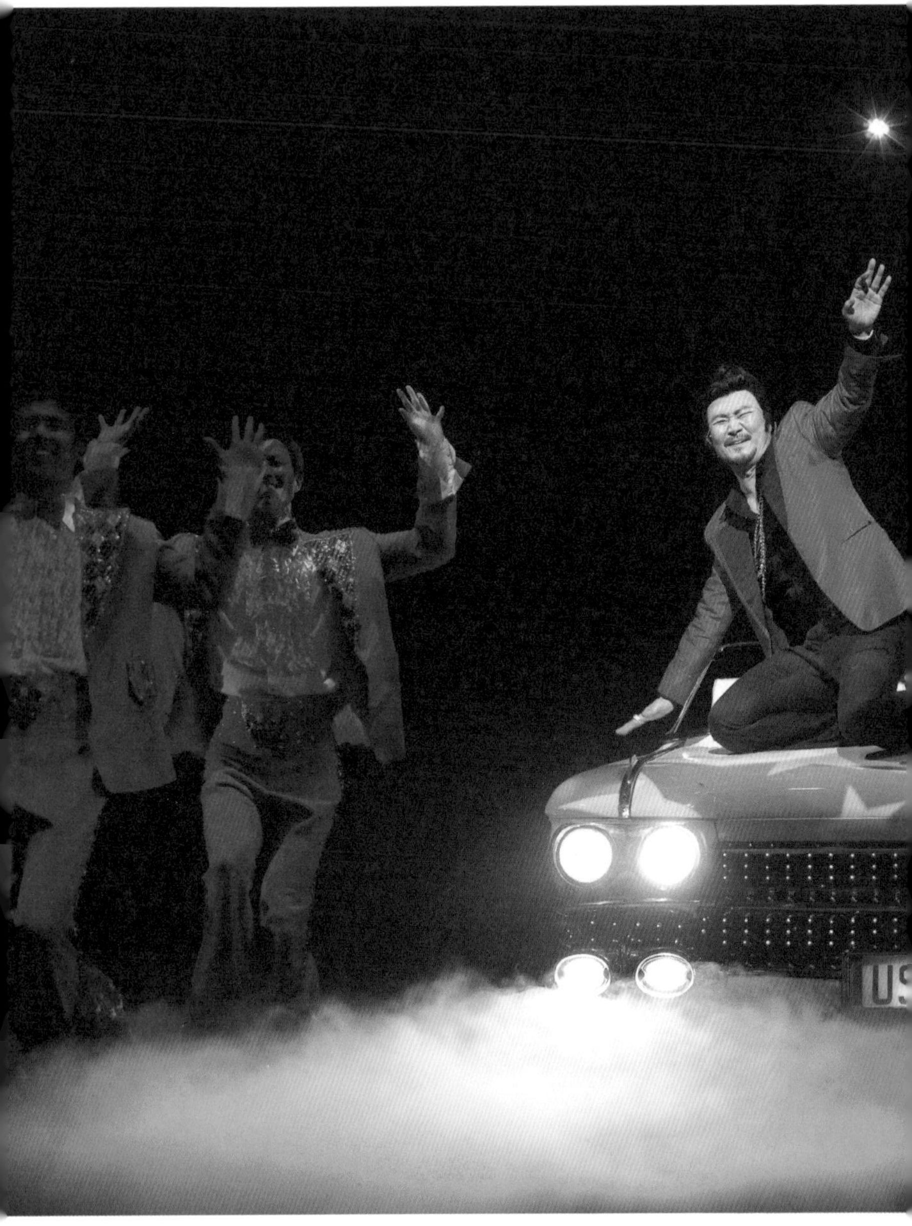

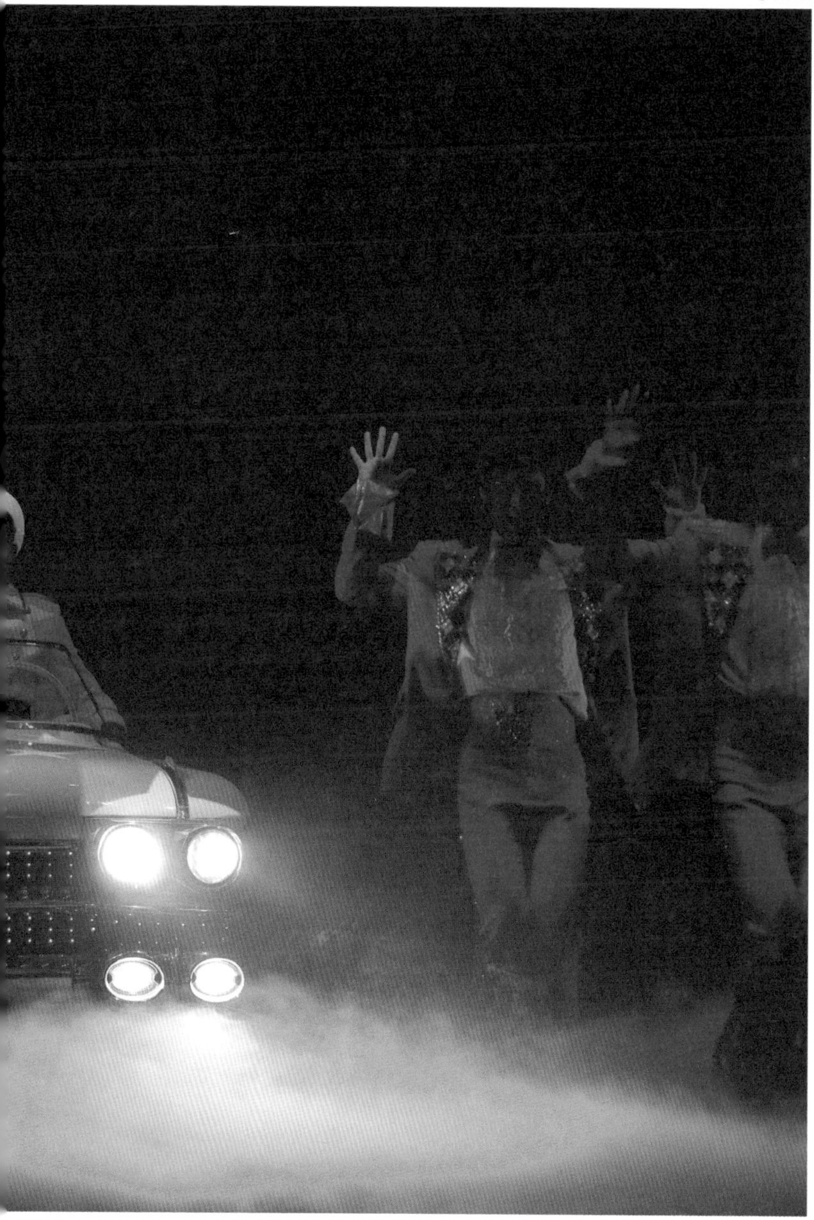

왜곡된 오리엔탈리즘

오페라 〈나비부인〉에는 서구인의 동양에 대한 왜곡된 인식이 담겨 있다. 〈미스 사이공〉은 왜곡된 오리엔탈리즘에서 벗어나기 위해 노력했지만 동양인 관객의 시각에서는 여전히 불편한 작품이다. 킴을 비롯한 베트남 여성들을 주로 성적 대상으로 등장시키고, 베트콩 장교인 투이를 야만적인 캐릭터로 그려서 초연부터 왜곡된 인식에 대한 비판을 받아왔다. 그래서 최근 공연에서는 투이의 캐릭터를 무조건적인 악인이 아니라 비중을 키워 베트공 장교로서의 품위를 드러내려고 한다. 그럼에도 불구하고 본질적인 문제는 해결되지 않았다.

〈미스 사이공〉이 〈나비부인〉과 가장 큰 차이는 킴과 크리스의 사랑을 순수하게 그리려 한다는 점이다. 〈나비부인〉의 핑커톤은 초초상을 소유하고 싶은 이국적인 인형 정도로 여겼을 뿐이지 그녀를 사랑의 대상으로 생각하지 않는다. 결혼은 하지만 그것은 초초상을 소유하기 위한 절차였을 뿐 결혼의 신성함과 책임감은 없다. 그러나 크리스는 달랐다. 전쟁의 한가운데서 전쟁을 잊게 해주는 킴을 진심으로 사랑했고, 책임을 지기 위해 미국으로 데려가려 한다. 헬기 장면은 스펙터클한 무대 효과가 압도적이어서 드라마를 놓치기도 하는데, 이 장면의 목적은 크리스가 그토록 노력했지만 결국 킴을 데려오지 못했다는 크리스의 입장을 대변하는 데 있다.

미군이 전쟁의 불안과 공포를 잊기 위해 베트남 여인들을 성적 대상으로 이용했다는 상황은 달라지지 않는다. 크리스를 드림랜드로 데려간 미군 존은 그러한 미군의 대표적인 인물이다. 크리스 역시 여기서 자유롭지 않다. 수많은 베트남 여성들이 미군 아이를 낳아 세상의 손가락질을 받으며 키워야 했다. 베트남 전쟁 당시 미군과 베트남 여성 사이에 태어난 아이들을 '부이 두이Bui Doi'라고 불렀다. '삶의 먼지'라는 뜻이다. 2막의 첫 곡인 '부이 두이'는 미군인 존이 베트남에 버려진 미군 아이들을 돕기 위한 자선 활동을 하며 부르는 노래이다. 가해자인 미군이 짧은 뉘우침을 통해 시혜자로 자리를 바꾼다. '부이 두이'는 미국이 베트남에서 한 부정적인 이미지를 만회하기 위한 노래이다. 미국 중심적인 이야기 전개가 불편하지만 존이 이 노래를 부르고 나면 어쩔 수 없이 박수를 치고 만다. 노래의 의도는 불순하지만 노래 자체가 너무 아름답기 때문이다. <미스 사이공>은 캐릭터나 내용 전개에 불만이 생기지만 노래를 듣고 나면 빠질 수밖에 없는 작품이다.

#02 뮤지컬 더 들여다 보기 SIDE STORY

카메론 매킨토시의 메가 뮤지컬

〈캣츠〉, 〈오페라의 유령〉, 〈레미제라블〉, 〈미스 사이공〉을 흔히 '뮤지컬 빅4'라고 한다. 근데 이 말을 국내에서는 종종 '세계 4대 뮤지컬'로 옮기는데 그건 잘못된 번역이다. 작품 규모나 흥행으로 따지자면 세계 4대 뮤지컬에 〈위키드〉와 〈라이온 킹〉이 빠질 이유가 없다. 그럼에도 이들 작품들을 꼭 짚어 '뮤지컬 빅4'라고 부르는 이유가 있다. 이 작품들은 1980년대 런던에서 먼저 제작되어서 브로드웨이로 넘어온 메가 뮤지컬 네 편이다. 그러므로 '뮤지컬 빅4'를 풀어 말한다면 1980년대 메가 뮤지컬 네 편이라고 하는 것이 좀 더 실체에 접근한 표현이다. 이 네 작품은 모두 한 사람의 손에 의해 만들어졌다. 바로 프로듀서 카메론 매킨토시이다.

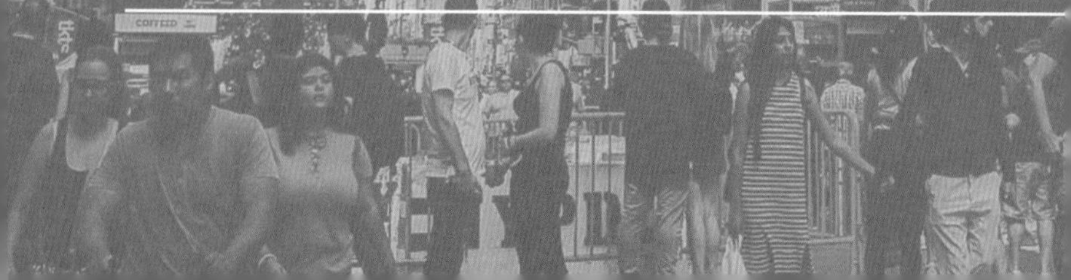

성공과 실패의 기준

뉴욕 타임스는 카메론 매킨토시를 "전 세계에서 가장 성공적이고, 영향력 있으며, 강력한 프로듀서"라고 평했다. 뮤지컬 프로듀서는 방송국 PD나 연극 제작자와는 조금 다른 역할이다. 뮤지컬 프로듀서는 작품의 모든 권한과 책임을 져야 한다. 작품을 선정하고 창작진과 배우를 선택하고, 작품이 제작되는 전 과정을 총괄한다. 제작비를 마련하는 것 역시 프로듀서의 가장 중요한 업무 중 하나다. 한때 카메론 매킨토시는 브로드웨이에서만 여섯 편의 공연을 올렸다. 〈캣츠〉 성공 이후 지금까지 브로드웨이에서 늘 서너 편 이상의 뮤지컬을 공연하고 있다.

그러나 그가 처음부터 성공한 프로듀서는 아니었다. 8살 때 이모를 따라 공연을 보고 프로듀서가 되겠다고 결심한 이후 그의 꿈은 흔들리지 않았다. 연극학과에 진학했지만 그는 학업을 다 마치지 않고 열아홉 살에 무작정 공연장에 찾아가 공연 일을 시켜달라고 했다. 그의 열정이 받아들여져 공연장에 취직됐다. 무대 청소부터 시작해 무대감독, 컴퍼니 매니저 등 기획 일의 밑바닥부터 경험한 후 3년 만에 〈애니씽 고우즈〉로 프로듀서에 데뷔한다. 작품은 보기 좋게 실패해 2주 만에 막을 내렸다. 그는 실패를 통해 생존법을 배웠다고 말한다. 그에게 실패는 그다지 중요하지 않았다. 그는 〈캣츠〉를 제작하기 전까지 빈털터리였고 부채에 시달렸다. 〈캣츠〉 이후 수많은 대작을 성공으로 이끌지만 그에게 흥행 결과는 성공과 실패를 구분 짓는 기준이 되지 못했다. 〈레미제라블〉 영화 때문에 내한했을 때 필자와의 인터뷰에서 그는 "최선을

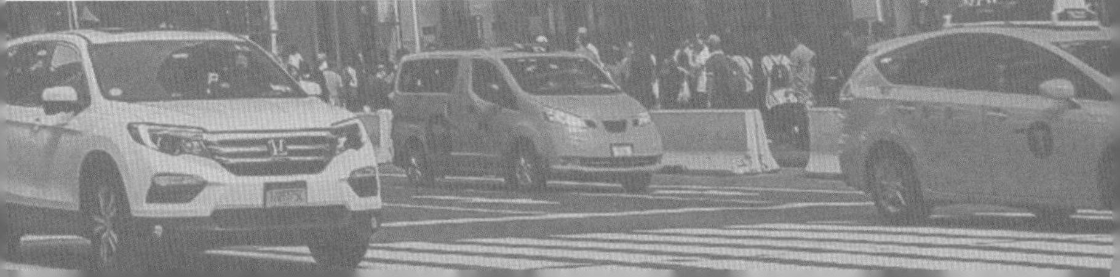

다해 작품을 만들어왔다. 그것이 흥행에 성공할 수도 있고 실패할 수도 있다. 처음에는 실패했지만 10여 년 후에 인정받을 수도 있다. 이런 일들이 빈번하게 일어나기 때문에 성공과 실패에 연연할 이유는 없다. 성공에 대한 판단은 얼마나 최선을 다했느냐에 달려 있다."고 말했다. 작곡가 스티브 손드하임은 영국에서 뮤지컬로 가장 많은 수익을 올린 프로듀서인 카메론 매킨토시에 대해 이렇게 말했다. "그는 작품을 통해 수익을 창출하지, 수익 창출을 위해 작품을 하지 않는다." 이것이 프로듀서 카메론 매킨토시를 가장 잘 대변해주는 말일 것이다.

탁월한 예술적 안목

〈오페라의 유령〉에는 앙드레와 피르맹 극장을 운영하는 두 명의 프로듀서가 등장한다. 앙드레는 작품의 예술적인 부분을 담당하는 프로듀서이고, 피르맹은 재정을 담당하는 프로듀서이다. 브로드웨이 프로듀서는 역할에 따라 성향이 나뉘는데 카메론 매킨토시는 예술적인 면과 재정적인 감각을 모두 겸비한 프로듀서이다. 특히 그는 탁월한 안목을 지녔다. 앤드루 로이드 웨버는 T.S 엘리엇의 시를 토대로 한 〈캣츠〉를 만들려고 했다. 작품 전체를 관통하는 이야기가 없고 고양이들의 재롱 잔치 같은 구성 때문에 흥행을 우려하는 이들이 많았다. 매킨토시는 로열 셰익스피어 극단의 젊은 예술감독이었던 트레버 넌을 연출로 발탁해 기존의 뮤지컬과는 다른 형식으로 세계적인 작품 〈캣츠〉를 만들

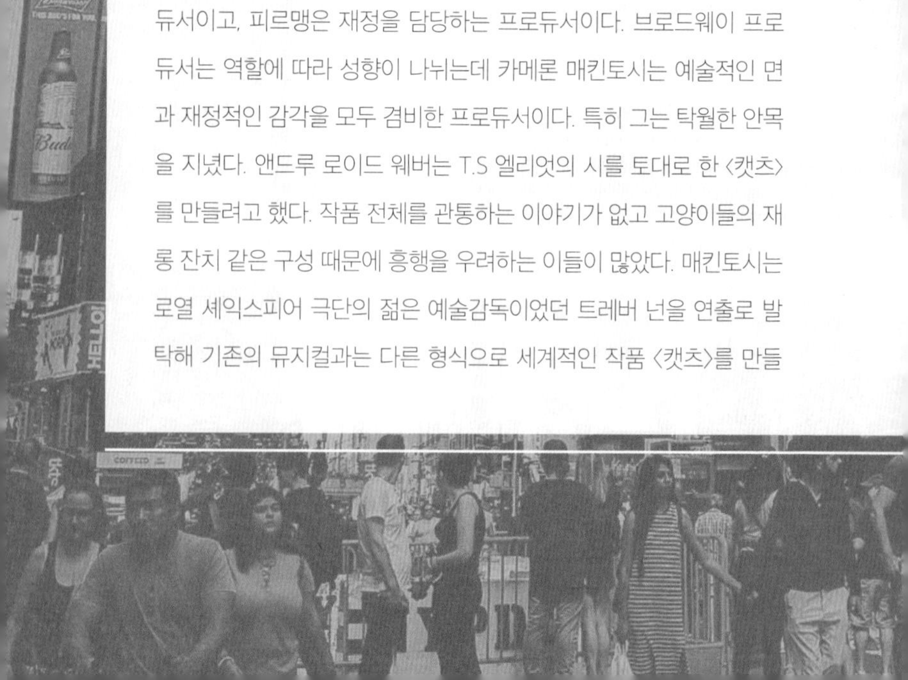

어냈다. 〈캣츠〉의 성공에 힘입어 매킨토시와 웨버의 작업은 브로드웨이 최장기 흥행작 〈오페라의 유령〉으로 이어졌다.

웨스트엔드 최대 공연 기록을 써나가고 있는 〈레미제라블〉 역시 매킨토시의 탁월한 안목으로 발굴한 작품이다. 트레버 넌이 이 작품에서도 연출로 참여하며 웨스트엔드에서 가장 오랫동안 공연한 대형 뮤지컬 기록을 써나가고 있지만 이 작품의 출발은 프랑스였다. 작곡가 미셸 쇤베르크와 작사가 알랑 부브릴이 1980년 파리에서 올린 작품이었다. 앨범을 통해 프랑스판 〈레미제라블〉을 접한 매킨토시는 아름다운 음악에 매료되었다. 다소 스토리가 산만하지만 음악적으로 매우 뛰어난 이 작품을 영어권으로 옮기면서 기존 작품의 장점을 살리면서도 영미권 뮤지컬다운 특징이 반영된 작품으로 재탄생시켰다. 프랑스 뮤지컬 〈레미제라블〉은 3개월 동안 공연할 정도로 관객 반응이 나쁘지 않은 작품이었지만 당시의 프랑스 국민들의 뮤지컬에 대한 열정으로 보아 지금과 같이 30여 년 동안 롱런하는 작품으로 남지는 못했을 것이다.

〈레미제라블〉의 미셸 쇤베르크와 알랑 부브릴은 1980년대 마지막 빅4 작품인 〈미스 사이공〉을 만들게 된다. 물론 이 작품 역시 탁월한 눈썰미의 카메론 매킨토시가 제작자로 참여한다.

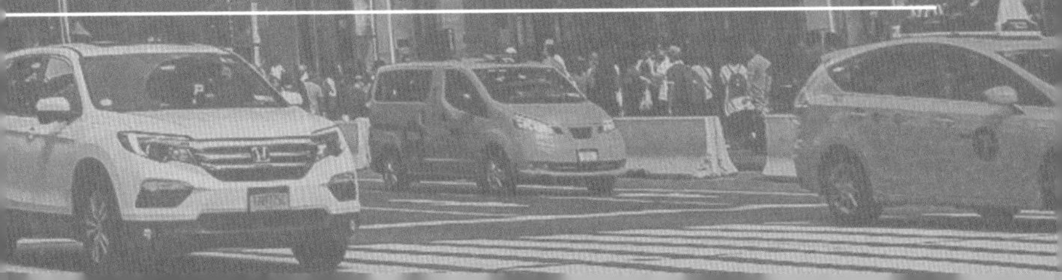

PART 3

컨셉 뮤지컬과 손드하임

- 컴퍼니
- 스위니 토드
- 조지와 함께한 일요일 공원에서
- 숲 속으로

뮤 / 지 / 컬 / 더 / 들 / 여 / 다 / 보 / 기 SIDE STORY
손드하임의 작품 세계

COMPANY

08

모던한 감각, 시의적인 주제의 컨셉 뮤지컬

컴퍼니

소위 명작은 시대를 초월하는 보편성을 지니고 있다고 하지만, 작품이 그 시대에 유행하던 스타일에서 완전히 자유롭기는 쉽지 않다. 스티븐 손드하임을 공연계에 널리 알린 초기 대표작이자, 가장 완벽한 컨셉 뮤지컬Concept Musical로 꼽히는 〈컴퍼니〉는 당대의 뮤지컬 스타일과는 결연하게 선을 긋고 마치 다른 시간대로 이동한 것처럼 모던한 감각과 형식을 선보인다. 〈컴퍼니〉가 만들어진 해가 1970년이다. 불과 4~5년 전에 만들어진 작품들 〈퍼니 걸〉, 〈헬로 돌리〉, 〈달콤한 채리티〉와 비교해 본다면 〈컴퍼니〉라는 전혀 색다른 종의 등장은 충격적이기만 하다. 〈컴퍼니〉는 맨해튼에서 살아가는 35살의 성공한 남자 로버트를 통해 결혼과 진정한 관계 맺기에 대해 질문한다. 만들어진 지 40년이 훨씬 넘은 작품이지만 담고 있는 주제는 관계 맺기를 두려워하는 오늘날의 세대에게도 공감하는 바가 크다. 지금도 여전히 모던함이 뒤지지 않은 외계에서 온 것 같은 별종 뮤지컬이다.

결혼의 이면을 들춰내다

뮤지컬 〈컴퍼니〉의 시작은 극작가 조지 퍼스George Furth의 여피들의 리얼한 결혼 생활을 소재로 한 단막극에서 출발한다. 조지 퍼스는 투자에 난항을 겪자 손드하임에게 도움을 청했고, 손드하임은 〈웨스트 사이드 스토리〉 작업부터 인연을 맺어온 프로듀서이자 연출가인 해롤드 프린스에게 작품을 소개했다. 프린스는 희곡을 읽고는 연극보다는 레뷔 뮤지컬(하나의 주제로 다양한 형태의 노래와 춤, 코미디 등을 엮어낸 옴니버스 형식의 뮤지컬)로 만드는 게 좋겠다고 제안했다. 그의 제안에 따라 에피소드로 구성된 기존 이야기 중 일부를 제외하고 새로운 이야기를 첨가해 만든 것이 뮤지컬 〈컴퍼니〉이다.

〈컴퍼니〉는 현대 도시인의 관계맺음을 결혼을 화두로 풀어낸다. 주인공은 맨해튼의 안정된 직장을 갖고 유머러스하고 섹시한 서른다섯 살 생일을 맞는 싱글남 로버트이다. 로버트 주변의 다섯 쌍의 친구 부부와 세 명의 여자친구를 콜라주처럼 배치해 결혼의 이면을 들여다본다. 첫 커플은 해리와 사라 부부이다. 다이어트 중인 사라와 금주 중인 해리가 옥신각신 하는데, 조앤이 등장해 '작은 것도 항

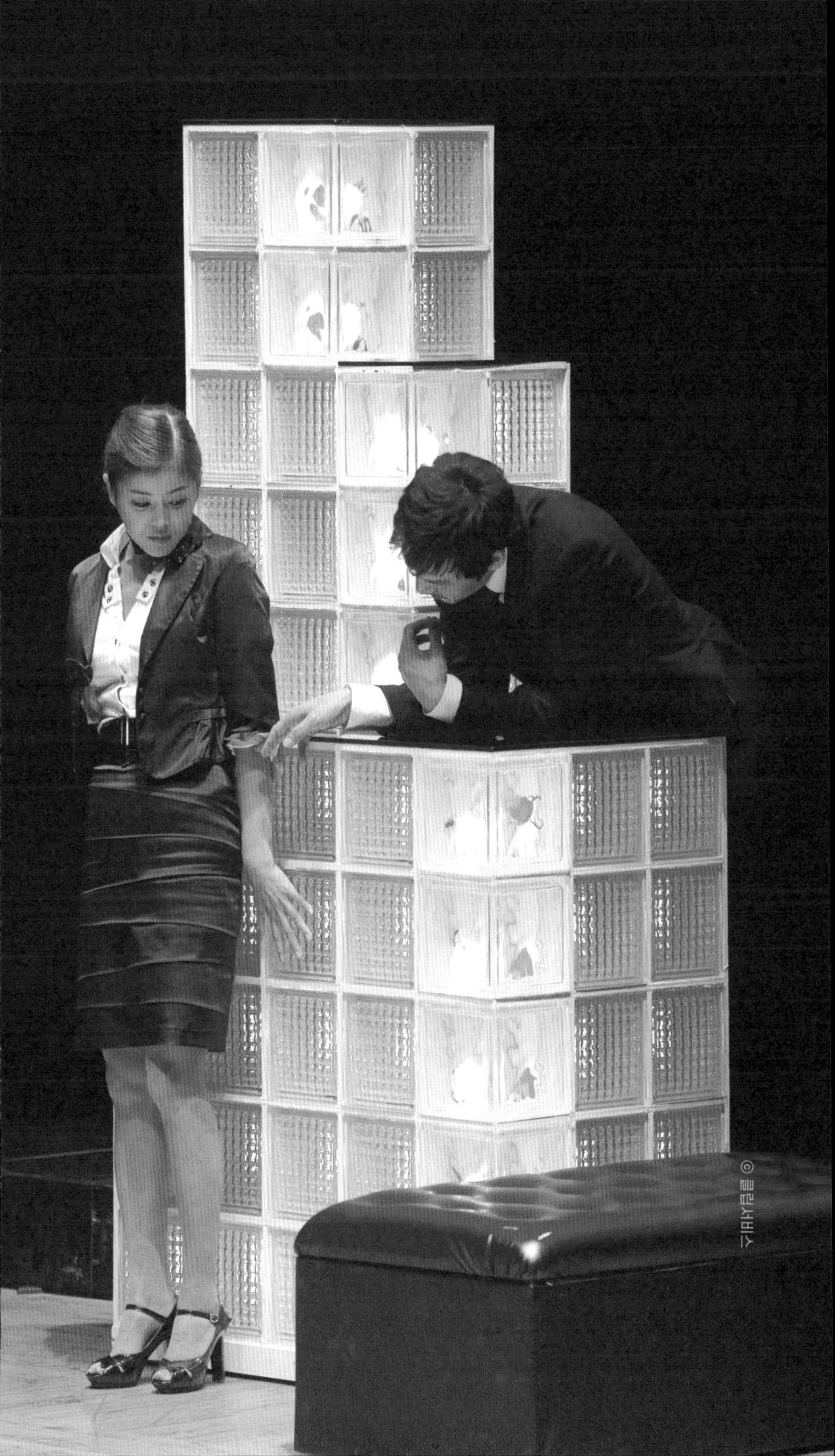

상 함께해The Little Things You Do Together'라는 노래를 부른다. 노래 가사는 모든 것을 함께하는 행복한 부부에 대한 것이지만, 음식과 술을 자제하는 사라와 해리의 모습은 그다지 행복해 보이지 않는다. "모든 것을 함께해서 완벽한 관계를 유지하는 부부는 이혼도 함께할 것"이라는 냉소적인 가사로 끝을 맺는다. 이후 전개되는 다섯 부부의 모습들은 이 노래처럼 사랑과 이별 또는 행복과 불행이란 서로 다른 두 개의 고리에 묶여 있는 결혼생활을 보여준다.

두 번째 수잔과 피터 커플은 도심 한가운데 안정된 생활을 누리고 있다. 로버트에게 서로를 걱정하고 보살펴주는 수잔과 피터가 가장 이상적인 부부로 보인다. 그런데 정작 이들은 이혼을 계획하고 있다. 이혼 후에도 동거를 유지할 것이며, 남편인 피터는 동성애자였음이 밝혀진다. 로버트는 혼란을 느끼며 세 번째 친구 제니와 데이비드 부부를 만난다. 이 커플과 로버트는 대마초를 즐기고 있다. 제니는 대마초를 피면서 평소에 하지 않은 욕을 하고 일탈을 즐긴다. 로버트는 좀 더 즐기기를 원하지만 이내 제니와 데이비드는 잠든 아들이 깰까 걱정돼 평상심을 되찾는다. 얽매일 게 없는 로버트는 빠르게 일상으로 돌아오는 이 부부를 이해하지 못하는데, 데이비드는 또 다른 사실을 알려준다. 제니가 대마초를 즐기는 듯 보였지만 사실 그녀는 하나도 즐기지 못했고 자유로운 삶을 갈망하는 남편을 위해 잠시 맞춰주었다는 것이다. 로버트는 영리하게 유지되고 있는 부부 관계의 위태로움과 안정성에 혼란을 느낀다.

네 번째 친구 커플은 결혼식을 앞둔 폴과 에이미이다. 결혼식을 앞둔 에이미는 극도로 날카로워 식장에 가지 않겠다고 고집을 피운다. 에이미의 노래 '오늘은 결혼하는 날Getting Married Today'는 왜 결혼을 결정했는지를 원망하는 이야기를 속사포처럼 쏟아내 그녀의 극단적으로 치닫는 불안감을 표현한다. 마침내 에이미는 폴에게 상처를 주고 자리를 뜬다. 그때 로버트는 결혼에 불안해하는 에이미에게 동질감을 느끼고 충동적으로 청혼한다. 이것이 오히려 에이미를 진정시킨다. 그리고 곧 자신이 얼마나 폴을 사랑하는지를 깨닫게 된다. 마지막 커플은 자유롭고 도발적인 여인인 조앤과 그녀의 세 번째 남편인 래리이다. 조앤은 로버트에게 자신이 돌봐주겠다며 남편이 없을 때 집으로 오라고 유혹한다. 늘 친구 부부들 사이에서 관계로 묶이지 못하고 겉돌았던 로버트는 이 말에 그렇다면 자신은 누구를 돌보아야 하는지 묻는다. 그는 누구와도 진정한 관계를 맺지 못하고 겉도는 자신을 자각한다.

결혼 앞에서 로버트의 선택은

다섯 커플의 결혼 생활을 간접 경험한 로버트는 결혼에 대해 어떤 결정을 할까? 결혼 생활의 양 측면을 본 로버트는 결혼에 대한 생각이 발전한다. 이것은 로버트의 세 번에 걸친 생일파티에서 드러나는데, 발전이 꼭 결혼을 선택한다는 의미는 아니다.

〈컴퍼니〉는 로버트의 서른다섯 번째 친구들의 서프라이즈 생일파티로 시작한다. 작품 속에서 로버트의 생일파트는 1막 시작, 2막 시작, 그리고 2막 끝, 모두 세 번 반복된다. 이것이 동일한 생일파티인지 아니면 별개의 생일인지 뚜렷하지 않지만 세 번의 파티는 조금씩 다르게 전개된다. 첫 번째 파티와 두 번째 파티는 약간의 차이는 있지만 비슷하다. 친구들이 서프라이즈 파티를 준비하고, 로버트는 생일 케이크에 촛불을 끈다. 친구들은 소원을 빌라고 요청하지만 소원을 빌지 않는다. 단지 두 번째 파티에서 친구들이 집요하게 소원을 묻는 질문에 "너희와 같은 친구들과 오래토록 함께 있는 것"이라고 대답한다. 첫 번째 파티와 두 번째 파티는 서로 다른 시점에서 촬영한 버전처럼 완전히 같지는 않지만 로버트가 친구들에게 대하는 태도나 결혼에 대한 생각은 동일하다. 하지만 2막 마지막 세 번째 생일파티에서 친구들의 축하에 대한 로버트의 반응은 달라진다. 작품은 생일파티에 대한 반응의 변화를 통해 로버트의 결혼 또는 인간관계에 대한 생각의 변화를 보여주고 있다. 첫 번째와 두 번째 생일파티까지만 해도 그가 가장 이상적으로 생각하는 관계는 '2+1'의 관계이다. 로버트가 말한 소원처럼 친구 부부(2)와 솔로인 로버트(1)가 함께하는 관계를 추구한다. 2막 오프닝 곡 '사이드 바이 사이드 바이 사이드Side By Side By Side'는 커플들 옆에서 적당한 거리를 유지하며 행복을 찾는 로버트의 태도를 드러낸다.

남편들은 진짜 좋은 사람이 있으니 소개시켜 주겠다고 하면서도 왜 좀 더 솔로를 즐기지 않으냐고 부추기고, 아내들도 로버트를 걱정하면서도 그가 좀 더 솔로로 자신들 곁에 머물러주길 바란다. 로버트와 친구 커플은 부부와 솔로의 결합으로 불완전한 관계를 보완하는 듯 보인다. 결혼한 부부는 자유로운 솔로에게서 대리만족하면서 한편으로 솔로의 외로움을 보며 결혼생활을 위안 받는다. 솔로 역시 책임지지 않아도 되지만 관심을 가져주는 친구 커플을 옆에 두어 솔로의 외로움을 위로받는다. 커플과 솔로가 결합된 이들의 관계는 이상적으로 보이기도 한다. 조지 퍼스의 원작 희곡의 제목은 '셋들Threes'이었다. 남편과 아내 그리고 친구가 결합된 관계를 나타낸 제목이다. '결혼을 해야 하는가, 말아야 하는가' 현대 도시인의 고민을 다루는 뮤지컬의 제목을 친구를 의미하는 '컴퍼니'로 정한 것도 같은 맥락으로 이해된다.

친구 커플들의 결혼 생활의 이중성을 들여다본 로버트는 적당한 거리에서 어떤 것도 책임지지 않던 친구 내외와의 유사가족 관계에서 벗어나고자 한다. 로버트는 친구 부부의 삶을 들여다보며 결혼과 인간관계에 대한 생각을 세 곡의 솔로 곡으로 부른다.

첫 번째 솔로 곡 '누군가를 만나게 될거야Someone Is Waiting'는 친구 아내들의 장점을 모두 가진 여인을 만나고 싶다는 로버트의 바람을 담은 곡이다. 지적이고 타인을 배려할 줄 알며, 외모도 예쁜데다가 착하기도 한 여인을 만나고 싶다는 철없는 남자의 이상적인 여성상을 노래한다. 두 번째 솔로 곡 '나와 결혼해 줘, 일부만Marry Me a Little'은 결혼을 두려워했던 에이미에게 충동적으로 한 청혼을 거절당한 후 혼자 남아 부르는 노래다. 이 노래에서 로버트는 결혼을 원하지만 다치지 않고 헤쳐 나가고, 아무것도 포기하지 않으면서 얻길 바란다. 사랑하지만 구속하지 않고 애정을 품지만 조절하면서 서로가 자유롭게 살기를 바라는 마음을 담았다. 앞선 상황보다는 조금 더 결혼에 관심을 보이고는 있지만 여전히 현실적이지 못한 인식을 드러낸다.

그의 마지막 솔로 곡 '살아있다는 건Being Alive'에서는 태도가 달라진다. 첫 곡 '컴퍼니'에서 그를 부르는 다양한 이름 '바비, 바비부비, 로버트 달링' 부분은 연주나 노래 형태로 끊임없이 로버트의 주변을 맴돈다. 진실한 관계를 맺지 않으면서 항상 로버트의 주변을 떠도는 친구들과의 관계를 음악적으로 표현한 것이다. 마지막 로버트가 고민하는 순간에도 친구들의 웅성거리는 소리가 들려온다. 로버트는 '그만'이라고 외치며 친구들의 노래를 멈춘 후 '살아있다는 건'을 부른다. '살아있다는 건'은 너You에게 어떤 영향을 준 누군가someone라는 구조의 가사로 진행된다. "너를 꼭 안아줄 누군가someone to hold you too close 너에게 아픈 상처를 입힐 누군가someone to hurt you too deep…" 이것이 노래의 후반부로 가면 바뀐다. "나를 꼭 안아줄 누군가somebody to hold me too close 나에게 아픈 상처를 줄 누군가somebody to hurt me too deep" 막연한 누군가를 지칭했던 '썸원someone'은 좀 더 구체적인 대상을 의미하는 '썸바디somebody'로 바뀌고, 타인you의 문제였던 것이 나me의 문제로 변한다. 이 노래에서 로버트는 과거의 친구 부부의 삶을 손님처럼 거리를 두고 관찰하던 위치에서 벗어나 좀 더 진지한 관계를 원하게 된다.

극에 나오는 세 번째 생일파티에서 로버트는 이전의 파티와는 다른 태도를 취한다. 이번에도 친구들은 서프라이즈 파티를 해주기 위해 오지만 로버트는 나타나지 않는다. 더 이상 친구들과 함께 나이를 먹고 늙어가는 관계에서 벗어난 것이다. 친구들이 돌아가자 그는 혼자서 생일 케이크의 불을 끄며 막을 내린다. 로버트가 이전과는 다른 진지한 관계에 대해 고민하고 있다는 변화를 암시하지만 여전히 그가 결혼을 결심했는지, 아니면 솔로로 남을 것인지 명확한 태도를 취하지는 않는다. 손드하임은 다른 작품에서도 명쾌한 답을 내리기보다 모호하게 만드는 태도를 선호했다. 그는 인간이 명확한 답이 없다는 것을 인정할 때 훨씬 성숙할 수 있다고 생각했다.

진지한 관계가 힘든 현대인

〈컴퍼니〉는 결혼이라는 화두를 통해 본질적으로 현대 도시인의 관계맺음을 주목한다. 뉴욕은 미국 사람들에게도 낯선 도시라고들 하는데, 〈컴퍼니〉는 바로 초고도화된 도시 뉴욕 사람들의 생활을 다루고 있다. 초연 공연의 무대 디자인을 맡은 보리스 아론슨은 철제 구조물로 뉴욕을 상징하는 마천루 느낌을 주고 1층과 2층 사이에 엘리베이터를 설치해 도시인들의 느낌을 주려고 했다. 〈컴퍼니〉의 소재는 한적한 시골 마을에 사는 30대 미혼 남자의 결혼과 관계맺음이 아니다. 치열하고 복잡하게 얽혀 있지만 정작 진정한 소통은 부족한 도시인의 이야기임을 무대로 명확히 제시했다. 로버트의 다양한 이름들을 부르며 시작하는 첫 곡 '컴퍼니'는 손드하임이 무대 디자인을 보고 영향을 받아 작곡한 곡이다. 짧은 프레이즈와 수직적으로 뚝뚝 떨어지는 선율, 도시의 떠도는 소음처럼 여기저기서 바비를 부르는 소리들이 도회적인 느낌을 강하게 풍긴다.

© 클립서비스

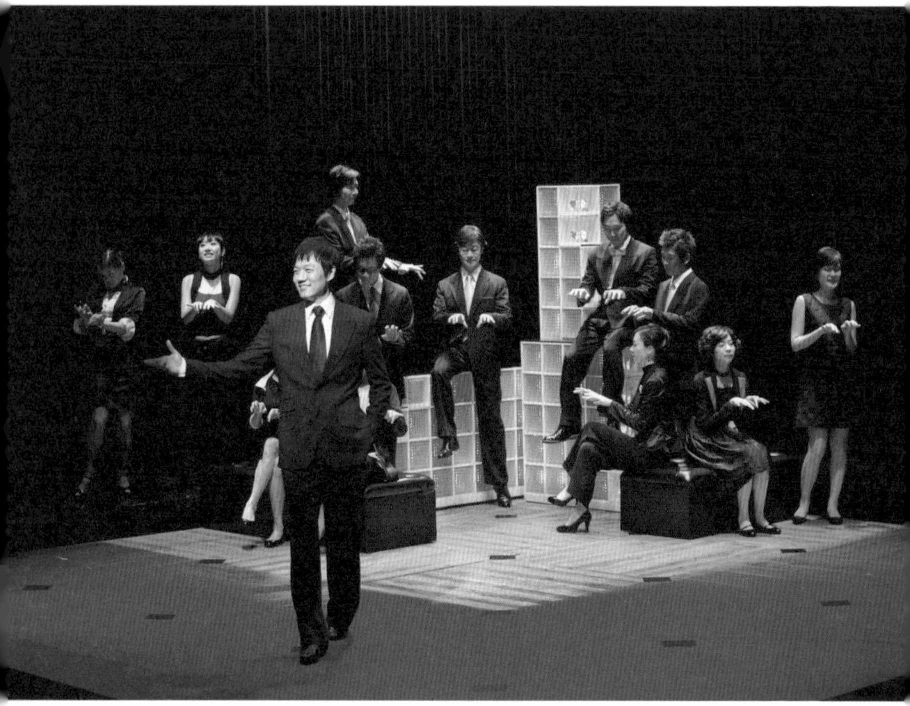

첫 곡 '컴퍼니'는 손드하임이 무대 디자인을 보고 영향을 받아 작곡한 곡이다. 짧은 프레이즈와 수직적으로 뚝뚝 떨어지는 선율, 도시의 떠도는 소음처럼 여기저기서 바비를 부르는 소리들이 도회적인 느낌을 강하게 풍긴다.

솔로인 로버트에게는 세 명의 여자친구가 있다. 전원적인 생활을 꿈꾸며 단란한 가정을 갖고 싶은 캐시, 엉뚱하지만 순수한 매력을 지닌 스튜어디스 에이프릴, 도시를 선망해서 뉴욕에 있다는 것만으로 행복한 사차원 여인 마르타가 그들이다. 세 여인과의 만남이 소개되는 장면 사이사이에 '또 다른 수백 명의 사람들Another Hundred People'이란 노래가 흐른다. 도시에서 수없이 스쳐 지나는 만남의 덧없음을 이야기하는 노래로 바쁘게 돌아가는 도시의 사람들처럼 빠른 비트에 담아냈다. 세 여인과 로버트 역시 도시에서 스쳐 지나는 수많은 덧없는 만남 중에 하나일 뿐이다. 이 노래는 마르타가 부른다. 뉴욕의 모든 것을 선망하는 마르타에게 진지한 관계를 맺지 못하는 도시를 비판하는 노래를 부르게 한다.

가장 완성된 컨셉 뮤지컬

〈컴퍼니〉는 능동적이고 비판적으로 생각하며 관람하기를 원했던 브레히트의 서사극의 영향을 받았다. 브레히트는 극의 비판적 시각을 갖기 위해 몰입을 방지하는 소격 효과를 사용했는데, 〈컴퍼니〉에서도 음악은 극에 몰입시키기보다 질문을 던지는 역할을 한다. 마르타가 부르는 '또 다른 수백 명의 사람들'도 그렇지만 〈컴퍼니〉의 많은 노래들은 일반적인 뮤지컬과 다르게 누가 부르는지가 그다지 중요하지 않다. '또 다른 수백 명의 사람들'은 마르타가 부르지만, 이 노래를 부를 때 그녀는 마르타의 캐릭터가 아니라 도시의 덧없는 만남을 전달하는 객관적인 화자로서 역할 한다. 다이어트와 금주로 욕망을 억제 중인 사라와 해리가 옥신각신할 때 조앤이 '작은 일도 항상 함께해'를 부르지만 이 노래의 화자 역시 조앤이 아닌 논평자이다. 〈컴퍼니〉의 음악은 대사의 확장이거나 개인의 감정을 증폭시켜 표현하는 방식의 일반적인 뮤지컬 노래와는 다르다. 작품 속에서 로버트의 여자친구인 에이프릴이 비행을 앞두고 부르는 '바로셀로나'나 결혼을 앞둔 에이미가 불안에 떨며 부르는 노래 정도가 거의 유일하게 일반적인 뮤지컬 넘버의 방식으로 사용된다.

스토리 전개보다는 작품이 제시하는 아이디어나 컨셉이 중심인 뮤지컬을 컨셉 뮤지컬이라고 한다. 1979년 뉴요커 매거진의 마틴 고티프리드Martin Gottfried가 〈컴퍼니〉를 언급하면서 "플롯보다는 아이디어가 극을 이끌어가는 뮤지컬"이라는 의미로 컨셉 뮤지컬이라는 용어를 사용했다. 작품이 등장하고 9년이나 지나서 이 독특한 형식에 이름이 붙여졌다. 컨셉 뮤지컬은 학자마다 정의하는 바가 다르고 포함되는 작품의 범주도 다르다. 〈컴퍼니〉로 컨셉 뮤지컬이라는 이름을 얻었지만, 1966년에 이미 컨셉 뮤지컬의 형식을 띠는 〈카바레〉와 같은 작품이 등장하기도 했다.

컨셉 뮤지컬 양식을 완성한 작품으로 〈컴퍼니〉를 드는 이유는, 아이디어가 중심이 되어 노래가 구성되었을 뿐만 아니라, 스토리 역시 선형적인 시간대를 벗어나 무시간대를 추구하기 때문이다. 〈컴퍼니〉는 아이디어를 위해 노래와 스토리가 구성된다. 일반적인 뮤지컬은 플래시백을 하더라도 선형적인 시간 구조를 갖는 것이 일반적이다. 언제부터 어떤 과정을 거쳐 어떤 결말을 맺었는지, 이야기를 시간적으로 배열할 수 있다. 그러나 〈컴퍼니〉에서는 그것이 불가능하다. 무대에서 보이는 사건의 순서가 스토리의 시간적 순서가 아니다. 사라와 해리의 이야기가 피터와 수잔의 이야기보다 먼저 등장하지만 이것이 시간적으로 앞선 사건임을 의미하는 건 아니다. 마찬가지로 캐시, 에이프릴, 마르타 순으로 여자친구가 소개되지만 로버트가 그 순서대로 만났는지는 알 수 없고 중요하지도 않다. 여기서 중요한 것은 진지한 관계를 맺지 못하는 관계라는 메시지이고 그러한 도시인들의 관계 맺음을 드러내겠다는 콘셉트이다. 심지어 세 번 다른 스토리 전개로 보여주는 생일파티는 그것이 동일한 생일파티인지 아닌지 모호하다. 흔히 영화에서 기억의 주관성을 드러내기 위해 동일한 사건을 다르게 반복하는 것과는 다르다. 〈컴퍼니〉에서는 같은 상황을 세 번 다르게 전개하는 이유는 친구들의 결혼 생활을 간접 경험한 후 인간관계에 대한 로버트의 생각 변화를 보여주기 위해서이다.

이야기가 중심으로 음악과 무대 등이 구성되는 뮤지컬을 '북 뮤지컬'이라고 한다. 북 뮤지컬 스타일은 지금까지도 가장 일반적이고 주류를 형성하는 방식이다. 그러한 양식을 과감히 벗어나 아이디어를 작품 창작의 중심에 두었던 컨셉 뮤지컬은 완전히 다른 스타일을 만들어냈다. 연출가 해롤드 프린스와 작곡가 손드하임은 여러 작품에서 컨셉 뮤지컬 스타일을 실험하고 발전시켰지만, 〈컴퍼니〉만큼 이 형식에 잘 어울리는 작품은 없다.

SWEENEY TODD

09

시대가 만든 살인마

스위니 토드

1990년대 이후 2000년대로 넘어오면 스릴러 뮤지컬들을 적잖이 만날 수 있다. 특히 국내에서는 <드라큘라>, <레베카>, <지킬 앤 하이드> 등 피가 뚝뚝 떨어지고 음산한 느낌을 주는 스릴러 뮤지컬이 꽤 인기를 끈다. 하지만 뮤지컬과 스릴러는 그다지 어울리는 조합은 아니다. 뮤지컬 황금기가 저무는 1960년대까지만 해도 대부분의 뮤지컬의 주제는 사랑과 화합이었다. 고전 뮤지컬 중 사랑과 결혼이라는 주제에서 벗어난 작품은 손에 꼽을 정도다. 대부분의 고전 뮤지컬은 갈등을 딛고 행복한 결혼에 이르는 해피엔딩으로 마무리된다. <웨스트 사이드 스토리>처럼 불행한 결말로 끝나는 작품조차 드물다. 뮤지컬 <스위니 토드>는 이러한 뮤지컬사의 관점에서 바라봐야 그 진가가 명확해진다. 뮤지컬 황금기가 저문 후 1970

년대 뮤지컬은 대중예술의 주류 자리를 영상 매체에 내어준다. 〈지저스 크라이스트 수퍼스타〉, 〈시카고〉, 〈코러스 라인〉 등 1970년대에는 기존의 뮤지컬 전통을 극복하고 등장한 혁신적인 작품들이 사랑을 받았다. 그중에서도 〈스위니 토드〉(1979)는 1970년대 등장한 혁신적인 뮤지컬의 결정판이다.

빅토리아 시대의 도시 괴담

〈스위니 토드〉는 뮤지컬에서 금기시되었던 스릴러 장르에 도전한다. 공포감을 조성하고 긴장감을 주는 스릴러는 보수적이고 대중친화적인 뮤지컬에 적합한 소재가 아니다. 이 작품의 작사, 작곡가인 손드하임은 뮤지컬에서 지금까지 시도되지 않았다는 점에서 스릴러라는 장르에 매력을 느낀다. 그가 스위니 토드의 이야기에 관심을 갖게 된 것은 〈집시〉의 작사가로 참여하던 시기였다. 1973년 런던에서 크리스토퍼 본드가 올린 연극 〈스위니 토드: 플릿가의 악마 이발사〉를 보고 스위니 토드 이야기에 매료된다.

악마 이발사가 손님들을 살해하고, 이를 재료로 인육 파이를 만든다는 이야기는 19세기 런던에 떠돌던 유명한 도시 괴담이었다. 1846년 토마스 프레스트가 이 괴담을 토대로 쓴 타블로이드판 소설 《진주 목걸이》가 크게 인기를 끌었고, 이 자극적인 이야기는 이후 여러 편의 영화와 연극, 드라마 심지어는 발레로도 만들어졌다.

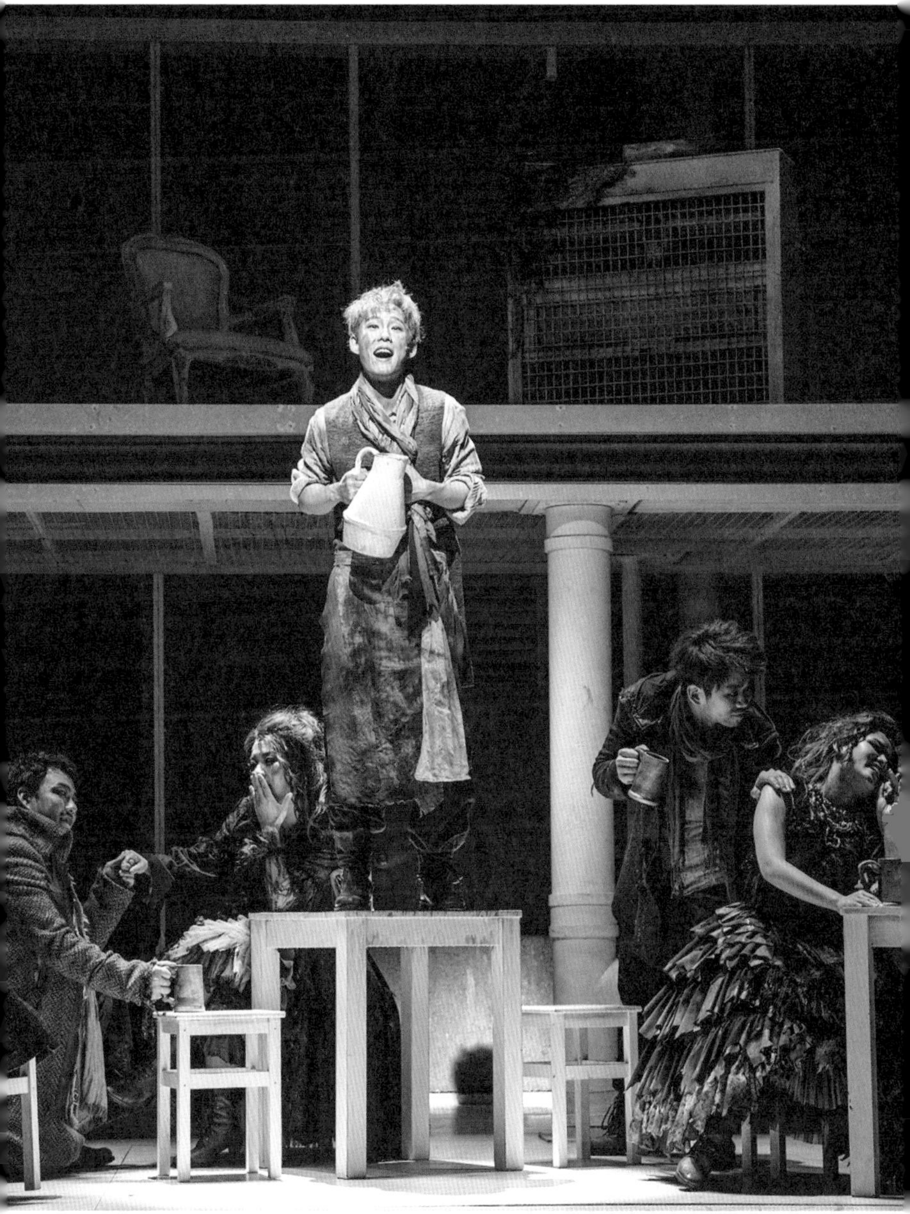

'진주 목걸이'라는 제목은 이발사의 칼날이 지나간 자리에 배어나온 피의 흔적을 은유적으로 표현한 것이다. 이를 다룬 기존의 작품들이 무자비하게 살인을 벌이는 미치광이 이발사나, 인육 파이와 같은 자극적인 소재를 부각했다면, 크리스토퍼 본드는 스위니 토드에게 살인의 이유를 부여한 복수극을 만들었다. 그는 스위니 토드를 빅토리아 시대의 노동자 계급으로 설정한다. 터핀 판사는 스위니 토드에게 누명을 씌워 감옥에 보내고 강압적으로 그의 아내를 빼앗는다. 심지어 딸을 양녀로 삼는다. 스위니 토드는 힘과 권력 앞에 무력하게 모든 것을 빼앗긴다. 그를 복수의 화신으로 만든 것은 터핀 판사로 대표되는 불의한 사회였다.

손드하임은 강렬한 멜로드라마 구조와 사회 풍자가 담겨 있는 크리스토퍼 본드의 이야기에 흥미를 느꼈다. 그는 평범한 이발사 벤자민 파커가 아내와 딸을 빼앗기고 15년 후에 복수의 화신 스위니 토드로 돌아오는 이야기 구조와, 다양한 층위로 해석 가능한 캐릭터에 매력을 느꼈다. 이 작업에 〈컴퍼니〉, 〈폴리스〉, 〈태평양 서곡〉 등을 함께한 연출가 해롤드 프린스를 끌어들인다. 해롤드 프린스는 멜로드라마 요소가 강한 복수극보다, 작품의 배경이었던 빅토리아 시대에 관심을 가졌다. 빅토리아 시대의 집약된 모순이 스위니 토드를 살인마로 만들었다고 파악한 것이다.

빅토리아 시대의 런던은 산업혁명 이후 사람들이 도시로 몰려들면서 그 어느 때보다 도시가 발달하고 경제적인 부를 누린다. 그러나 풍요로움을 모든 사람들이 누릴 수 있는 것은 아니었다. 도시는 갑작스럽게 늘어난 인구를 수용할 준비가 되어 있지 않았다. 대부분의 가난한 노동자들은 하수 시설도 제대로 갖추지 못한 더럽고 비좁은 주택에서 생활해야 했다. 어린 아이들까지도 값싼 노동에 투입됐고, 가난한 여자들은 몸을 팔아 생계를 유지하는 처지에 내몰렸다. 빅토리아 여왕은 절제를 미덕으로 하고 엄격한 도덕주의를 강조하는 빅토리아리즘을 내세웠지만 기계의 발달과 도시로 몰려드는 값싼 노동력으로 날로 부를 늘려갔던 상류층들은 그 어느 때보다 퇴폐적이고 타락한 생활을 즐겼다. 19세기 중엽 런던의 매춘부는 8만 명이나 증가했다. 이들과 관련된 포주나 뚜쟁이, 숙박업이 성업을 이루었다. 빅토리아 시대의 엄격한 절제는 그저 듣기 좋은 허울에 불과했다. 해롤드 프린스는 빅토리아 시대의 타락한 사회가 바로 스위니 토드와 같은 악마를 불러온 것이라고 보았다.

오프닝 곡 '스위니 토드의 발라드The Ballad of Sweeney Todd'는 지옥에서 악마를 불러오는 느낌을 주며 노래가 전개된다. 이 노래를 부르는 코러스들은 극이 진행되면서 마을 주민, 술집 손님, 또는 스위니 토드에게 목숨을 잃는 이발소 손님으로 등장한다. 이들은 그리스 비극의 코러스와 같은 역할로 스위니 토드라는 인물과 앞으로 일어날 비극을 암시한다. 코러스들이 한 소절씩 부르며 플릿가의 악마 스위니 토드를 소개하는데, 처음으로 합창하는 "칼을 휘둘러라 스위니Swing your razor wide, Sweeney"의 부분은 그레고리안 찬트의 죽은 자를 위한 미사곡 '진노의 날Dies Irae'의 테마를 응용한 것이다. 스위니 토드가 단순히 개인적인 복수가 아닌 시대가 만들어낸 악마라는 입장을 음악적으로 설정한 것이다. '진노의 날'의 모티프를 얻은 멜로디는 처음에는 작고 은밀하게 연주 파트에 숨어 있다가 점점 그 실체를 드러내 코러스들의 합창으로 불려진다. 노래가 진행될수록 박자가 빨라지고 점점 분위기가 고조되면 마침내 스위니 토드가 등장해 스위니 토드의 이야기를 들어보라며 제3자의 위치에서 노래한다. 이 장면은 마치 죽은 자를 불러온 것 같은 섬뜩함을 준다. 작품 속에서 '스위니 토드의 발라드'는 복수의 음모를 꾸미거나, 살인이 이루어질 때마다 코러스들이 나와 불러 음산한 기운을 더한다.

아이러니한 매력

손드하임의 뮤지컬 〈스위니 토드〉는 2007년 팀 버튼 감독에 의해 차가운 고딕풍의 뮤지컬 영화로 만들어진다. 조니 뎁이 스위니 토드 역을 맡아 음산한 느낌이 물씬 풍기는 복수의 화신을 연기하고, 헬레나 본햄 카터가 순수함과 잔인함을 동시에 간직한 러빗 부인으로 출연했다. 어두운 포스와 모던한 분위기가 지배했던 영화는 무대 버전과는 다른 매력을 주었다. 음악을 단순화시키고 무엇보다도 스위니 토드의 살인 장면을 리얼하게 담아내 잔혹함을 더했다. 영화는 영상 미학에 기대 잔혹함을 사실적으로 표현하고 스타일리시한 이미지로 치장해 그로테스크한 면을 부각했다. 하지만 뮤지컬 〈스위니 토드〉는 아이러니한 매력이 강한 작품이다. 피가 튀는 살인과 복수가 무대 위에서 재현되지만 기본적인 정서는 따뜻하다. 연쇄 살인범 스위니 토드를 바라보는 시선에 온기가 있고 전형적인 스릴러 장르만이 아니라 코미디와 비극, 멜로드라마까지 다양한 장르가 뒤섞인 작품이기 때문이다. 서로 상반된 장르를 전혀 거리낌 없이 섞어 놓았는데도 이상하지 않을 뿐만 아니라, 그것이 단순한 기교에 그치지 않고 메시지로 확장되면서 스타일을 만들어낸다.

크리스토퍼 본드의 원작 희곡 자체가 감정의 기복을 극단적으로 밀어붙이는 멜로드라마적인 요소가 많고, 빅토리아 시대의 모순을 풍자적으로 담아냈다. 이야기는 기본적으로 주인공의 결함, 하마르티아hamartia로 인해 비극으로 치닫는 정통 그리스 비극의 구조를 띠고 있다. 복수의 칼날을 마구잡이로 휘두르던 스위니 토드는 복수에 눈이 멀어 남장을 한 딸을 알아보지 못해 죽이려 들고, 거지 여인으로 떠돌던 미친 아내를 살해하게 된다. 위대한 왕 오이디푸스가 신탁을 벗어날 수 있다고 자만하면서 결국 비극으로 치닿는 것처럼, 스위니 토드는 복수에 집착해 자신을 파국으로 이끈다. 다양한 인물로 극에 참여하고 논평하는 코러스 역시 그리스 비극을 연상시킨다.

〈스위니 토드〉의 이야기 구조는 그리스 비극을 띠고 있지만 동시에 서사극 방식이 섞여 있다. 아리스토텔레스는 《시학》에서 비극은 감정이입을 통해 카타르시스를 느끼게 한다고 본다. 주인공의 입장에 감정이입이 되어 공포와 연민을 느낀 관객이 묘한 해방감을 느끼는 것이 비극의 핵심이다. 브레히트의 서사극은 아리스토텔레스가 정리한 비극에 반발하면서 정립한 이론이다. 서사극에서는 관객이 주인공의 입장과 거리 두기를 통해 작품을 비판적으로 바라보게 한다. 관객들이 지금 공연을 보고 있다는 것을 인식시키기 위해 이야

© OD뮤지컬컴퍼니

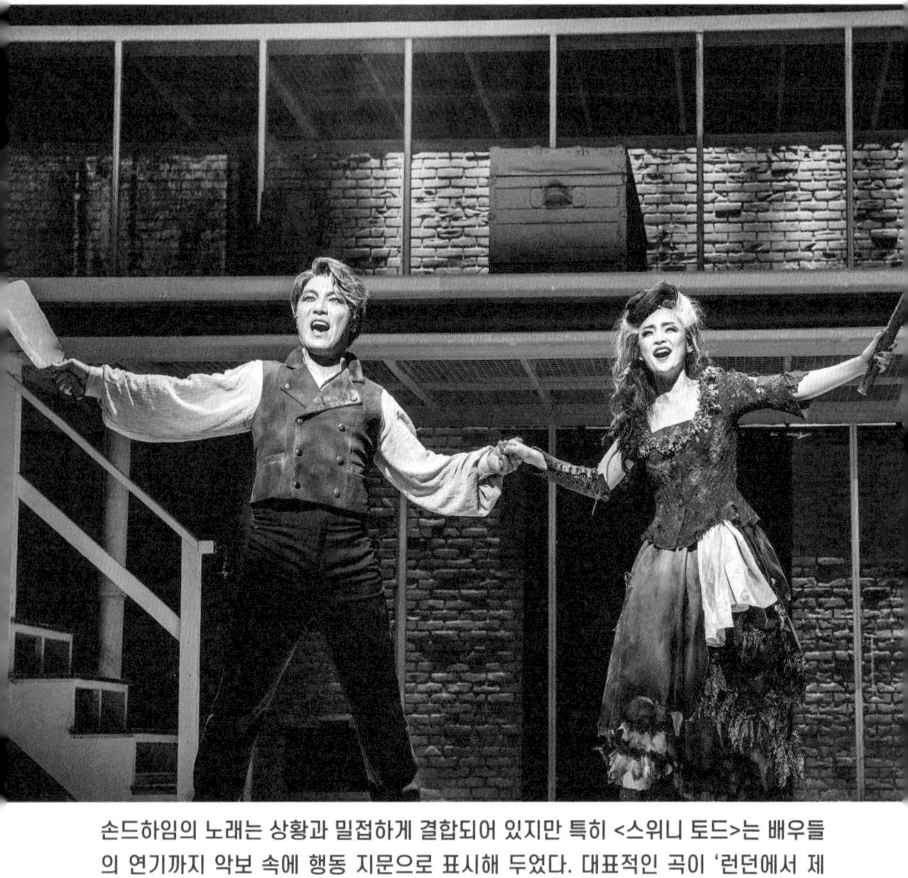

손드하임의 노래는 상황과 밀접하게 결합되어 있지만 특히 <스위니 토드>는 배우들의 연기까지 악보 속에 행동 지문으로 표시해 두었다. 대표적인 곡이 '런던에서 제일 맛없는 파이Worst Pies In London'이다.

기를 단편적으로 나누고, 자막을 이용해 막의 내용을 미리 공개하는가 하면, 조명이나 무대 소도구 등을 관객들의 눈에 띄게 늘어놓는다. 이런 것을 소격 효과라고 하는데 〈스위니 토드〉에서도 소격 효과를 이용한다. 코러스들이 등장해 무대 세트를 옮기고 장소를 이동하는 등 스토리에 몰입하는 것을 방해한다.

〈스위니 토드〉가 비극 양식을 따랐다면 관객들은 스위니 토드에 감정이입하여 아무런 죄 없이 아내와 딸을 빼앗기고 15년간 감옥생활을 한 후, 결국은 복수를 하지만 아내를 자신의 손으로 죽이게 되는 스위니 토드를 보면서 눈물을 흘릴 것이다. 그러나 창작자들은 그런 관객 반응을 원하지 않았다. 터핀 판사의 횡포로, 좀 더 넓은 관점에서는 빅토리아 시대의 사회적 모순으로 모든 것을 잃었지만 스위니 토드가 사람들을 별다른 이유 없이 살해한 살인마라는 점은 변하지 않는다. 그의 불행한 삶 때문에 그의 죄를 용서할 수는 없다. 연출가 해롤드 프린스는 서사극 방식을 통해 스위니 토드를 동정하기보다는 비판적으로 바라보길 바랐다. 한편으로 어느 순간 스위니 토드의 피의 카니발을 즐기고 있는 관객 자신을 깨닫게 하고 싶었다.

〈스위니 토드〉는 스릴러라고 하지만 기존의 스릴러와는 결이 다른 공포를 준다. 살인 장면도 피 흘리는 장면을 사실적으로 보여주는 데서 오는 공포보다, 마치 기계처럼 무감각하게 살인을 하는 사이코패스적인 면모를 부각해 공포감을 준다. 공포를 만들어내는 과정에 음악이 깊이 개입한다. 히치콕의 영화를 좋아했던 손드하임은 히치콕 영화와 영화 〈죠스〉의 음악을 담당한 버나드 허먼의 영향을 많이 받았다. 영화 〈죠스〉에서는 한없이 평화로운 해변과 잔잔한 바닷가에서 갑자기 불길한 음악이 흐르면서 공포가 조성된다. 〈스위니 토드〉에서도 긴장감 넘치는 상황에서 오히려 이와 상반된 노래로 독특한 공포를 형성해낸다. 터핀 판사가 이발소를 방문하면서 스위니 토드에게 복수의 기회가 찾아온다. 스위니 토드는 스스로 덫에 걸려든 터핀 판사의 목에 칼을 긋는 대신 죽음을 지연시키며 그와 듀엣을 부른다. 관객들은 언제 복수의 칼날이 그어질지 몰라 긴장감을 늦추지 못하면서도 멜로디가 아름답고 가사가 서정적인 노래 '아름다운 여인Pretty Woman'을 듣게 된다. '조안나Johanna' 역시 상반된 상황에서 등장하는 노래다. 터핀 판사를 그냥 보내고 난 후 그의 분노의 칼날은 무작위적으로 대중을 향한다. 본격적으로 살인마 이발사로 변한 그는 찾아오는 손님들 목에 붉은 칼날 자국을 남기며, 사랑스러운 딸에 대한 애정이 담긴 노래 '조안나'를 부른다. 상황과 어울리지 않은 노래는 개인적인 복수를 넘어 사이코패스가 되어버린 그의 모습을 부각한다.

아이러니한 방식으로 표현된 살인 장면은 현장감이 강한 무대 예술에서 잔혹한 장면을 직접적으로 보여주면서도 거부감을 덜 느끼게 한다. 이처럼 스릴러적인 요소를 완화시킨 또 다른 장치가 코미디 요소이다. 인육 파이라는 끔찍하고 엽기적인 소재를 다루는 데에도 코미디가 적절히 섞인다. 우울하고 비참함을 내려놓지 못하는 스위니 토드 곁에 그와는 완전히 대조적인 러빗 부인을 둔다. 러빗 부인은 소녀적인 감성과 눈 깜짝하지 않고 인육 파이를 만드는 비인간성을 동시에 지닌 인물이다. 극 내내 무겁고 음산한 분위기를 풍기는 스위니 토드 곁에서 극단적인 성격을 순식간에 오가는 러빗 부인은 긴장된 분위기를 완화시켜주는 역할을 한다. 무차별적인 살인과 더불어 이 작품의 끔찍함을 더 하는 요소는 바로 인육으로 파이를 만든다는 설정이다. 이 장면에서도 풍자성이 가미된 유머러스한 노래는 끔찍함을 감소시킨다. 러빗 부인과 스위니 토드가 인육 파이라는 끔찍한 아이디어를 생각해내고 신이 나서 부르는 노래가 코믹한 '불쌍한 신부Little Priest'이다. "신부神父로 만든 파이는 죄를 씻는데 그만이지만 기름기가 많고, 변호사로 만든 파이는 비싸지만 모양이 좋으며, 교수는 입만 살아 쫄깃하다"며 지도층을 풍자한다. 각 직업군의 파이에 대한 평가는 위트와 유머, 풍자를 곁들여 이들이 꾸미는 음모가 비인간적인 범죄임을 잊게 만든다.

초연 공연 무대는 1층 러빗 부인의 파이 가게, 2층 스위니 토드의 이발소로 이루어진 건물이 세트의 전부였다. 집의 형태만 유지한 비사실적인 무대로 초연 당시에는 단일 무대로는 가장 큰 구조물이었다. 2층 이발소에서는 살인을 해서 재료를 공급하고, 1층에서는 이를 요리해 먹고 즐기는 살인과 식육의 카니발이 거대한 컨베이어 벨트를 통해 기계적으로 반복된다. 스위니 토드를 살인 기계로 만든 일차적인 책임은 터핀 판사에게 있지만, 그 이면에는 산업혁명과 그로 인한 비인간화를 원인으로 파악한 것이다.

철저히 계산된 손드하임의 음악

〈스위니 토드〉는 손드하임의 대표작이다. 〈캣츠〉나 〈오페라의 유령〉을 작곡한 앤드루 로이드 웨버가 대중들에게 인기가 높은 작곡가라면, 손드하임은 뮤지컬 창작자들에게 존경을 받는 인물이다. 그의 작품은 늘 실험적이었고 그의 작업들은 뮤지컬의 수준을 한 단계 높여 놓았다. 손드하임은 "작곡가는 노래로 쓰는 작가"라고 말했다. 변박과 불협화음을 즐겨 쓰고, 그저 아름다운 멜로디라는 이유로 완전히 동일한 멜로디를 반복적으로 사용하지 않았다. 그의 작품에서 음악적 모티프들은 반복되지만 조금씩 다르게 변형되었다. 그는 악보에 적힌 쉼표 하나까지 이유를 설명할 수 있었다. 그 근거는 모두 극적 인물의 상황에서 비롯된다. 이러한 손드하임의 음악 스타일이 가장 잘 드러나는 작품이 바로 〈스위니 토드〉이다.

평범한 이발사 벤자민 파커는 15년 만에 수형 생활에서 벗어나 스위니 토드란 이름으로 런던으로 돌아온다. 런던에서 처음 만난 사람은 정신이 나간 거지 여인이었다. 나중에 밝혀지지만 이 미친 거지 여인이 바로 스위니 토드의 아내이다. 손드하임은 이 비밀을 음악에 암시해 두었다. 러빗 부인은 스위니 토드에게 벤자민 파커의 아내 루시의 이야기를 들려준다. 루시는 터핀 판사의 가면무도회에 초대받아 그곳에서 유린당한다. 이 가면 무도회에 흐르는 미뉴에트풍의 멜로디가 거지 여인이 지나가는 사람들을 유혹하며 부르는 노래에 사용된다. 런던에 도착한 스위니 토드 일행을 유혹하며 불렀던 거지 여인의 노래에는 그녀가 유린당할 때 흐르던 멜로디가 담겨 있었다. 이 멜로디는 다시 그녀가 스위니 토드의 이발소에 숨어들어 과거를 회상하는 장면에서 좀 더 명확하게 드러난다. 그리고 바로 그 순간 스위니 토드의 칼에 무참히 살해된다.

손드하임은 수많은 작품을 남겼지만 다른 뮤지컬 작곡가만큼 음악 자체로 인기를 끄는 곡이 많지 않다. 그의 노래는 음악만 들으면 난해하고 불편하지만 극과 어울리면 폭넓은 의미가 살아난다. 특히 손드하임의 음악은 보컬 멜로디와 반주 멜로디가 불협화음을 이루며 다양한 의미를 전한다. 러빗 부인은 오갈 데 없는 고아 토비아스를 보살핀다. 아무 것도 모르는 토비아스는 스위니 토드의 행동을 의심하며 러빗 부인을 지켜주겠다고 한다. 이때 부르는 노래가 토비아스의 진정이 느껴지는 '제가 곁을 지켜줄게요Not While I'm Around'이다. 토비아스를 거짓으로 달래기 위해 러빗 부인이 같은 노래를 이어 부르는데, 토비아스가 부를 때는 보컬 멜로디와 반주 멜로디가 화음을 이루었지만, 러빗 부인이 부를 때는 반주 멜로디가 불협화음을 낸다. 현악기의 어그러지는 듯한 연주는 토비아스에게 들키지나 않을까 조바심 내는 러빗 부인의 심리를 드러낸다. 이 노래는 아주 짧게 한 번 더 등장한다. 러빗 부인은 지하실에 감금해 둔 토비아스를 죽이기 위해 이 노래를 부르며 스위니 토드와 찾아간다. 러빗 부인을 지켜주겠다는 토비아스의 진심이 담긴 노래를 러빗 부인은 그를 죽이기 위해 부르는 것이다.

손드하임의 노래는 상황과 밀접하게 결합되어 있지만 특히 〈스위니 토드〉는 배우들의 연기까지 악보 속에 행동 지문으로 표시해 두었다. 대표적인 곡이 '런던에서 제일 맛없는 파이Worst Pies In London'이다. 러빗 부인은 파리 날리는 파이 가게를 지키고 있는데 이때 런던으로 돌아온 스위니 토드가 들어온다. 오랜 만에 찾아온 손님을 반기며 러빗 부인은 파이를 만든다. 밀가루를 개고, 반죽을 하고, 방망이로 두드리고, 지나다니는 바퀴벌레를 잡는 등 일련의 과정이 '런던에서 제일 맛없는 파이'를 부르는 동안 일어난다. 노래가 끝남과 동시에 하나의 파이를 완성해 스위니 토드에게 건넨다. 반죽을 내리치고, 바퀴벌레를 잡는 일련의 행동들이 노래와 절묘하게 맞아떨어진다. 모두 음으로 계획해 놓은 행동이다. 손드하임은 악보에 배우의 행동 지문까지 넣어서 이 부분을 부를 때 어떤 대사와 행동을 해야 하는지 기록해 놓았다. 2막 오프닝 곡 '참 좋구나God, That's Good' 에서도 손드하임은 20명의 손님이 다섯 테이블에 나누어 앉아 각자 어떤 행동을 할지 음악으로 만들어 놓았다고 한다. 그러나 실제 공연에서는 다섯 테이블로 연출되지는 않았다.

〈스위니 토드〉에서 가장 어려운 노래는 '공현Epiphany'이라는 곡이다. 격정적인 감정을 표현하기도 어렵지만, 스위니 토드의 변화를 설득시켜야 하기 때문이다. 터핀 판사의 복수를 실패한 스위니 토드는 광기에 사로잡힌다. 이전까지만 해도 스위니 토드의 칼날은 터핀 판사 일당에 한정되었다면, 이후로는 복수의 칼날이 불특정 다수로 향한다. '공현'은 복수를 꿈꾸는 한 남자가 광기에 사로잡힌 악마로 변하는 노래다. 이런 노래에 신이 대중들에게 공공연히 드러낸다는 의미의 '공현'이라는 제목을 붙였다. 오프닝 곡에서 저승에서 죽은 자를 불러오는 듯한 느낌을 주었던 '스위니 토드의 발라드'와 연결되는 지점이다. 이후 스위니 토드는 이발소에 오는 손님들을 살해한다. 그가 살인마가 되었다는 증거는 딸을 찾는 과정에서 더 명확히 드러난다. 런던에 함께 온 안소니는 스위니 토드의 딸 조안나가 터핀 판사에 의해 정신병원에 갇혔다는 걸 알아낸다. 안소니는 스위니 토드의 도움으로 조안나를 구출할 계획을 세우는데, 스위니 토드는 딸을 구해야겠다는 생각보다 터핀 판사를 다시 이발소로 오게 만들 수 있다는 데 골몰한다. 스위니 토드의 이러한 생각은 안소니와 조안나를 구출할 계획을 세우는 '가발장수Wigmaket'를 부를 때 '스위니 토드의 발라드'의 멜로디가 낮게 깔리면서 스위니 토드의 마음속에서 스멀거리며 퍼지는 복수의 집착을 표현한다.

손드하임은 음악 안에 무수한 이야기를 담아 놓았다. 그가 뮤지컬 작곡가란 음악으로 이야기하는 작가라는 의미는 바로 이런 것이다.

SUNDAY IN THE PARK WITH GEORGE

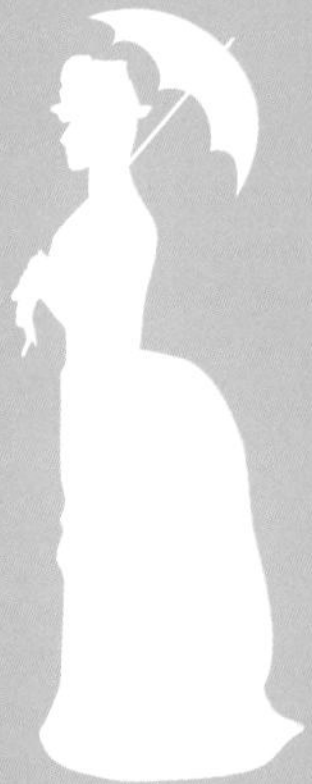

10

너와 나 사이의 무엇, 관계

조지와 함께한 일요일 공원에서

2010년 손드하임은 80세 생일을 맞아 뉴욕 에리브리 피셔홀에서 콘서트를 펼쳤다. 그의 작품에 출연하고 그를 사랑한 배우들이 뉴욕필하모닉의 협연으로 그의 노래를 불렀다. 모든 행사를 마치고, 콘서트를 마무리하는 멘트가 끝났을 때 출입문과 무대 양편에서 수십여 명의 배우들이 노래를 부르며 등장했다. 그들이 부른 노래는 <조지와 함께한 일요일 공원에서Sunday in the Park with George>의 '선데이'란 곡이었다. 이 곡은 예술을 위해 모든 것을 바친 화가 조르주 쇠라가 달성한 예술 세계를 칭송하는 노래다. 여든 살의 손드하임은 '선데이'의 첫 소절이 울려 퍼지자 감격에 머리를 부여잡았고, 이내 눈가를 붉혔다. 살아생전 작품을 인정받지 못했지만 자신만의 예술 세계를 꿋꿋이 지켜나갔던 조르주 쇠라의 삶을 손드하임은 깊이 공감했다. 그는 가장 좋아하는 자신의 작품을 묻는 질문에 늘 <조지와 함께한 일요일 공원에서>라고 대답했다. 진정한 예술가인 조르주 쇠라에게 바쳤던 헌사를 80세 생일에 자신의 동료들이 불러주었으니 감격하지 않을 수 없었다. <조지와 함께한 일요일 공원에서>는 손드하임이 뮤지컬 작곡을 그만둘 생각을 할 정도로 회의가 깊을 때 다시 용기를 준 작품이라 더욱 의미가 컸다.

손드하임과 제임스 라파인의 만남

손드하임을 말할 때 빼놓을 수 없는 인물이 해롤드 프린스이다. 손드하임의 작품 세계는 해롤드 프린스를 만나기 전과, 그와 작업한 시기 그리고 그와 결별한 시기로 나뉜다. 해롤드 프린스를 만나기 전 손드하임은 재능 있는 작사가, 또는 주목할 만한 신인 작곡가 정도였다. 해롤드 프린스와 컨셉 뮤지컬을 실험하는 일련의 작품을 만들면서 거장의 반열에 들어섰다. 1970년 〈컴퍼니〉로 시작된 인연은 〈폴리스〉, 〈소야곡〉, 〈태평양 서곡〉, 〈스위니 토드〉 등으로 이어졌고, 뮤지컬을 예술의 단계로 올려놓았다는 평가를 받았다. 그러나 1981년에 올린 〈메릴리 위 롤 얼롱Merrily We Roll Along〉이 단 16회 만에 막을 내리면서 둘의 관계도 멀어졌다. 웨버와 〈에비타〉의 작업으로 상업적인 성공을 맛본 해롤드 프린스는 대중을 위한 작품 제작으로 방향을 전환한다. 그는 〈에비타〉에 이어 〈오페라의 유령〉을 흥행시키면서 새로운 변화에 성공한다. 반면 사람들이 자신의 작품 세계를 이해하지 못한다고 낙담한 손드하임은 공연계를 떠날 생각이었다. 그는 공연을 접고 소설가로 전향할 생각을 했다. 낙담한 손드하임을 공연계에 잡다둔 이가 연출가 제임스 라파인이었다.

제임스 라파인은 대학에서 사진과 그래픽 디자인을 전공하고 오프 브로드웨이에서 실험적인 연출로 주목을 받던 연출가이다. 그는 손드하임의 뮤지컬 중 본 작품은 〈스위니 토드〉 하나였지만, 그 작품에 매료되어 네 번이나 공연장을 찾을 정도로 〈스위니 토드〉를 좋아했고 손드하임을 존경했다. 라파인은 점묘화가인 조르루 쇠라의 삶을 다룬 작품을 구상하고 있었는데, 평소 존경하던 손드하임에게 이 작품을 함께하자고 제안했다. 손드하임 역시 라파인의 독특한 작업 세계에 관심을 두고 있던 터라 둘의 협업이 성사됐다. 많은 사람들이 조르주 쇠라의 그림 「그랑드 자트 섬의 일요일 오후」는 알지만 그것을 그린 화가에 대해서는 잘 모른다. 게다가 그가 32살 젊은 나이에 죽었다는 사실은 더더욱 모른다. 이러한 사실에 둘은 흥미를 느꼈다. 손드하임이 조르주 쇠라의 삶과 예술을 임하는 태도를 알아갈수록 그에게 매료될 수밖에 없었다. 당시 실의에 빠져 있던 손드하임은 쇠라의 작업을 통해 큰 위로와 용기를 얻는다.

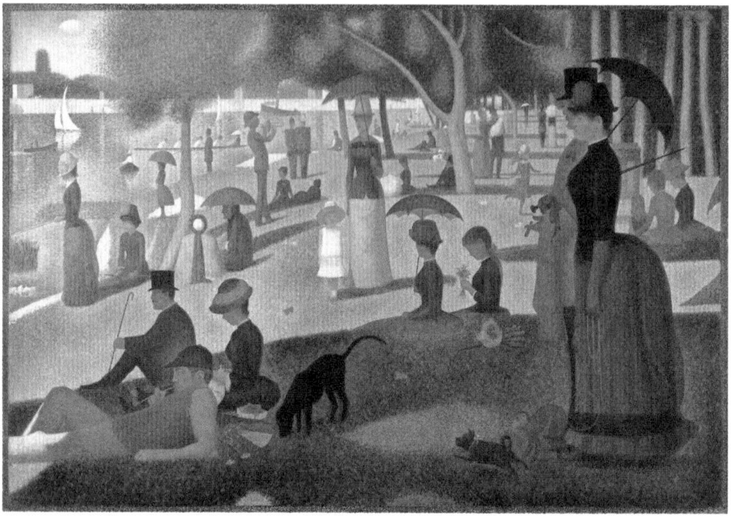

「그랑드 자트 섬의 일요일 오후」 1884~1886년, 캔버스에 유화
시카고 아트 인스티튜트 소장 ©The Bridgeman Art Library

조르주 쇠라 Georges Seurat

1859년 프랑스 파리의 중산층 가정에서 태어났다. 그의 아버지는 법원 집행관으로 가정보다 혼자 있기 좋아하는 사람이었다. 아버지를 닮아 그도 사람들과 어울리기보다 늘 혼자 있는 것을 좋아했다.

쇠라는 선과 면을 이용해 그림을 그리는 일반적인 스타일과 달리 점을 활용해 그림을 그렸다. 이것을 '점묘법'이라고 한다. 「아스니에르에서 물놀이하는 사람들」이란 작품을 처음으로 발표했을 때 사람들은 이상한 그림이라고 혹평했다. 하지만 점묘법에 매력을 느끼고 공감하는 화가들도 생겨 동지들을 얻게 되었고, 쇠라는 그들과 함께 빛과 색을 과학적으로 탐구해 가며 그림을 그렸다. 1886년에 자신의 대표작이자 점묘법의 대표작이라 할 수 있는 「그랑드 자트 섬의 일요일 오후」를 내놓았다. 안타깝게도 사람들은 여전히 그의 그림을 비난했다. 그러나 당시 인기 잡지인 「보그」에 호평이 실리자 젊은 쇠라는 단숨에 유명해졌다.

조르주 쇠라는 그림을 완성한 5년 뒤인 1891년에 전염성 후두염으로 숨을 거두고 말았다. 32살의 젊은 나이에 세상을 떠났지만 그는 현재까지 남다른 획기적인 생각으로 새로운 예술 방식을 만들어 낸 선구적인 화가로 기억되고 있다.

조르주 쇠라와 점묘화

조르주 쇠라는 신인상주의를 연 화가이다. 19세기 말 프랑스 화풍은 낭만주의에서 인상주의로 넘어가는 시점이었다. 낭만주의 그림이 작가의 감정을 충실하게 반영했다면, 인상주의로 넘어오면서부터는 작가의 감정을 배제하고 객관적으로 받은 순간적인 인상에 집중하려고 했다. 인상파라는 이름을 만들어낸 모네의 「인상, 일출」은 해가 뜨는 순간을 빠른 붓 터치로 포착해내면서 해가 뜨는 순간의 보편적인 인상을 담아내려고 한 작품이다. 신인상주의는 인상주의에서 한 단계 더 과학적으로 나아간다.

19세기에는 선과 색채에 대한 과학적 연구가 폭넓게 진행되었다. 조르주 쇠라는 인상주의에서 나아가 빛의 혼합과 보색 대비를 통한 표현으로 좀 더 과학적으로 색에 접근하는 방법을 고민했다. 그러한 생각을 반영한 방식이 점묘법이다. 점묘법이란 물감을 섞지 않고 캔버스에 점을 찍어 색감을 표현하는 방식이다. 팔레트에 노랑과 빨강 물감을 섞어 주황을 만들어 사용하는 대신, 점묘화에서는 노랑 점 근처에 빨강 점을 찍어 주황처럼 보이게 한다. 눈의 착시를 이용한 방식이다. 조르주 쇠라는 물감을 섞으면 탁해지지만, 빛이 혼합되면 명도가 높아진다는 사실에 주목했다. 주위 색에 따라 색이 다르게 보이는 현상을 이용해 색을 혼합하지 않고 무수한 점들의 배열로 원하는 색감을 얻었다. 이러한 방식으로 완성된 그림은 탁한 느낌이 덜하고 태양광이 비친 풍경처럼 밝고 가벼운 느낌을 주었다.

쇠라의 작업은 매우 과학적이었으며 공을 들여야 하는 작업이었다. 인상파 화가들이 자연이 주는 인상을 빠른 붓 터치로 잡아낸 데 비해 점묘법은 스케치를 하고 그 위에 무수한 점을 찍어 표현하는 과정을 거쳐야 했다. 점묘법을 시도한 첫 대작은 「아스니에르에서 물놀이하는 사람들Bathers at Asniéres」이었다. 1883년부터 1년여에 걸쳐 완성한 작품이다. 그러나 이 그림은 부분적으로 점묘화법을 사용했을 뿐이다.

온전히 점묘화법으로 그려진 최초의 점묘화는 뮤지컬의 소재가 됐던 「그랑드 자트 섬의 일요일 오후」였다. 1886년 인상주의 화가들의 작품들을 모아 전시하는 제8회 인상주의 전시회에서 가장 주목을 받은 것은 조르주 쇠라의 「그랑드 자트 섬의 일요일 오후」였다. 미술 평론가인 펠릭스 페네옹이 쇠라의 혁신적인 작품을 신인상주의라고 명명하면서 쇠라는 새로운 인상주의의 대표 주자가 되었다. 그러나 그가 살아 생전 영예를 누리지는 못했다. 이 그림은 1884년부터 2년여에 걸쳐 완성한 207×308 규모의 대작이다. 작품을 위한 스케치만 60여 장이었고, 바깥에서 스케치를 하고 온 것을 스튜디오에서 점을 찍는 방식으로 완성했다. 그의 작품은 몇몇 작가와 평론가에게 찬사를 받았지만 낯선 그림 스타일이 세상에 받아들이기까지는 시간이 필요했다. 인상주의 화가 중에는 쇠라의 새로운 형식을 거부하는 이들이 많았다. 「그랑드 자트 섬의 일요일 오후」를 완성하고 오래지 않아 그는 독감으로 돌연 숨을 거두었다. 그의 예술세계가 세상에 받아들여지기에 5년이란 시간은 너무 짧았다. 그는 주변 화가들과 친밀한 관계를 맺지도 못하고 쓸쓸히 자신의 작품 세계를 추구하다 생을 마감했다.

조르주 쇠라는 2년 동안 그랑드 자트 섬에 나가 스케치를 하고 스튜디오에서 점묘법으로 그림을 완성해갔다. 인내와 노력을 요하는 작업이었다. 「그랑드 자트 섬의 일요일 오후」는 매우 치밀하게 계획된 작품이다. 그림 속에는 48명의 사람들과 3마리의 개, 1마리의 원숭이가 있다. 중앙에 하얀 옷을 입은 아이를 중심으로 수직과 수평이 균형을 이루고 있으며, 어느 누가 빠져버리면 균형을 잃을 정도로 안정된 구도를 취했다. 르네상스적인 원근법에 따라 먼 거리에 있는 사람들일수록 작아지며 비트루우스의 비례에 맞춰 인물의 몸과 머리의 비율이 정확하게 7대 1이 되도록 고안했다. 조르주 쇠라는 각각의 사람들이 서로 다른 각도와 자세로 개별성을 부여하면서도 개인적인 성격이 배제되도록 표현했다. 그림 속 인물들은 고대 건축에 새겨진 그림처럼 무표정하고 인물들 간의 관계를 짐작하기 힘들었으며 작품 속 세계는 절대 고요가 깃든 세상처럼 한없이 평온하다. 쇠라는 수십 명의 사람들을 등장시켰지만 그 속에는 인간의 희로애락이 제거된 완전한 평온을 담아냈다.

뮤지컬로 태어난 그림

뮤지컬 〈조지와 함께한 일요일 공원에서〉 1막에서는 조르주 쇠라가 「그랑드 자트 섬의 일요일 오후」를 스케치하기 시작한 1884년 5월부터 그것이 완성되는 2년여가 펼쳐진다. 손드하임과 라파인이 쇠라의 그림에서 주목한 것은 '사람들이 아무런 표정을 짓지 않으며, 누구도 바라보지 않는다는 것'이었다. 그들 사이에는 아무런 교류도 없어 보였다. 손드하임과 라파인은 그림 속 인물들이 누구인지 그리고 조르주 쇠라는 왜 이렇게 고요한 일요일 오후의 풍경을 남겼는지 상상했다. 둘은 그림 속의 인물이 조르주 쇠라의 어머니이고, 동료이며, 그가 사랑한 사람이라고 상상하고 쇠라의 이야기를 펼쳐 나갔다.

그림 오른쪽 가장 가까운 곳에 위치한 우산을 들고 있는 여인을 조지(뮤지컬 속 조르주 쇠라의 이름은 영어식 이름의 조지를 사용한다)의 모델이자, 연인인 닷Dot으로 설정했다. '닷'은 점을 찍어 표현하는 쇠라의 그림 스타일에서 따온 이름이다. 실제 쇠라는 1888년부터 클리쉬 거리로 작업실을 옮기고 젊은 모델인 마들렌과 함께 살았으며 그 사이에 아들을 두었다. 그러나 그 아들 역시 쇠라가 죽고 난 후 몇 달 지나지 않아 같은 병으로 숨을 거두고 말았다. 뮤지컬에서 조지는 모델 닷을 사랑하지만 오직 작품에만 몰두하는 무책임한 연인이자 아버지로 그려진다. 그는 닷이 자신의 아이를 임신했다는 것을 알았지만, 그녀를 연모했던 빵집 남자와 미국으로 떠나는 것을 방치한다. 피 한 방울 섞이지 않은 빵집 남자가 자신보다 아이를 더 잘 손드하임은 쇠라의 점묘법을 음악에 적용시키는 철저함을 보인다. 쇠라의 화법대로 12음을 모두 사용하지 않고 기본이 되는 7음만 사용했다. 조지의 작업을 표현한 노래 '색과 빛Color & Light'에서는 스타카토로 짧게 끊어서 연주해 마치 붓으로 점을 찍는 듯한 행위를 노래로 표현했다.

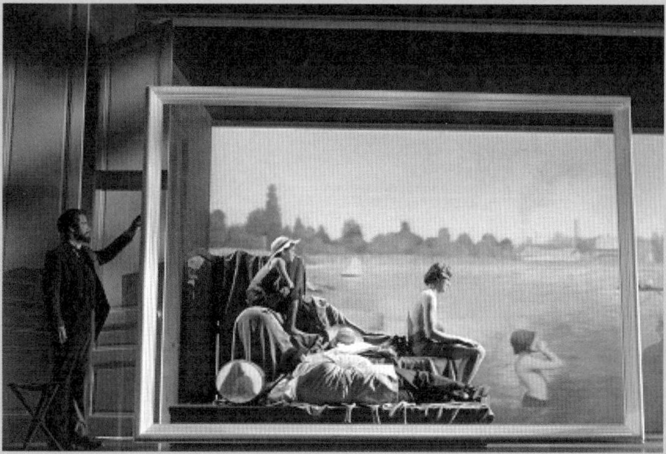

Roundabout Theatre Company © Joan Marcus

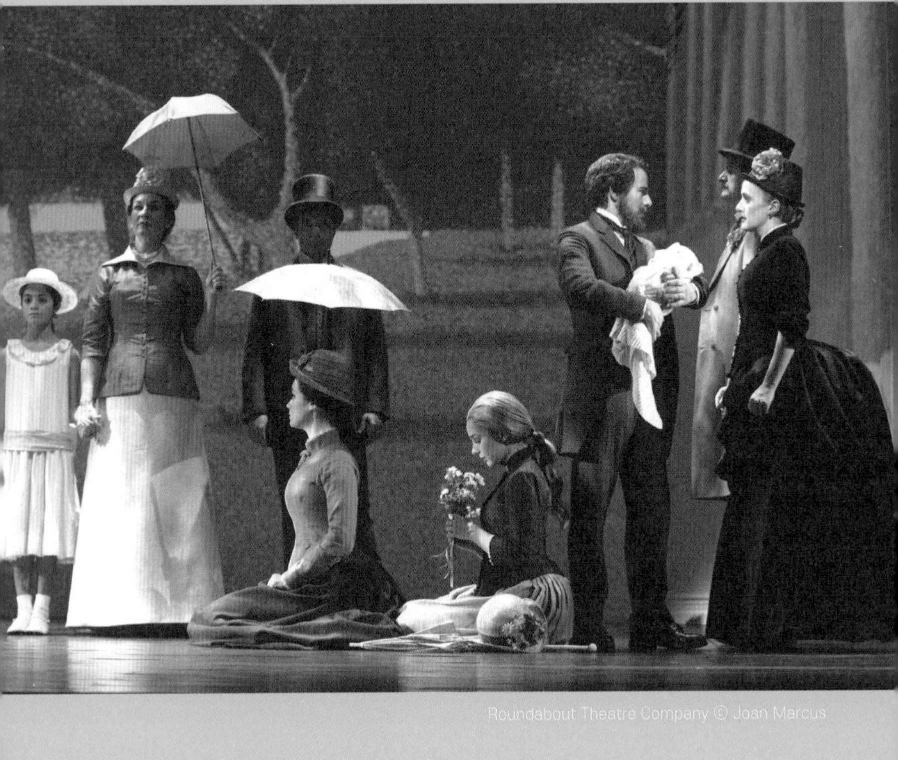

Roundabout Theatre Company © Joan Marcus

키울 것이라고 안위한 채.

작품의 시작은 커다란 캔버스 같은 빈 무대로 시작한다. 조지가 "질서Order, 디자인Design, 긴장Tension, 균형Balance, 그리고 하모니Harmony"라고 말하면 순백의 캔버스 위로 나무와 배, 사람들이 자리 잡는다. 1막은 조지가 작업 과정이 펼쳐지는 가운데 조지와 닷의 관계를 중심으로 그랑자트 섬으로 소풍 나온 사람들의 이야기가 파편처럼 전개된다. 두 명의 군인에게 관심을 끌고 싶은 젊은 여인들, 쇠라의 나이든 어머니와 그녀를 돌보는 보모, 보모에게 추파를 던지는 마부, 조지의 그림을 이해하지 못하는 예술가 동료 내외, 하얀 옷을 입은 그들의 딸이 소개된다. 마지막 장면에서는 이들의 복잡한 관계로 얽히면서 소란스럽게 뒤섞인다. 두 군인과 짝을 이룬 젊은 여자는 토라져 싸우고, 동료 화가의 부인과 마부는 딸을 찾고, 동료 화가는 마부의 아내와 바람을 피운다. 이들은 혼란스럽게 뒤엉키는데 이때 쇠라의 말에 모두가 동작을 멈춘다. "질서, 디자인, 긴장, 균형, 그리고 하모니" 조지의 말에 따라 사람들은 「그랑드 자트 섬의 일요일 오후」 그림처럼 자리를 잡고 모두가 한 목소리로 뮤지컬 넘버 '선데이Sunday'를 부른다. 이들이 부르는 노래는 마치 조르주 쇠라의 그림처럼 안온하다. 좀 전의 혼란은 온데간데없고 고요하다. 욕망과 관계가 복잡하게 뒤얽힌 현실을 초월해 평화로운 이상향이 펼쳐진다. 이때 평온하게 울려 퍼지는 넘버 '선데이'에는 조지가 오직 예술에만 몰두하고 얻어낸 그의 예술 세계에 대한 존경과 지지가 담겨 있다.

뮤지컬 〈조지와 함께한 일요일 공원에서〉는 빨강 옆에 노랑 점이 위치하면서 주황으로 보이는 하나가 다른 하나의 영향을 받는 관계에 대한 이야기이다. 손드하임은 노래에도 점묘화법 방식을 적용했다. 인상파는 물체 고유의 색은 없다는 결론을 내리고, 모든 색은 햇빛의 프리즘으로 얻을 수 있는 일곱 색으로 한정했다. 이것을 더욱 철저하게 지켜나간 것이 조르주 쇠라 같은 신인상파이다. 손드하임은 쇠라의 점묘법을 음악에 적용시키는 철저함을 보인다. 쇠라의 화법대로 12음을 모두 사용하지 않고 기본이 되는 7음만 사용했다. 조지의 작업을 표현한 노래 '색과 빛Color & Light'에서는 스타카토로 짧게 끊어서 연주해 마치 붓으로 점을 찍는 듯한 행위를 노래로 표현했다. 손드하임은 이외에도 장조와 단조를 반복 교차하면서 장조도 단조도 아닌 그 중간의 느낌을 주고, 마찬가지로 A코드와 B코드를 반복 교차해 제3의 코드의 분위기를 만들어냈다. 작품에서 점묘화법은 하나의 색이 다른 색에 영향을 받아 발전하는 관계를 상징한다. 그러나 정작 조지는 사랑하는 연인 닷을 포함하여 그 누구와도 진실한 관계를 맺지 못하고 홀로 외로운 점으로 남는다. 조지라는 외로운 점은 예술이라는 절대적인 세계와 짝을 이루며 위로를 받는다.

2막이 필요했을까

〈조지와 함께한 일요일 공원에서〉가 오프 브로드웨이에서 초연했을 때는 1막으로 구성된 공연이었다. 주변 사람들과 관계를 맺지 못한 조지가 그림 「그랑드 자트의 일요일 오후」를 통해 그들의 아름답고 평화로운 순간을 담아내는 것만으로 충분히 완결된 이야기 구조를 띠고 있다. 이 작품이 브로드웨이에 진출하면서 100년 뒤 조지의 증손자 이야기가 덧붙었다.

1막으로부터 100년 뒤 미국으로 건너간 닷의 딸 마리가 어느덧 할머니가 됐고, 마리의 손자 조지(할아버지와 이름이 같다)는 기계로 빛과 색을 이용한 작품을 만드는 아방가르드한 예술가로 성장한다. 2막의 손자 조지는 할아버지와 달리 사람들과 어울리면서 자신의 작업을 지속시켜 나갈 줄 안다. 손자 조지의 작업 역시 새롭고 난해한 것이지만 투자자들과 적극적인 관계를 맺으면서 비슷한 작업을 일곱 번이나 반복한다. 이처럼 2막 증손자 조지의 삶은 1막 할아버지 조지의 삶과 비슷한 듯 다르다. 할아버지 조지의 삶을 다룬 1막과 손자 조지의 내용을 다룬 2막은 음악적으로도 유사한 구성을 띤다.

1막과 2막 모두 '조지와 함께한 일요일 공원에서'로 시작해서 '선데이'로 마무리된다. 1막 시작에서는 닷이 조지의 모델을 하며 움직이지 못해 힘들어하는 상황이 펼쳐지는 반면, 2막 시작은 「그랑드 자트 섬의 일요일 오후」 속 인물들이 그림 속에 갇혀 답답해한다('너무 더워 It's Hot Up Here'). 1막에서 조지의 점묘화를 그리는 작업을 표현한 노래 '색과 빛'은 2막 손자 조지의 작품이 소개되는 음악 '크롬모

룸 넘버7Chromolume#7'에서 주요 멜로디가 반복되고, 1막에서 조지가 예술 세계에 몰두하는 노래 '모자를 완성해Finishing the Hat'는 2막에서 손자 조지가 후원자와 투자자들과 어울리며 자신을 어필하는 '결합 Putting in Together'과 음악적으로 연결된다. '모자를 완성해'와 '결합'에 같은 멜로디가 사용되고 있지만 '모자를 완성해'는 예술 세계에 빠져 관계를 소홀히 하는 할아버지 조지의 태도를 보여주는 반면, '결합'은 투자자나 언론, 화랑 관계자 등 작품보다 관계에 열중하는 손자 조지의 상반된 태도를 반영한다.

1막의 음악과 2막의 음악은 구조적으로 대칭을 이룬다. 하나의 색을 표현하기 위해 하나의 점과 대비되는 다른 점을 찍듯 1막에서 모든 것을 포기하고 자신의 예술 세계를 지켜나갔던 조지의 삶과, 할아버지가 못했던 사람들과 관계 맺기를 의식적으로 노력하지만 그의 예술 세계는 지지부진한 손자 조지의 삶이 대비된다. 작품은 마치 비슷하지만 다른 두 색을 통해 새로운 색을 만들어내는 점묘화처럼 비슷하지만 다른 삶을 살았던 두 예술가의 삶을 1막과 2막으로 배치하고 들여다본다. 새로운 도전을 두려워하는 손자 조지에게 닷을 비롯한 그림 속 사람들이 등장해 다시 '선데이'를 부른다. 그림 속 사람들이 등장해 자신들을 영원히 아름다운 그림 속에 남겨주어서 고맙다는 듯 손자 조지에게 인사를 한다. 낮고 조용히 읊조리듯 시작하다 웅장하게 커지는 '선데이'는 100년이 지난 후 조지의 예술 세계에 경의를 표한다.

1막만으로도 완결된 극이었지만, 1막만으로는 해결되지 않은 것이 있다. 바로 그가 예술을 위해 버렸던 연인 닷과 그의 딸 마리에 관한 이야기다. 그는 예술을 위해 가족을 버렸다. 닷이 떠나갈 때 아주 작은 소리로 "미안하다"는 말을 남기기는 했지만, 자신을 잡아주길 바라던 닷이 원했던 대답은 아니었다. 닷은 돌아보지 않고 그대로 떠난다. 2막에서 「그랑드 자트 섬의 일요일 오후」 그림의 비밀을 하나 더 공개하는데, 그림 속에 여러 명의 여인이 같은 얼굴을 하고 있고, 그것이 모두 닷의 얼굴이란 사실이다. 조지는 그의 방식으로 닷에 대한 사랑을 표현했던 것이다. 그리고 2막에서 유일하게 1막과 대칭을 이루지 않은 노래가 있다. 바로 '아이들과 예술Children And Arts'이란 노래다. 할머니가 된 마리가 부르는 이 노래는 세상에 중요한 가치를 띠는 것은 예술과 가족이라고 이야기한다. 1막으로 끝났다면 예술을 위해 모든 것을 바친 조지의 삶을 찬양하는 작품으로 마무리되고 말았을 것이다. 2막에서 그의 진심과 가족의 가치를 이야기하며 1막으로는 부족한 이야기를 보충한다. 가족을 지키는 일이 자신의 예술 세계를 지키는 일만큼 중요한 일임을 이야기하고 싶었던 것이다. 이 작품은 드라마 부문에서 퓰리처상을 받은 몇 안 되는 뮤지컬이다. 손드하임은 예술에 모든 것을 바쳤지만 인정받지 못했던 조르주 쇠라의 삶을 통해 새롭게 뮤지컬을 만들 힘을 얻는다.

INTO THE WOODS

11

동화 비틀기를 통한 본래 동화로의 복귀
숲 속으로

웨스트엔드에서 크게 성공한 〈오페라의 유령〉이 1987년 브로드웨이에서 막을 올렸다. 많은 사람들이 그해 토니상 시상식의 주인공은 〈오페라의 유령〉이 될 것이라고 예상했으나, 그 예상은 보기 좋게 빗나갔다. 〈오페라의 유령〉이 작품상을 받긴 했지만 극본상, 음악상, 여우주연상은 동화 속 주인공들이 등장하는 〈숲 속으로into the woods〉에게 내어주어야 했다. 〈숲 속으로〉는 스티븐 손드하임이 그래픽 디자이너 출신인 연출가 제임스 라파인과 합심하여 만든 작품이다. 손드하임은 해롤드 프린스와는 사회적인 문제를 다루면서 뮤지컬 양식을 실험하는 작품을 만들었다면, 라파인과는 인간의 성장과 성숙에 관심을 보이는 작품을 주로 선보였다.

1987년 발표한 〈숲 속으로〉에는 우리에게 친숙한 동화 속 주인공들이 등장한다. 신데렐라, 《잭과 콩나무》의 잭, 빨간 모자, 라푼젤, 왕자1, 왕자2, 마녀 그리고 이들과 관련이 있는 빵집 부부가 그들이다. 동화 속 인물들이 등장하지만 작품은 반 동화적이다. 비판적으로 접근해 동화의 실체에 대해 고민하게 한다. 손드하임은 동화에 두 가지 의문을 품었다. 그들은 정말 이후 행복하게 살았을까? 그리고 동화 속 주인공들은 과연 선한가? 하는 것이다.

동화의 탄생과 미화된 동화

손드하임은 이 작품을 구상할 때 프로이드와 칼 융, 브루노 베텔하임 등 아동 심리와 동화 관련 심리학자의 책들을 찾아보았다. 특히 브루노 베텔하임의 《옛 이야기의 매력》의 영향을 많이 받았다. 동화는 세상에 떠돌던 민담을 작가가 정리한 이야기이다. 아이들을 대상으로 정리하는 과정에서 작가에 의해 이야기는 순화되고 교훈적인 요소가 가미되었다. 17세기 이탈리아의 잠바티스타 바실레나, 프랑스의 샤를 페로가 정리한 동화만 하더라도 신체 훼손이나 식인과 같은 금기를 건드리거나 잔혹한 내용이 포함됐다. 동화의 잔혹하고 금기를 넘어선 내용들이 아이들이 겪는 내면적인 억압을 이해하게 해주고 그것을 극복하고 안정을 찾도록 도와주는 역할을 한다. 베텔하임은 동화의 잔혹한 요소가 아이들에게 미치는 긍정적인 역할에 주목했다. 그림 형제의 초판본만 해도 그러한 요소가 어느 정도는 유지됐다. 그러나 안데르센을 거쳐 디즈니에 이르게 되면 원작 동화의 기본적인 틀만 유지한 채 예쁘게 포장된 이야기로 변한다.

동시에 동화의 전형성이 만들어진다. "옛날 옛적에Once upon a time"로 시작해서 "영원토록 행복하게 살았답니다lived happily ever after"로 끝나는 해피엔딩 구조가 대표적이다. 동화 속 인물들 역시 선악 구조가 분명한 전형적인 인물로 변해갔다. 착하고 예쁜 공주와 정의롭고 용감한 왕자가 선한 편이라면, 주인공을 괴롭히는 계모나 늑대, 용, 마녀 등은 악한 인물로 등장한다. 디즈니는 이를 더욱 확고히 해서 공주는 예쁘고 그래서 선하며, 마녀는 흉악하고 그래서 악하다는 이분법적 사고를 고착시킨다. 조선 시대 실제 왕비의 사진을 보고 깜짝 놀란 기억이 있다. 사진 속 왕비는 키도 작고 의상도 세련되지 못했으며 아름답다고 이야기하기에는 힘든 외모였다. 그동안 왕비는 TV 사극에서 곱게 차려입고 등장하는 예쁜 여배우의 이미지로 각인되어 있던 차라, 사진 속 실제 왕비의 모습에 당황했다. TV 사극이 강한 편견을 만들었던 것이다. 손드하임은 〈숲 속으로〉를 통해 아름답고 교훈적인 동화라는 관념에 의문을 던진다.

동화 세계의 구축

〈숲 속으로〉는 《신데렐라》, 《잭과 콩나무》, 《빨간 모자》, 《라푼젤》 이야기를 소재로 또 다른 동화를 써내려간다. 새로운 동화 속 인물도 추가되는데 바로 빵집 부부이다. 빵집 내외는 동화 속 주인공과 전혀 무관한 인물이 아니다. 뮤지컬에서 이들은 라푼젤과 관련된 인물로 소개된다. 라푼젤의 아버지는 임신한 아내를 위해 옆집 마녀의 정원에서 채소를 훔친다. 그 벌로 마녀가 아이를 데려간다. 여기까지가 동화의 내용이다. 뮤지컬에서는 새로운 설정이 추가된다. 라푼젤에게 오빠가 있었으며 그녀의 아버지는 채소만 훔친 것이 아니라 마법의 콩까지 훔쳐 아들에게 준다. 마법의 콩을 잃어버린 마녀는 노파로 얼굴이 변하게 되자 라푼젤을 데려올 뿐만 아니라 그녀의 오빠에게 아이를 갖지 못하게 마법을 건다. 라푼젤의 오빠를 〈숲 속으로〉의 빵집 남편으로 설정한다.

1막이 시작하면 해설자가 등장해 "옛날 옛적에~"로 시작하는 전형적인 멘트로 극을 열면서 등장인물을 소개한다. 무려 9곡으로 이루어진 프롤로그는 각 인물들이 얻고 싶은 것을 밝히는 곡('내가 바라는 건I Wish')으로 시작해 그것을 얻기 위해 숲으로 가는 노래('숲 속으로 Into the Wood')로 마무리된다. 원작 동화 속 내용처럼 신데렐라는 왕궁의 무도회에 참여하기 위해, 잭은 소를 팔기 위해, 빨간 모자는 편찮으신 할머니에게 빵을 가져다주기 위해, 그리고 빵집 내외는 마녀의 저주를 풀기 위해 숲으로 간다. 마녀가 마법에서 벗어나 원래의 얼굴을 되찾기 위해서는 네 가지 물건이 필요했다. '흰 눈처럼 하얀

소, 옥수수 숱과 같은 노란 털, 피처럼 붉은 망토, 그리고 순금 같은 신발'이 그것이다. 마녀는 빵집 내외에게 3일 안에 이 물건을 구해 오면 아이를 갖게 해주겠다고 약속한다.

숲 속에서 빵집 내외는 마법에서 벗어나기 위한 물건을 각 동화 속 주인공에게서 얻게 된다. 잭에게선 눈처럼 하얀 소를, 라푼젤에게는 옥수수 숱처럼 노란 털을, 빨간 모자에게는 피처럼 붉은 망토를, 그리고 신데렐라에게는 순금 같은 신발을 얻는다. 그 과정에서 빵집 내외는 각 원작 동화의 조역 역할을 수행한다. 잭에게 콩을 주고 흰 소를 사간 사람과, 늑대의 배를 가르고 빨간 모자를 구해준 사냥꾼 역할을 빵집 남편이 맡는다. 빵집 아내는 무도회에서 도망치는 신데렐라를 숨겨준다. 빵집 내외는 동화 속 주인공들이 목적을 이루는 데 도움을 주는 조역이지만, 또 한편으로는 동화 속 주인공들로부터 얻은 물건들로 자신의 목적을 이루는 〈숲 속으로〉의 주인공이기도 하다. 〈숲 속으로〉의 인물들은 서로 도움을 주기도 하고 받기도 하며 목적을 이룬다. 우여곡절 끝에 신데렐라는 왕자와 결혼하고, 빨간 모자는 늑대에게서 벗어나 할머니를 만나며, 잭은 하늘나라에서 가져온 거인의 물건으로 부자가 되고, 라푼젤은 마녀의 저주에서 벗어나 왕자와 결혼한다. 그리고 빵집 내외도 아이를 갖게 된다. 모두가 원하는 목적을 이루자, 해설자가 등장해 "영원토록 행복하게 살았답니다."라고 하면서 어쨌든 해피엔딩을 맞는다.

1막의 내용은 새로운 인물과 사건이 가미되지만 주인공들이 원하는 것을 얻어 행복하게 되었다는 원작 동화의 큰 틀을 벗어나지 않는다. "옛날 옛적에"로 시작해 "영원토록 행복하게 살았답니다."로 마무리되는 형식은 전형적인 동화의 구조이다. 동화는 전지적 작가의 시점을 유지하고 선과 악이 명확한 전형적인 인물이 등장한다. 뮤지컬에서는 해설자를 등장시키고 동화 속 주인공마다 고유한 스타일의 음악을 부여해 인물의 전형성을 부각했다. 신데렐라는 리릭 오페라 풍의 노래로 로맨스에 대한 열망을 표현하고, 잭과 그의 어머니는 단순한 포크 선율과 동요 같은 멜로디로 단순하고 순박한 성품을 드러내며, 다혈질적이면서 영민한 마녀는 속사포 같은 랩을 구사하고, 빨간 모자를 유혹하는 늑대는 보드빌 스타일의 재즈 풍으로 노래한다.

동화의 계몽적인 특성도 작품에 반영했다. 숲 속에서 하룻밤을 보낸 인물들은 '첫 날 밤First Midnight'이란 노래에서 그날의 교훈을 이야기한다. 신데렐라와 라푼젤을 만난 왕자는 "가질 수 없는 것일수록 더 간절히 원하게 된다"는 걸 깨닫고, 잭은 "소와 콩의 다른 점은 콩은 나를 모험으로 인도한다"는 걸 알게 되었으며, 무도회에서 신데렐라에게 왕자와 춤출 기회를 빼앗긴 신데렐라의 언니들은 "무도회에 자주색 드레스를 입고 가는 게 아니야(언니1)", "핑크도(언니2)"라는 교훈을 얻는다. 이들이 깨닫는 교훈들은 꽤나 그럴싸하게 들리는 것도 있지만 신데렐라 언니의 예처럼 지극히 자신의 주관적인 판단에서 비롯된 잘못된 깨달음도 있다. 동화는 어린아이들이 사회에 올바르게 적응할 수 있도록 교육적인 메시지를 담아내려고 한다. 〈숲 속으로〉는 '첫 날 밤'이라는 곡을 통해 개인적인 경험이 일반화된 교훈으로 확장되는 과정을 풍자한다. 숲에서 두 번째 밤이 지나고 그날의 교훈을 정리하는 '둘째날 밤'이라는 노래도 같은 방식으

ⓒ 씨즈온

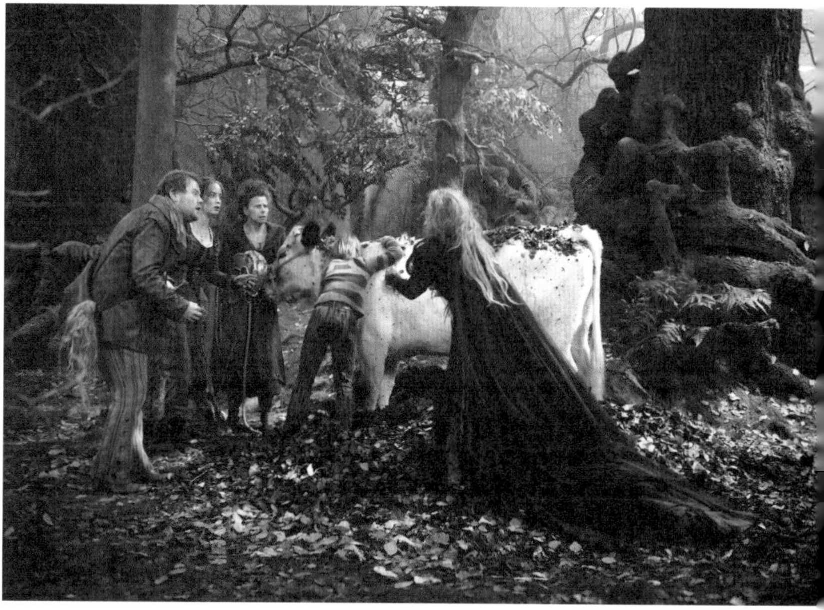

뮤지컬 〈숲 속으로〉는 2014년 연말 영화로 만들어지기도 했다. 화려한 영상은 볼 만했지만 영화는 동화 비틀기라는 원작 뮤지컬의 본질에 다가가지 못했다. 그 이유는 엔딩 타이틀이 올라갈 때 밝혀졌다. 뮤지컬 영화 〈숲 속으로〉를 만든 영화사가 바로 디즈니였다. 동화의 판타지를 구축하고 동화 왕국을 세운 디즈니가 '동화 비틀기'를 제대로 하기는 어려웠던 것이다.

로 진행된다. 1막이 동화의 내용과 구조를 틀로 담아냈다면, 2막은 동화를 비틀어 보여준다.

동화 세계의 전복

2막에서도 같은 인물들이 등장하고 2막을 여는 프롤로그의 구성도 1막의 그것과 같지만 전개되는 양상은 전혀 다르다. 1막이 동화의 내용과 구조를 반영했다면, 2막에서는 그것을 전복한다.

2막은 동화 속 주인공들이 각자의 목적을 이룬 이후의 이야기다. 동화가 끝난 후 주인공은 어떻게 살아갔을까를 다룬 속편에 해당한다. 정말 이들은 동화의 마지막 문구, "영원토록 행복하게 살았답니다"처럼 행복하게 살아갔을까? 2막 역시 해설자가 등장해 "옛날 옛적에"라는 말로 막을 연다. 1막에서 목적을 이룬 동화 속 그들에게는 새로운 욕망이 생긴다(뮤지컬 넘버 'I Wish'). 신데렐라는 파티를 더 열고 싶고, 잭은 하늘나라 왕국을 그리워하며, 빵집 내외는 아이를 위해 좀 더 넓은 집이 있길 바란다. 이들은 1막에서처럼 숲으로 가는데 이유는 다르다. 무심코 버린 마법의 콩이 자라 남편을 잃은 하늘나라의 거인 아내가 내려오면서 동화 나라는 혼란에 빠진다. 1막에 인물들이 목적을 이루기 위해 숲으로 갔다면 신데렐라, 빨간 모자, 잭, 그리고 빵집 내외는 거인을 피하기 위해 또는 누군가에게 도움을 요청하기 위해 숲으로 간다.

해피엔딩으로 끝날 것이라는 믿음을 주는 동화 속의 안정된 세계와는 다르게 2막의 세계는 거인 아내의 등장으로 불안하고 혼란스러운 세계가 펼쳐진다. 2막의 세계는 거인의 발이 언제 우리를 덮칠지 예측할 수 없는 세상이다. 이를 가중시키는 것은 해설자의 죽음이다. 거인의 아내가 남편을 죽인 잭을 내놓으라고 하자, 마녀는 관객들에게 무대에서 벌어지는 상황을 시니컬하게 전하던 해설자를 거인 아내에게 던져준다. 해설자는 유일하게 이야기가 어떻게 흘러갈지 아는 전지적인 인물인데, 이제 해설자가 사라짐으로써 아무도 이 작품이 어떻게 전개될지 모르게 된다. 해피엔딩으로 마무리될 것이라는 보증수표가 사라져 버린 것이다. 오랫동안 감금되어 정신적으로 예민한 라푼젤은 거인 아내의 발에 밟혀 죽는다. 동화 속 주인공은 절대 죽지 않는다는 명제가 무너져버린 그야말로 카오스의 세계가 전개된다.

2막에서는 선과 악으로 분명히 나뉘는 동화 속 인물의 전형성도 파괴된다. 이미 1막부터 등장인물들은 동화 속 주인공이 갖는 전형성에서 벗어나 있었다. 〈숲 속으로〉에 등장하는 인물들은 마냥 선한 인물만은 아니다. 신데렐라는 화려한 의상과 무도회에 마음을 빼앗겨버린 철없는 여인이고, 빨간 모자는 탐욕스럽고 이기적인 소녀이다. 잭은 순진함을 넘어서 어수룩하고, 라푼젤은 예민하고 신경질적이다. 이들은 조금은 이기적이지만 그렇다고 아주 악한 인물은 아닌 적당한 결점과 장점을 지닌 평범한 인물이다. 동화의 전형성을 전복하는 작품의 특징을 반영해 〈숲 속으로〉에 새롭게 투입된 빵집 내외 역시 선과 악으로 명확하게 나뉘지 않은 평범한 중상층 가족이다.

1막에서도 어느 정도 동화 속 인물의 전형성에서 벗어나 있었지만, 2막에서는 좀 더 적극적으로 동화 속 캐릭터의 성격을 파괴한다. 2막에서 구원의 상징이자 정의의 사도로 여겨졌던 왕자들의 속물적 욕망을 드러낸다. 신데렐라의 왕자1과, 라푼젤의 왕자2는 1막에서 각각 신데렐라와 라푼젤을 만나고 사랑을 이루지 못한 마음을 '괴로워Agony'라는 노래로 표현한다. 왕자1과 왕자2는 자신의 고통이 더 크다며 고통을 경쟁하는 듯 울부짖는다. 하지만 이때까지만 해도 왕자다운 면모를 유지한다. 그러나 2막에서 왕자1과 왕자2는 '괴로워'를 다시 부르는데 서로의 고통을 자랑하듯이 과시하는 것도 같고 괴로움을 호소하는 내용도 같지만 그 대상이 달라진다. 신데렐라의 왕자(왕자1)는 가시덩쿨에 뒤덮인 성에서 잠들어 있는 공주를 차지하지 못해 괴로워하고, 라푼젤의 왕자(왕자2)는 난쟁이들이 지키고 있는 공주를 못 만나 고통스러워한다. 정의로운 왕자의 정형성은 무너지고 바람기 가득한 왕자의 속물적인 면모가 드러난다. 심지어 왕자1은 숲을 헤매고 있던 빵집 아내를 유혹한 후 마치 아무 일도 없었다는 듯이 떠난다.

1막에서 동화의 세계를 구축했다면, 2막에서는 동화의 세계를 와해시키고 현실 법칙이 지배하는 환경 속에 동화 속 캐릭터를 던져놓는다. 동화가 강압적으로 주입시켰던 편견을 폭로하고 풍자한다. 동화에서는 주인공들이 영원토록 행복하게 살았다고 했지만 현실에서는 그런 일 따위는 없다. 현실은 욕망의 성취 또는 좌절의 연속이다. 하나의 욕망을 성취했다 해도 우리 삶은 또 다른 욕망 또는 시련을 맞게 되는 과정을 계속 반복한다. 원래 동화는 어린아이들에게 성장하는 데 필요한 용기와 심리적인 안정을 주기 위한 것이었다. 그러나 현대의 동화는 이분법적인 선악 구도가 선명하고 계몽적으로 직접적인 가르침을 주려고 한다. 손드하임은 〈숲 속으로〉를 통해 동화의 이상적 세계관을 파괴하며 현실의 본 모습을 보여주려고 한다.

다양한 〈숲 속으로〉 버전들

〈숲 속으로〉는 앞서 살펴본 대로 1막에선 동화의 특성을 담아내고, 2막에서는 비슷한 구조이지만 동화의 특성을 해체시키면서 동화 비틀기를 시도한다. 이 작품은 익숙한 동화를 패러디하는 작품이라 폭 넓은 관객층의 사랑을 받는다. 2010년에는 영국 레전트 파크 오픈 에어 시어터Regent's Park Open Air Theatre의 공연은 숲 속 야외 무대에서 이루어졌다. 이 버전에서 해설자는 가족들과 다투고 숲으로 가출한 아이로 설정했다. 가출한 아이가 숲에서 책을 읽으며 자유롭게 상상을 하며 극이 전개된다. 2012년 뉴욕 센트럴 파크 내에서 숲 속에 간이 무대를 세우고 공연했다. 이 작품에서 빨간 모자는 늑대에게 잡혀먹히는 대신 순결을 잃는 행위로 연출된다. 원래 동화 《빨간 모자》는 어린 여자가 낯선 남자의 말을 따르면 위험하다는 것을 경고하는 내용이다. 센트럴 파크 공연은 빨간 모자 동화의 의미

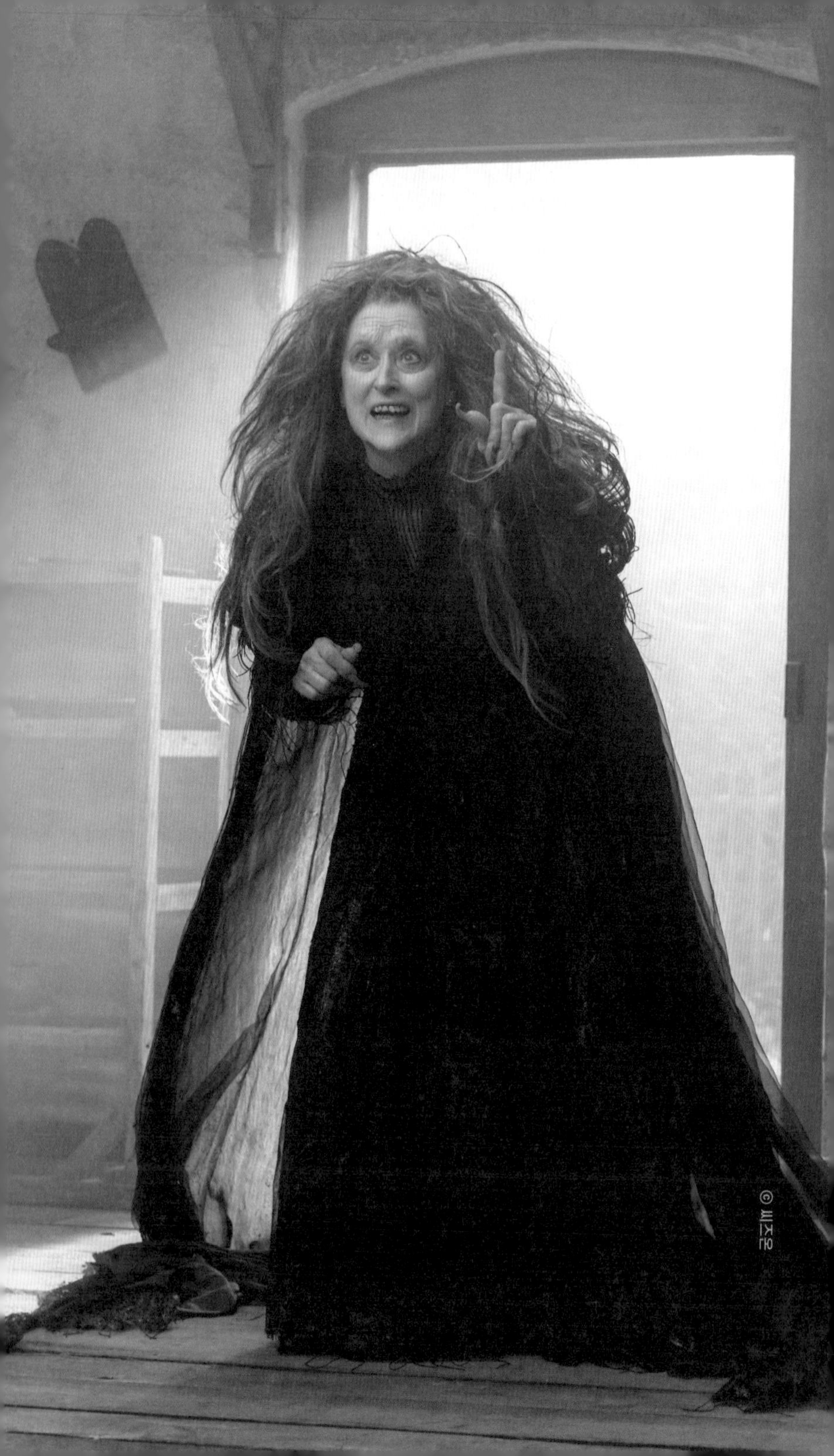

를 살려 연출해낸 것이다. 초연 공연에서는 비록 성적인 장면으로 연출되지는 않았지만 손드하임 역시 빨간 모자의 이야기에 성적인 뉘앙스를 담아내고 있다. 빨간 모자가 늑대의 배에서 탈출해서 부르는 '이제 알 것 같아I Know Things, Now'의 가사는 성적인 뉘앙스로 가득하다. 센트럴 파크 공연에서는 이 노래의 마지막 가사 "난 이제 준비됐어, 내가 너무 많이 알아버린 걸까"를 중의성이 도드라지게 표현했다.

뮤지컬 〈숲 속으로〉는 2014년 연말 영화로 만들어지기도 했다. 뮤지컬 〈시카고〉를 영화 버전으로 성공시킨 롭 마샬이 감독을 맡고, 메릴 스트립(마녀 역), 조니 뎁(늑대 역), 에밀리 블런트(빵집 아내), 안나 켄드릭(신데렐라) 등 화려한 캐스팅으로 기대를 모았다. 화려한 영상은 볼 만했지만 영화는 동화 비틀기라는 원작 뮤지컬의 본질에 다가가지 못했다. 그 이유는 엔딩 타이틀이 올라갈 때 밝혀졌다. 뮤지컬 영화 〈숲 속으로〉를 만든 영화사가 바로 디즈니였다. 동화의 판타지를 구축하고 동화 왕국을 세운 디즈니가 '동화 비틀기'를 제대로 보여주기는 어려웠다.

손드하임의 작품 세계

손드하임의 작품은 파고들어 갈수록 그 알 수 없는 깊이에 입을 다물지 못하게 만드는 놀라움이 있다. 그의 작품의 진가를 알게 되면 놀라움은 찬사로 바뀐다. 손드하임에게 보내는 찬사들은 다소 민망할 정도다. '뮤지컬을 예술의 단계로 격상시킨 작곡가', '뮤지컬계 최고의 혁신적인 작곡가', 심지어 '뮤지컬계 살아 있는 신'이라고까지 불린다. 지금까지 수많은 공로상을 비롯, 퓰리처상, 아카데미상, 8차례 그래미상을 받았다. 브로드웨이 최고 권위의 토니상에서는 그의 작품 11편이 모두 토니상 후보에 올랐고, 그중 7차례 작곡상을 수상했다.

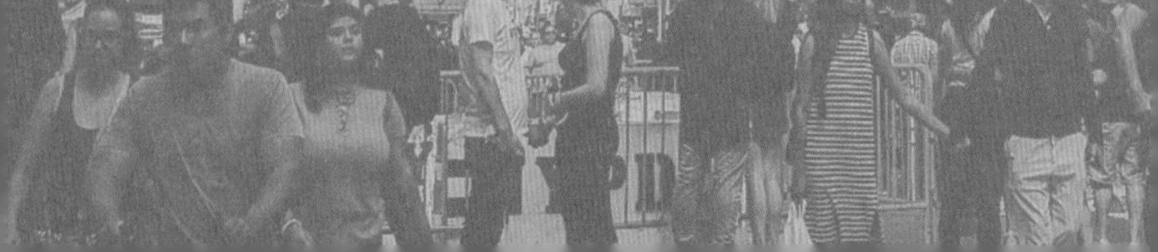

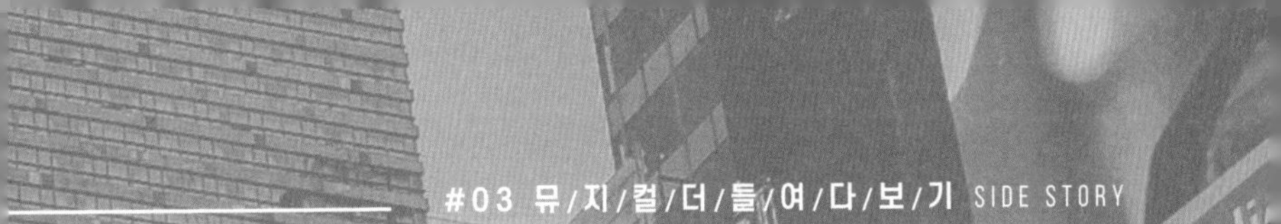

가장 혁신적인 작곡가

손드하임은 기존의 뮤지컬이라는 관습으로부터 벗어나려고 노력했던 아티스트다. 놀랍게도 이러한 생각은 북 뮤지컬을 발전시킨 해머스타인이나 그의 또 다른 멘토이자 그의 재능을 사랑해 기회를 주었던 아서 로렌츠의 영향에서 비롯됐다. 〈오클라호마!〉, 〈왕과 나〉, 〈사운드 오브 뮤직〉의 작가인 해머스타인은 손드하임에게 양아버지 같은 존재였다. 그의 추천으로 당대 최고의 대가들이 참여한 〈웨스트 사이드 스토리〉의 작사가로 참여했다. 이때 이 작품의 작가인 아서 로렌츠와 인연을 맺었다. 손드하임은 오스카 해머스타인으로부터 인물 창조와 이야기의 중요성을 배웠다. 오스카 해머스타인의 가사는 한 편의 작은 드라마를 담고 있다고 말했다. 해머스타인으로부터 운율보다도 사상이나 사고가 가사에서 더 중요하다는 것을 배웠고, 아서 로렌츠로부터는 인물 내면의 진의를 드러내는 다양한 방식, 암시법이나 대사의 본의와 실제 대사를 충돌시키는 방식을 배웠다. 〈스위니 토드〉의 살인의 저의를 숨기고 순간을 즐기는 노래나, 〈일요일 공원에서 조지와 함께〉에서 본심을 감춘 채 사랑하는 닷을 떠나보내는 조지의 노래에는 이러한 성향이 잘 드러난다.

손드하임은 작품마다 새로운 장르 형식을 끌어들여 뮤지컬의 장르를 확장했다. 로마 시대의 희극이 원작이었던 〈로마에 가는 길에 일어난 기묘한 일〉에는 그리스 시대의 소극farce 양식을 가져오고, 〈컴퍼니〉에서는 실내극 스타일을, 지난 배우들의 영광을 추억하는 〈폴리스〉에

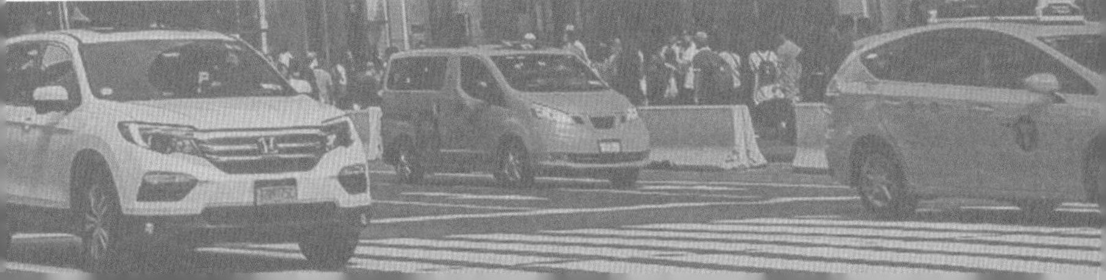

서는 지그필드 폴리스 스타일의 레뷔를, 〈태평양 서곡〉에서는 일본의 극 양식인 가부키를 접목하고 짧은 시인 하이쿠 양식을 가사에 반영했다. 〈스위니 토드〉에서는 빅토리아 시대 유행하던 멜로드라마 형식과 그리스 비극 양식을 도입하는가 하면, 당시 유행하던 가면극 형식을 포함시켰다. 점을 찍어 그림을 완성하는 점묘화가였던 조르주 쇠라의 삶을 다룬 〈조지와 함께한 일요일 공원에서〉는 캔버스에 점을 콕콕 찍는 듯한 스타카토와 미니멀리즘 선율로 점묘화법을 음악에 적용했다. 그리고 〈열정〉에서는 19세기 서간문 양식을 도입했다. 그는 이처럼 다양한 양식과 형식을 차용해 뮤지컬의 장을 확장했으며 늘 새롭고 혁신적인 실험을 이어갔다.

작곡가는 음악으로 말하는 작가

손드하임은 뮤지컬 작곡가는 음악으로 말하는 작가여야 한다고 했다. 그의 음악이 기억에 남는 곡이 드문 것은 이러한 그의 음악관이 반영된 때문이다. 일반적으로 가장 많이 사용되는 쇼툰 스타일은 AABA 형식이다. 메인 멜로디인 A를 반복해서 관객들에게 각인시킨다. 그러나 손드하임 음악의 특징은 변박을 많이 쓰고 불협화음을 애용한다. 인간들 사이의 갈등이나 내적 긴장을 유발하고 위기로 몰아가는 뮤지컬 음악이 한가롭고 평온하기만 한 것이 그로서는 오히려 이해되지 않았다. 삶을 반영한 음악은 단조로울 수 없고 쉽게 예상 가능하지 않아야 한다고 생각했다. 그는 한 곡 안에서도 수없이 많은 변박과 변조로 듣는 사람들을 불편하게 했지만 어느 것 하나 불필요한 것이 없었다. 그는 악보 안에 적어 놓았던 쉼표 하나까지도 설명할 수 있었다. 그 모든 근거는 상황과 인물에서 비롯된다. 북 뮤지컬에서 음악은 가사의 의미를 잘 전달하고 이야기가 잘 흐르게 하는 데 목적이 있다. 그러나 손드하임은 그러한 부수적인 목적을 넘어서 음악 자체가 이야기를 반영하고 있어야 한다고 믿었다. 다양한 갈등과 긴장을 품고 있는 이야기를 반영하기에 불협화음과 잦은 변박과 변조는 매우 유용한 장치였다. 같은 이유로 그는 음악적 모티프를 수없이 반복했지만 그대로 반복하지는 않았다. 관객들에게 각인시키기 위한 관습적인 반복을 경멸했다. 삶이 한순간도 같지 않은데 이를 반영한 음악이 똑같을 순 없었기 때문이다.

가사에서도 이러한 엄격함은 유지됐다. 〈웨스트 사이드 스토리〉에서 마리아가 부르는 '아이 필 프리티I Feel Pretty'는 각운인 '프리티Pretty', '위티Witty' 등 사랑에 빠진 인물의 심정이나 성격을 라임에 맞춰 잘 보여주는 노래이다. 그럼에도 그는 가사 중 '얼마나 예쁜지 놀라워' 같은 가사는 푸에르토리코 빈민가 소녀가 할 수 있는 말이 아니라며 후회했다고 한다. 그만큼 그는 가사에서 인물의 상황이나 심정뿐만 아니라 노래하는 인물의 교육 상황이나 지적 수준을 고려했다. 이처럼 치밀하고 세심한 방식으로 다양한 인간들에게 진지하게 접근했던 그는 이전의 뮤지컬들이 다루는 소재를 넘어서 폭넓은 이야기를 할 수 있었다.

PART 4

2000년대 대형 뮤지컬

- 맘마미아!
- 위키드
- 라이온 킹

뮤 / 지 / 컬 / 더 / 들 / 여 / 다 / 보 / 기 SIDE STORY
21세기 대표 뮤지컬 트렌드
무비컬 vs 주크박스 뮤지컬

MAMMA MIA!

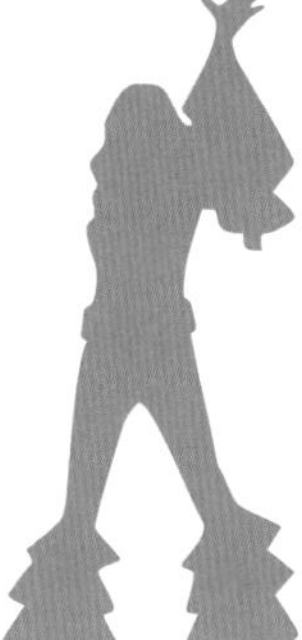

12

익숙함과 낯설음의 조화
맘마미아!

1999년 4월 6일 런던 프린스 에드워드 극장에서 초연한 뮤지컬 〈맘마미아!〉는 관객들의 찬사와 갈채를 받으며 성공을 거둔다. 이미 공연이 올라가기도 전 1천 300만 달러 예매 수익 기록을 세우며 작품의 흥행을 예고했다. 〈맘마미아!〉는 1970년대 활동한 아바의 히트곡 22곡으로 만든 주크박스 뮤지컬Jukebox Musical이다. 이전에도 기존 음악을 모아 만든 컴필레이션 뮤지컬이 존재하기는 했다. 주크박스 뮤지컬이라는 명칭은 〈맘마미아!〉의 성공 이후 일반화됐다. 관객들은 환호했지만 평단의 반응은 호의적이지 않았다. 웨스트엔드 최고 영예의 공연상인 올리비에 어워드는 〈맘마미아!〉를 철저히 무시해 오직 조연상을 주는 데 그치고 말았다. 2002년 브로드웨이의 토니상에서도 6개 부문에 노미네이트됐지만 단 한 부문에서도 수상하지 못했다. "〈오페라의 유령〉과 〈레미제라블〉의 뒤를 잇는 최고 히트작"이라는 데일리 메일의 리뷰에 비하면 매우 박한 평가였다. 평론가들은 〈맘마미아!〉를 아바의 인기에 기댄 작품으로 보았다. 새로운 곡을 작곡하지 않고 아바의 노래에 인기에 무임승차한 작품으로 본 것이다. 기존 노래를 훼손하지 않고 드라마에 매끄럽게 엮어 내는 일은 창작 못지않은 어떤 면에서는 창작보다도 더 힘든 작업이다. 평단의 평가에도 불구하고 〈맘마미아!〉는 작품의 성공을 넘어 2000년대 브로드웨이에 주크박스 뮤지컬이라는 강력한 트렌드를 만들어냈다. 〈맘마미아!〉의 성공 이후 수많은 주크박스 뮤지컬이 등장했지만 대중성이나 흥행성 면에서 이에 견줄 만한 작품은 나오지 않았다.

주크박스 뮤지컬의 트렌드

1900년대가 배경인 외국 영화를 보면 종종 카페나 바에서 동전을 넣고 음악을 지정해 플레이하는 주크박스가 등장한다. 희망하는 곡의 버튼을 누르면 음악을 골라 연속적으로 재생하는 이 기계에서 이름을 따온 주크박스 뮤지컬은 기존의 히트곡으로 만든 뮤지컬을 말한다. 〈맘마미아!〉는 대표적인 주크박스 뮤지컬이다. 〈맘마미아!〉가 흥행에 성공한 이후로 퀸의 노래로 만든 〈위 윌 록 유〉(2002), 빌리 조엘의 〈무빙 아웃〉(2002), 엘비스 프레슬리의 〈올 슉 업〉(2005), 프랭크 밸리와 포 시즌스의 〈저지 보이스〉(2006) 이외에도 밥 딜런, 마이클 잭슨, 프랭크 시나트라, 캐롤 킹 등 〈맘마미아!〉 이후 브로드웨이에서는 한 해에 한두 작품은 한 시대를 풍미한 가수들의 노래로 만든 주크박스 뮤지컬이 등장했다.

아바의 히트곡으로 만든 〈맘마미아!〉가 주크박스 뮤지컬의 첫 테이프를 끊은 작품은 아니다. 주크박스 뮤지컬은 우리가 알고 있는 것보다 훨씬 오랜 역사를 갖고 있다. 1952년 상영한 빗속에서의 탭 댄스를 추는 장면으로 유명한 〈사랑은 비를 타고Singing In the Rain〉는 뮤지컬 넘버의 상당수가 작품의 프로듀서이자 작사가인 아서 프리드가 작사한 기성곡이었고, 1930년대 등장한 〈걸 크레이지〉는 조지 거쉰과 아이라 거쉰 형제의 기존 노래로 만든 주크박스 뮤지컬이다. 악극에서 당시 히트하던 대중가요를 자유롭게 작품에 끌어들인 것처럼 초창기 뮤지컬은 기성곡을 종종 사용했다. 1728년작인 〈거지 오페라〉는 당시 유행하던 오페라 곡을 차용해 귀족들의 문화를 풍자했다. 이처럼 굳이 주크박스 뮤지컬의 역사를 따지자면 18세기 이전까지 거슬러간다. 오래 전부터 기성곡을 차용하는 작품들은 많았지만 하나의 양식으로 자리 잡지는 못했다. 주크박스 뮤지컬이 하나의 장르로 흐름을 만든 것은 1990년대부터이다. 영국의 록 밴드 형성에 막대한 영향을 주었지만 비행기 사고로 요절한 버디 홀리의 이야기를 다룬 〈버디〉(1989)가 흥행했다. 이 작품이 아티스트의 삶을 스토리로 자연스럽게 노래를 극 속에 녹여냈다면 〈맘마미아!〉는 특정 가수의 노래로 새로운 이야기를 전개해 성공시켰다. 〈맘마미아!〉의 대대적인 성공과, 2000년대 이를 모방한 히트 가수의 노래로 만드는 뮤지컬들이 등장하면서 주크박스

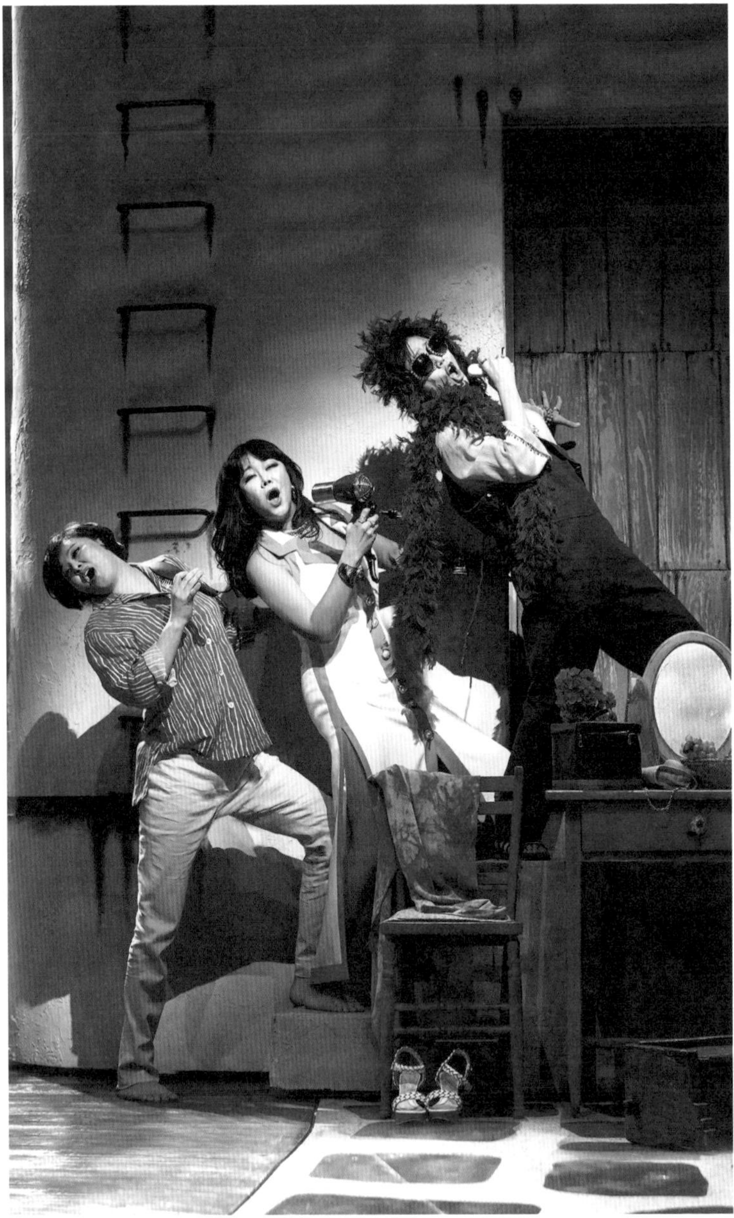

© 신시컴퍼니

뮤지컬은 21세기 뮤지컬계의 중요한 트렌드로 떠올랐다.

〈맘마미아!〉의 흥행 이유

〈맘마미아!〉의 흥행 중심에는 단연 '아바ABBA'가 있다. 스웨덴 출신의 아바는 불과 10년 남짓 활동하는 동안 8장의 정규 앨범을 발표했는데, 이들이 이룬 음악적인 성과는 어마어마하다. 아바의 음악은 전형적인 유로 팝, 댄스음악 형식을 따르면서 편안하게 감성적으로 다가오는 선율은 대중들에게 큰 사랑을 받았다. 이지 리스닝Easy Listening 스타일의 음악이 너무 쉽다는 이유로 비판을 받기도 했지만 대중들은 아바의 음악을 즐겼고 1970년대 가장 많은 음반을 판매하는 등 상업적인 성공을 거둔다. 듣고 있으면 어깨가 들썩이게 되고 행복한 기분이 절로 솟은 음악은 지금까지도 전 세계적인 사랑을 받고 있다. 아바의 음악은 영화나 드라마, 광고 음악으로 널리 쓰여 지금 세대에게도 낯설지 않다.

그룹 아바는 1960년대 말 비틀즈의 존 레논과 폴 매카트니에 비견되는 베니 앤더슨Benny Andersson과 비욘 울바우스Björn Ulvaeus의 만남으로 시작된다. 달콤한 선율을 만들어내는 두 작곡가 콤비의 노래에 날개를 달아줄 두 명의 보컬 아네타Agnetha와 애니프리드Anni-Frid가 차례로 팀에 결합하면서 아바가 완성된다. 1973년 자신들의 이름을 죽 나열한 '비요른, 베니, 아네타와 프리드'라는 이름으로 유로비전 송 콘테스트에 참여해 3위에 입상한다. 다음해 '아네타, 비욘, 베니, 애니프리다'의 앞 글자를 따서 아바ABBA라는 이름을 지은 이들은 '워털루Waterloo'로 유로비전 송 콘테스트에서 우승한다. 비욘과 아네타는 이미 본격적으로 활동하기 전 결혼을 했고, 베니와 프리다 역시 동거를 하다 활동 중에 결혼을 한다. 아바는 1980년대 초 이혼과 재혼을 하면서 실질적으로 팀이 유지되기 힘들었다. 결국 이들은 1982년 공식적으로 해체한다. 이별 과정이 순탄치 않아 넷이 다시 모인 것은 2008년 영화 〈맘마미아!〉가 제작되면서였다고 한다.

두 쌍의 부부로 이루어진 아바의 노래는 사랑과 이별, 그리움 등 삶의 흔적들이 구체적인 가사로 표현됐다. 극작가 캐서린 존스Catherine Johnson는 아바의 노래가 주로 가족이나 연인 간의 사랑, 이별, 갈등을 다룬 노래가 많다는 점을 착안해 미혼모 도나의 혼자 키운 딸 소피가 결혼을 앞두고 아빠 후보들을 초대해서 벌어지는 해프닝으로 이야기를 꾸몄다. 흔히들 〈맘마미아!〉의 이야기가 아바의 노래에서 새로운 이야기를 창작한 것으로 알고 있으나 그렇지 않다. 이 이야기는 1968년작 지나 롤로브리지다가 출연한 영화 〈보나세라, 미세스 캠벨Buona Sera, Mrs Campbell〉에서 모티프를 얻었다. 세 명의 미군과 비슷한 시기에 사랑에 빠지는 한 여인의 이야기를 다룬 코미디 영화다. 기존 플롯을 차용했다 하더라도 아바의 노래를 절묘하게 녹여내면서 극 자체의 완성도를 유지한 캐서린 존스의 공이 평가절하 되지는 않는다. 이후 해당 아티스트의 삶에 기대지 않고 새로운 이야기를 엮어낸 주크박스 뮤지컬 중 〈맘마미아!〉의 수준에 이른 작품이 없다는 것만으로도 충분히 증명된다. 캐서린 존스는 아바의 노래로 보수적인 가족관을 갖은 딸 소피와, 히피즘을 비롯한 진보적인 사고가 휩쓸던 1970년대에 젊은 시절을 보낸 엄마 도나의 갈등을 통해 모녀 간의 애증과 중년 여성들의 우정을 성공적으로 풀어냈다.

〈맘마미아!〉의 주인공은 누구

뮤지컬 〈맘마미아!〉는 소피가 결혼을 앞두고 아버지일 가능성이 있는 세 명을 초대하면서 시작한다. 소피는 한때 자유분방한 사랑을 즐겼던 엄마와 갈등하지만 다양한 일들을 겪으며 엄마의 삶을 이해하게 되고 화해한다. 소피는 결혼을 미루고 세상을 더 알기 위해 여행을 떠나면서 극이 마무리된다. 스토리 전개만을 본다면 전형적인 소피의 성장 스토리다. 다른 시각으로 보자면 딸 소피의 아빠 찾기를 통해 드러나는 엄마 도나의 이야기로도 볼 수 있다. 소피의 아빠 찾기 과정에서 화려했던 젊은 날과, 자유로운 사랑에 책임을 다하는 중년의 엄마 도나가 중심 인물로 극을 이끌어간다. 이처럼 작가 캐서린 존스가 만들어낸 이야기는 소피나 도나 어느 관점에서도 접근이 가능하다. 소피가 완벽한 가족을 꿈꾸는 '내겐 꿈이 있어요 I Have A Dream'로 시작해서 또 다른 꿈을 찾아 여행을 떠나는 '내겐 꿈이 있어요'를 부르는 수미쌍관적인 극 구조로 본다면 구조적으로는 소피의 성장 스토리로 보는 것이 더 합당해 보인다. 그러나 공연의 전개 양상이나 인물의 주목도로 보면 소피보다는 도나에게 스포트라이트가 놓인다. 22곡의 아바의 주요 노래 중 '댄싱 퀸Dancing Queen', '치키치타Chiquitita', '승자가 모든 걸 다 갖죠The Winner Takes It All' 등 중요 곡들을 도나가 부르고, 도나와 친구들이 결성했던 그룹 다이나모스를 통해 그녀의 젊은 날이 부각된다.

그러나 〈맘마미아!〉의 진정한 주인공은 소피도, 도나도 아닌 아바라는 생각이 든다. 잘 짜여진 드라마임에도 시종 내러티브 밖에 있는 아바가 극을 지배한다. 단순히 아바의 노래가 사용되어서가 아니라 극 전체가 아바의 향수에 젖어 있다. 젊은 시절 여성 3인조 밴드의 리드 보컬이었던 도나와 그의 친구들이 결성한 그룹 다이나모스는 의상부터 아바를 오마주한다. 특히 커튼콜은 이 작품의 주인공이 아바임을 명확히 한다. 커튼콜 곡은 주로 작품 중에 나온 곡 중 작품을 대표하거나 관객들과 잘 어울릴 수 있는 경쾌한 곡을 선택한다. 그런데 〈맘마미아!〉는 극 중에 등장하지 않았던 '워털루'를 커튼콜 송으로 부른다. '워털루'는 아바가 유로비전 송 콘테스트에서 우승한 노래로 전 세계에 본격적으로 아바의 이름을 알린 이들의 대표곡이다. 비록 이야기 전개상 작품에 사용하지 못했지만 아바를 대표하고 상징할 수 있는 '워털루'를 커튼콜에 불러 아바의 향수를 불러일으킨다. 실제 〈맘마미아!〉의 커튼콜은 관객들의 뜨거운 반응으로도 유명하다. 초연 이후 이 작품의 커튼콜에는 관객들이 일어나 '워털루'의 리듬에 맞춰 춤을 추는 광경을 볼 수 있다.

도나와 소피의 이야기를 공들여 만들었지만 〈맘마미아!〉를 보러 오는 관객들은 상당수 아바의 음악과 그 향수를 기대한다. 이를 간

파한 제작진은 뮤지컬에서 아바가 그대로 되살아날 수 있도록 많은 노력을 기울인다. 원곡 가사를 거의 바꾸지 않고 그대로 사용했으며, 비영어권 국가에서는 오리지널 곡의 느낌을 최대한 구현할 수 있는 개사 작업이 이루어졌다. 아바의 노래는 코러스 파트가 굉장히 많은데 원곡의 느낌을 살리기 위해 무대 뒤에 코러스들의 부스를 별도로 마련해 두는가 하면, 격렬한 춤을 요구하는 노래는 일부분을 사전 녹음으로 음악이 훼손될 여지를 남기지 않았다. 무엇보다도 뮤지컬에서도 아바 앨범의 사운드를 재생하려고 노력했다. 〈맘마미아!〉 한국 공연에는 무대 세트나 의상 이외에도 다섯 대의 건반을 들여왔다고 한다. 라이선스 뮤지컬이라고 해도 악기는 현지에서 구하는 게 일반적인데 〈맘마미아!〉는 달랐다. 해외에서 들여온 다섯 대의 건반에는 아바의 노래를 녹음할 때 사용한 피아노, 일렉트릭 피아노, 색소폰 등의 악기의 음원이 저장되어 있었다. 그래서 자연스럽게 〈맘마미아!〉의 음악은 연주가 시작되는 순간 라이브 연주로 아바의 앨범을 듣는 느낌을 준다.

© 신시컴퍼니

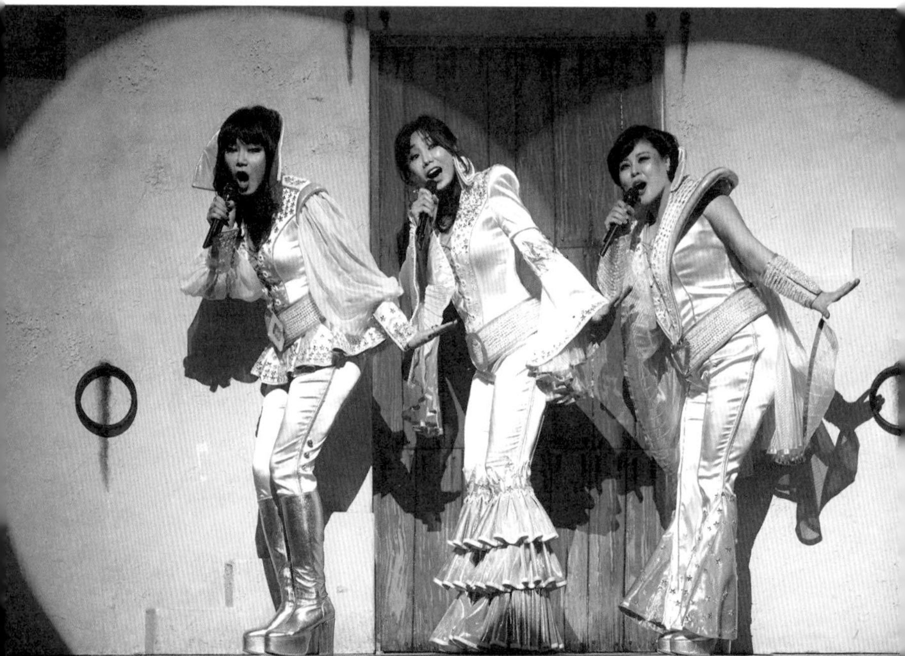

익숙한 아바의 노래를 통해 향수에 젖게 하면서도 기상천외한 스토리나 예상치 않은 방식으로 노래가 등장해 놀라움을 준다.

익숙한 노래의 생경함

〈맘마미아!〉는 왜 '맘마미아!'여야 했을까. 이 작품에는 아바의 노래 22곡이 사용되고 '맘마미아!'는 그 중 한 곡일 뿐이다. '맘마미아!'는 도나의 세 옛 애인이 20여 년만에 갑자기 동시에 나타나자 놀라서 부르는 노래이다. 상황과는 잘 어울리는 선곡이지만 핵심적인 장면도 아니고, 작품의 테마를 담고 있지 않다. 그럼에도 제목을 '맘마미아!'라고 한 이유는 이 제목이 작품의 콘셉트이기 때문이다. 이 작품의 드라마와 노래 콘셉트는 '놀람'이다.

이 작품의 제목은 느낌표(!)를 포함하고 있다. 제목에 느낌표를 담고 있는 작품이 많지 않아 기자들은 작품명을 쓸 때 종종 느낌표를 빼먹기도 한다. 그러나 느낌표는 '맘마미아'라는 단어와 더불어 작품의 성격을 드러내는 제목의 일부이기 때문에 신경 써서 넣어주어야 한다. '맘마미아mamma mia'는 이탈리아어로 '맙소사!', '세상에나!' 정도로 해석되는 놀랐을 때 자연스럽게 나오는 감탄사이다. 뮤지컬은 제목처럼 관객들에게 끊임없이 놀라움을 주면서 극의 긴장을 유지한다. 아바의 익숙한 노래로 향수에 젖게 하면서도 신선한 자극으로 극에 빠져들게 한다.

우선 이야기 자체가 놀랍다. 소피가 결혼 전 아버지로 추정되는 세 명의 남자를 초대한다는 설정이 흥미를 끄는데 더욱 놀라운 것은 엄마 도나조차도 누가 진짜 아빠인지 모른다는 점이다. 이처럼 흥미진진한 해프닝이 연속으로 벌어지면서도 말이 되게 만들어내는 것이 〈맘마미아!〉의 힘이다. 작품의 후반부 소피의 결혼식 장면에서는 이러한 작품의 특징이 집약되어 보여진다. 소피의 결혼식 전 도나의 친구 로지와 아빠 후보 중 한 명인 빌 사이에 일어난 사랑의 불꽃은 서곡에 불과하다. 결혼식장에 들어선 소피가 결혼을 취소하고 여행을 떠나겠다고 선언해서 하객을 놀라게 하더니, 파탄 난 결혼식장에서 아빠 후보 중 한 명이었던 샘이 도나에게 청혼하고 바로 결혼식으로 이어지면서 또 한 번 놀라게 한다. 그리고 이어지는 '워털루'의 커튼콜. 〈맘마미아!〉는 놀라움과 즐거움의 연속이다.

음악도 놀라움을 준다. 아바의 기존 곡을 사용하기 때문에 일반적으로 주크박스 뮤지컬은 놀라움보다는 반가움을 주기 마련인데, 〈맘마미아!〉는 익숙함을 놀라운 감정으로 변화시킨다. 아바의 노래는 너무나 유명해서 전주만 들어도 어떤 곡인지 대번 알 수 있다. 〈맘마미아!〉에서 아바의 노래는 전주 없이 노래로 갑자기 등장하거나 전혀 엉뚱한 상황에서 노래가 등장해 놀라움을 준다. '승자가 모든 걸 다 갖죠'가 대표적이다. 이 노래는 자신이 소피의 아빠라고 생각한 샘이 도나에게 이야기 좀 하자는 심각한 장면에서 나온다. 계속 대화를 요구하는 샘에게 도나는 "얘기하고 싶지 않아I don't wanna talk"이라고 전주 없이 이 노래를 시작하면 노래를 아는 관객들은 웃음을 터트린다. 매우 심각한 극적 상황, 그 상황에 너무 어울리는 첫 가사, 하지만 그 상황과는 전혀 어울리지 않은 원곡의 이미지 때문에 웃음이 발생한 것이다.

사랑스러운 어린 연인을 위로하는 노래 '치키치타'를 다이노스 멤버들이 친구인 도나를 위로하는 노래로 사용한다거나, 단순한 사랑 노래인 '게임의 이름The Name of the Game'은 빌이 아버지이기를 바라는 소피의 마음을 대변하는 노래로 바뀐다. 또한 황금만능주의를 비판하던 노래인 '머니 머니 머니Money Money Money'는 그리스 외딴 섬에서 하숙을 운영하며 가난하게 살아가며 홀로 딸을 키우는 도나의 하소연이 된다. 아바의 원곡 느낌을 아는 관객에게는 이러한 뮤지컬에서 곡의 의미 변화가 신선하게 다가온다.

이처럼 〈맘마미아!〉는 익숙한 아바의 노래를 통해 향수에 젖게 하면서도 기상천외한 스토리나 예상치 않은 방식으로 노래가 등장해 놀라움을 준다. 게다가 60년대 자유로운 젊은 날을 보낸 엄마와 보수적이고 안정적인 삶을 추구하는 딸 세대의 화해가 깊은 감동을 안겨준다. 〈맘마미아!〉는 기존 노래의 가사를 훼손하지 않으면서도 극적 내용과 음악에서도 향수와 새로움이라는 어찌 보면 상반된 반응을 동시에 불러일으키며 오래토록 사랑받고 있다.

WICKED

13

투쟁 대신 이해와 우정으로

위키드

뮤지컬 <위키드> 하면 가장 먼저 떠오르는 것은 1막의 엔딩, 엘파바가 빗자루를 타고 하늘로 날아오르며 부르는 '중력을 넘어서 Defying Gravity' 장면이다. 녹색 피부 때문에 주위로부터 따돌림을 당한 엘파바가 세상에 대한 편견에 맞서 싸우겠다고 다짐하는 노래이다. 이 노래에서 반복되는 후크(짧은 가사를 반복해서 멜로디를 각인시키는 부분) 'Defying Gravity'는 하늘을 날아오르는 상황을 시각적으로 묘사하면서 동시에 모든 편견을 벗어나겠다는 의지를 담고 있는 중의적인 의미를 담고 있다. 그러나 1막 마지막에 강렬한 인상을 남기며 편견에 도전하겠다던 엘파바는 2막부터는 오즈의 마법사로부터 도망칠 뿐 제대로 된 투쟁을 하지 않는다. 이는 맥과이어의 원작 소설과도 다를 뿐만 아니라, 작품 전체의 구성으로서도 힘이 떨어진다.

이러한 큰 구성상의 결점이 있음에도 뮤지컬 <위키드>는 시쳇말로 잘 팔리는 작품이다. 이렇게 커다란 구성상의 공백이 있는데도 <위키드>는 어떻게 히트 뮤지컬이 된 걸까. '편견과의 대결'이라는 관점만으로 본다면 이 작품을 설명하기 힘들다.

새로운 작품으로 탄생

2014년 3월 뮤지컬 <위키드>는 <오페라의 유령>과 <라이온 킹>과 더불어 브로드웨이 누적 입장 판매 수익 10억 달러(약 1조 100억 원)를 넘겼다. 2003년 올라간 <위키드>는 주간 박스 오피스 판매 기록을 22차례나 갈아치우며 가장 짧은 기간에 매출액 10억 달러를 기록했다. 《메가 뮤지컬》의 저자 제시카 스턴필드는 <위키드>의 흥행 이유에 대해 "웨버와 디즈니의 결합처럼 보이는 구성과 기존의 대형 뮤지컬의 흥행 요소를 갖추고 있으면서도, 현실 풍자적인 요소와 다양한 음악을 선보였다"고 말했다. 《오즈의 마법사》의 속편인 <위키드>는 동화적인 내용을 담고 있고, 1980년대 메가 뮤지컬처럼 화려한 의상과 평균 15초마다 한 번씩 무대가 변화는 무대 메커니즘을 선보이며, 우리 사회에 만연한 차별과 편견을 통해 선과 악의 근원을 탐구하는 철학적인 질문을 던진다. <피핀>의 작곡가 스테판 슈월츠의 음악은 그 자체로도 충분히 즐길 만하다. 웨버와 디즈니가 결합해서 셰익스피어의 극을 만들었다는 평이 과언만은 아니다.

뮤지컬 〈위키드〉는 《오즈의 마법사》를 기발한 상상력을 뒤집은 그레고리 맥과이어의 소설 《사악한 서쪽 마녀의 생애The Life and Times of the Wicked Witch of the West》를 토대로 한다. 이 소설은 동화 《오즈의 마법사》에 등장하는 착한 마녀 글린다와 사악한 서쪽 마녀를 주인공으로 내세워 다시 쓴 스핀오프이며 〈오즈의 마법사〉의 프리퀄prequel이자 시퀄sequel이다. 맥과이어는 상상력을 발휘해 서쪽 마녀가 사악한 마녀로 여겨지게 된 사연을 들려준다. 《오즈의 마법사》에서 북쪽의 하얀 마녀는 '글린다'라는 이름이 있지만, 서쪽 마녀는 그저 '사악한 서쪽 마녀'라고 부를 뿐 특정한 이름이 없다. 맥과이어는 서쪽 마녀에게 엘파바Elphaba란 이름을 부여한다. 이는 원작자인 프랭크 바움L. Frank Baum의 앞 글자 L. F. Ba에서 따온 것이다.

맥과이어의 소설은 6권까지 나온 방대한 내용인데 뮤지컬 〈위키드〉는 엘파바가 오즈의 마법사에 대항하다 죽음을 맞는 2권까지의 내용을 다룬다. 2권까지는 녹색 피부를 갖고 태어난 엘파바가 서쪽의 나쁜 마녀라는 오명을 쓰기까지의 과정과 이후 오즈의 마법사에 대항해 서쪽성에서 전쟁을 벌이는 과정을 담고 있다. 맥과이어의 원작은 뮤지컬 〈위키드〉와 많은 면에서 다르다. 소설에서는 엘파바가 단독 주인공이다. 글린다는 고등학교 동창 중 한 명일 뿐이다. 소설에서는 엘파바의 레지스탕스적인 면모를 강조한다. 엘파바의 정의로운 면을 부각해 사악한 서쪽 마녀에 대한 편견을 걷어준다. 맥과이어는 동화를 토대로 재창작했지만 자신의 소설이 동화로 머물기를 바라지 않았다. 맥과이어의 소설은 어둡고 잔인한 장면이 많이 포함되어 있다. 염소인 딜라몬트 교수가 잔인하게 살해되고, 피

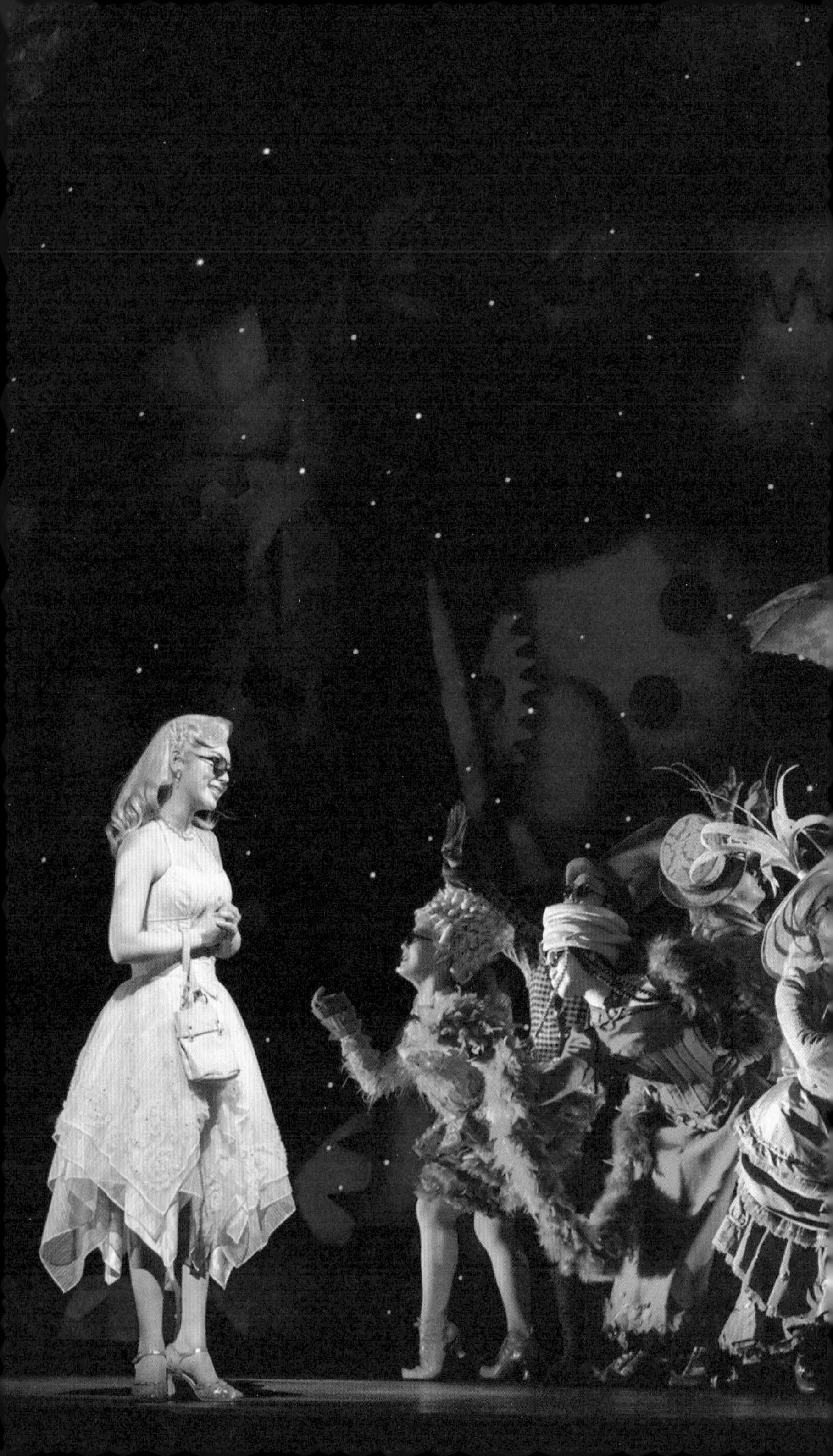

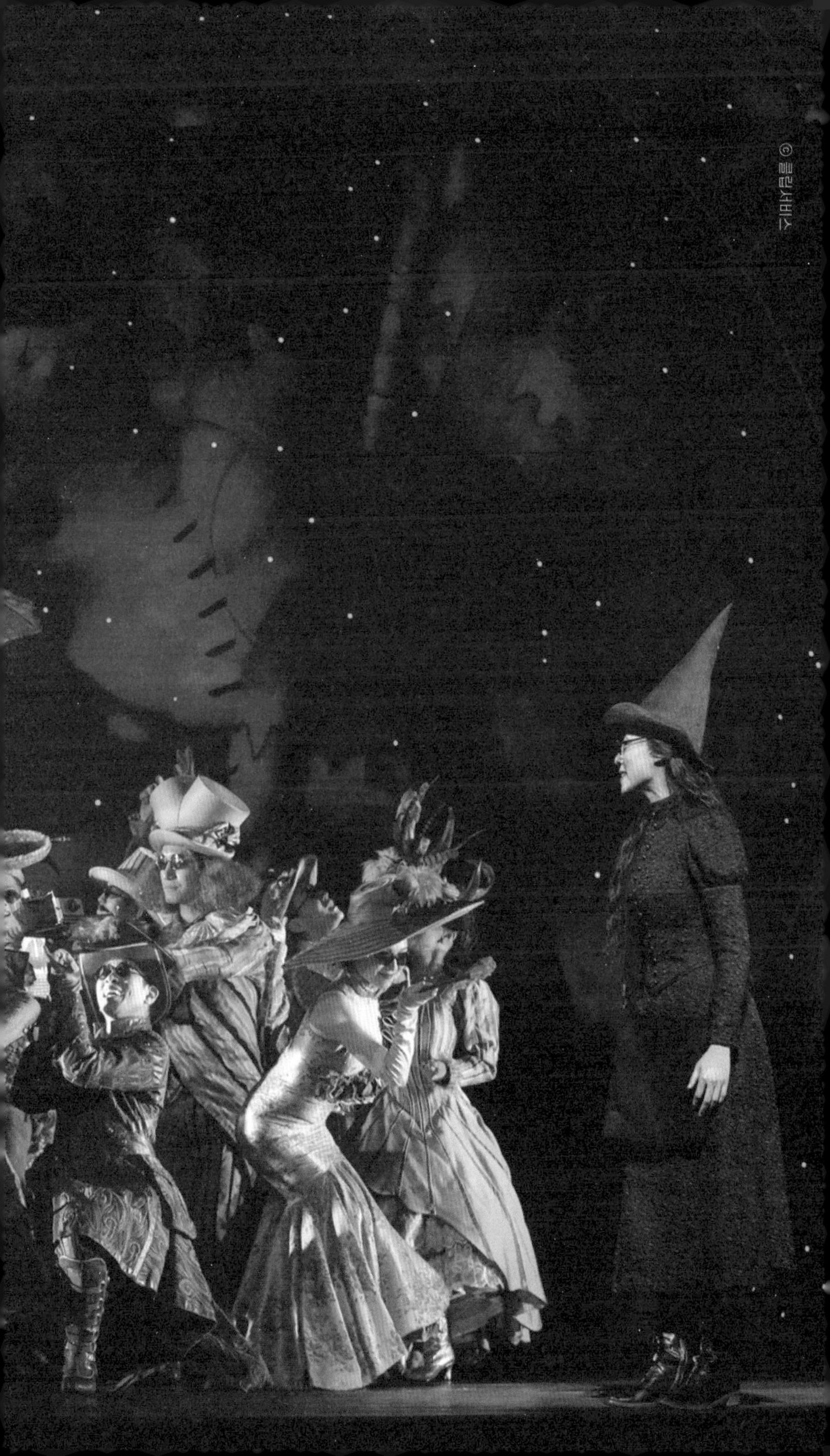

에로 역시 끔찍한 방법으로 죽음을 맞는다. 엘파바는 피에로와 불륜 관계이고 오즈의 병사들과 최후의 전쟁을 치른 후 비참한 방식으로 최후를 맞게 된다. 뮤지컬 〈위키드〉는 맥과이어의 소설에서 기본 설정을 가져왔지만 새로운 작품으로 만들어졌다. 녹색 피부의 편견 때문에 나쁜 마녀로 인식되었던 서쪽 마녀의 명예를 회복시켜준다는 점, 그녀의 이름이 엘파바였다는 점, 말하는 동물들과 동등하게 생활하는 세계라는 중요한 설정을 소설에서 가져왔지만 작품의 메시지나 전개 방식은 소설과는 많이 다르다.

원작 소설과 같지만 다른

맥과이어 소설에서 서쪽 마녀가 미움을 받는 이유는 사악한 성품 때문이 아니라 녹색 피부로 인한 편견이라는 설정으로 출발한다. 서쪽 마녀 엘파바는 녹색 피부 때문에 어려서부터 주위로부터 따돌림을 받는다. 심지어 아버지에게도 외면 받지만 마법에 재능이 있고 누구보다도 정의로운 인물이다. 오즈의 세계에는 말할 수 있는 동물Animal이 마치 또 다른 인종처럼 사람들과 어울려 살아간다. 염소인 딜라몬트 교수는 역사를 가르친다. 이러한 발상은 아마도 〈오즈의 마법사〉에서 겁쟁이 사자가 인간들과 어울리고 있다는 점에서 착안한 것 같다. 그런데 오즈의 세계에서 말하는 동물들이 사라지거나 말을 잃게 된다. 엘파바는 말하는 동물들을 배제하고 제거하려는 거대한 음모를 알아채고 오즈의 마법사를 찾아가 도움을 청한다. 엘파바는 이 모든 것의 배후에 오즈의 마법사가 있음을 알게 되고 뮤지컬 넘버 '중력을 넘어서'에서 그에 맞서 싸우기로 결심한다. 여기까지가 1막의 내용인데 맥과이어의 소설과 다르지 않다.

맥과이어의 소설에서 엘파바는 레지스탕스가 되어 오즈의 마법사에게 격렬하게 대항한다. 그러나 뮤지컬의 엘파바는 저항의 한계를 깨닫는다. 작곡가 스테판 슈왈츠는 거대 세력에 맞선 엘파바의 절망감을 음악적으로 구성해 놓았다. 뮤지컬 넘버 '중력을 넘어서'를 부르기 전에 엘파바가 글린다에게 오즈의 마법사에 맞서 함께 싸우자고 노래한다. 이 곡에서 "한계는 없어, 내 미래에 한계는 없어 unlimited, my future is unlimited"의 소절이 작품 전체에 걸쳐 여러 차례 반복된다. 이 소절의 멜로디는 엘파바가 마법사를 만나기 전 모든 편견에서 벗어나고 싶다는 소망을 담은 노래 '마법사와 나Wizard And I'에 먼저 등장한다. 편견을 극복하겠다는 의지를 담은 'Unlimited'의 멜로디는 영화 〈오즈의 마법사〉의 대표곡인 '무지개 저편Over the Rainbow'의 첫 소절 7음 "somewhere over the rainbow" 부분의 리듬을 차용했다. 편견을 넘어서고 싶다는 엘파바의 의지가 담긴 멜로디를 특별히 원작 영화의 대표곡에서 가져온 것이다.

2막에 들어서면 편견을 극복하겠다는 엘파바의 의지는 좌절된다. 오즈의 홍보장관이 된 마담 모리블의 음모로 엘파바는 "눈이 세 개라는 둥, 뱀 같은 피부를 가졌다는 둥, 또는 사악한 영혼을 지녀서 맑은 물에 녹아내린다는 둥" 거짓 소문에 휘말려 사악한 존재가 되어 간다. 세상의 편견에 대항했지만 점점 고립되어 가던 엘파바는 좋은 의도가 좋은 결과를 가져오지 않는다는 것을 알게 된다. 선한 결과를 가져온다고 해서 선이 아니며, 때로는 선한 의도에서 악한 결과가 나오기도 한다는 것을 깨닫는다. 이때 부르는 넘버 '선행이라도No Good Deed'(영문 관용구 'No good deed goes unpunished'에서 가져온 제목으로 좋은 일을 해도 벌을 받을 수 있다는 의미이다)에 '언리미티드Unlimited'의 일곱 소절이 다시 반복된다. 리듬은 같지만 이때 가사는 '이젠 끝났어I'm limited'로 바뀐다. 편견에 대항하던 엘파바는 2막부터는 불의에 맞서 싸우지 않고 한계를 인정한다. 대신 뮤지컬의 2막에서는 〈오즈의 마법사〉 인물들의 탄생 비화에 집중한다.

뮤지컬 〈위키드〉는 원작 동화나 영화를 알지 못해도 충분히 즐길 수 있는 작품이지만, 〈오즈의 마법사〉를 잘 아는 관객들이 더 많이 웃을 수 있다. 특히 2막이 그렇다. 〈오즈의 마법사〉는 동화로도 유명하지만 1939년 주디 갈란드 주연의 영화가 큰 인기를 끌었다. 막대한 자본을 들인 영화가 개봉될 당시에는 흥행하지 못했지만 1950년대 TV가 보급된 이후 매해 크리스마스 시즌에 단골로 방영되면서 영미권 사람들은 대사 하나하나까지도 기억하는 작품이다.

극장에서 실제로 보기 전 유튜브를 통해 〈위키드〉 해외 공연 영상을 먼저 보았는데, 외국 관객들이 알 수 없는 지점에서 크게 웃었다. 나중에서야 그 부분이 〈오즈의 마법사〉를 상기시키는 장면이라는 걸 알았다. 2막에서 엘파바가 동생인 네사로즈를 찾아가는 장면에서 오랜 만에 집에 온 엘파바는 "역시 집만한 곳은 없지There is no place like home"라고 말하는데 여기서 관객들의 웃음이 빵 터진다. 이 말은 도로시가 캔자스로 돌아와서 하는 영화의 유명한 대사이다. 우리는 잘 공감하지 뮤지컬 〈위키드〉는 너무 다른 서로를 경계하는 넘버 '이 느낌은 뭐지?'에서, 서로의 다름을 인정하고 친구가 되는 '파퓰러'를 거쳐, 서로 다름을 받아들여 성숙해지는 '영원히'로 이어지는 엘파바와 글린다의 성장 스토리다.

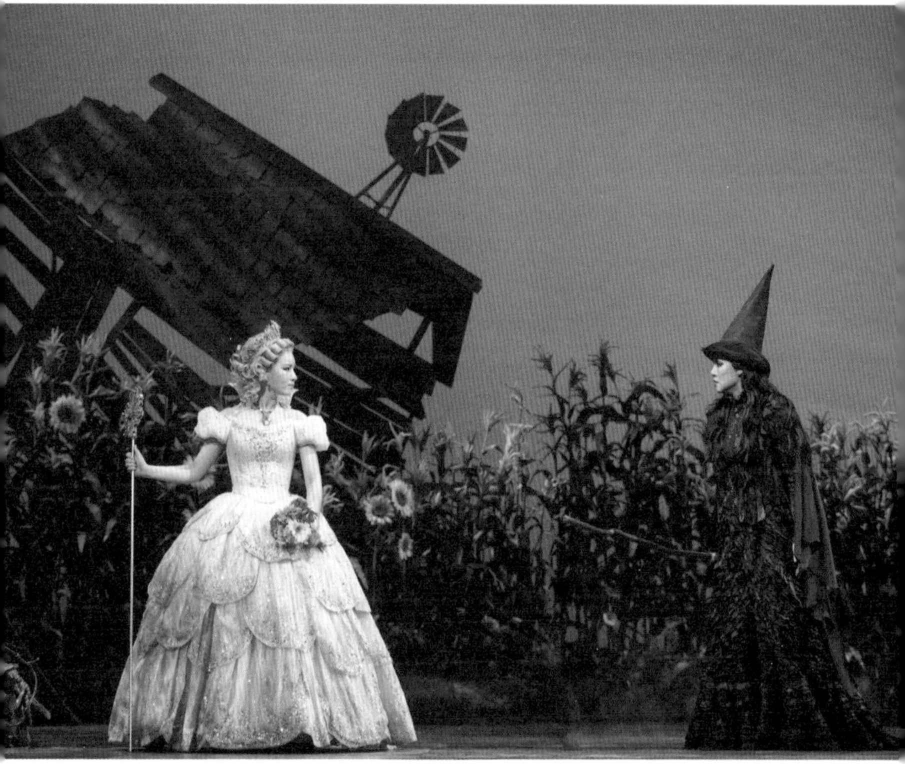

© 클립서비스

못하지만 영어권 관객들에게는 원작의 향수를 불러일으켜 자연스럽게 웃음을 유발한 것이다. 엘파바의 동생 네사로즈가 도로시의 집에 깔려 죽고 나서 엘파바와 글린다가 만나는 장면 역시 그렇다. 글린다는 도로시에게 네사로즈의 신발을 준다. 엘파바는 "네사를 추억하고 싶은데 네사의 구두마저 그 볼품없는 농장집 계집애wretched little farm girl가 신고 가 버렸어"라고 말한다. 〈위키드〉 대본에는 'farm'에 볼드로 진하게 표시해서 배우가 강하게 발음하도록 지시해 두었다. 도로시를 '농장집 계집애'라고 부르는 말에 관객들은 스위치를 누른 듯 웃음이 터진다. 이와 비슷한 장면은 엘파바가 도로시를 성에 가둬 두고 신발을 내놓으라고 윽박지르는 장면에서도 반복된다. "그래 네가 엠 아줌마와 아저씨… 아저씨 이름이 뭐지? 하여튼 그들을 만나고 싶으면 신발을 벗어"라고 하는데 〈오즈의 마법사〉에서 유독 존재감이 없었던 헨리 아저씨를 풍자하는 유머다.

〈위키드〉는 도로시와 에메랄드 궁전으로 가는 겁쟁이 사자, 양철 나무꾼, 허수아비 등의 탄생 비화를 들려준다. 〈위키드〉의 전혀 예상치도 못한 인물들이 〈오즈의 마법사〉 캐릭터와 연결되면서 신선한 발상에 미소 짓게 된다. 원작인 〈오즈의 마법사〉 역시 비슷한 구성을 띠고 있다. 〈오즈의 마법사〉는 캔자스 마을의 인물들과 오즈의 세계의 인물들을 서로 연결시킨다. 오즈의 나라에서 만나는 허수아비, 양철 나무꾼, 겁쟁이 사자는 캔자스에서 일하는 농군들을 연상시킨다. 서쪽 마녀는 자신을 물었다며 도로시의 강아지 토토를 잡아가는 미스 걸쉬를, 오즈의 마법사는 가출해서 만난 마블 교수와 연결된다. 마치 꿈이 현실의 단초에서 출발하는 것처럼 오즈의 인물들은 캔자스의 현실 인물에서 창조된 인물이다. 〈오즈의 마법사〉의 프리퀄이자 시퀄에 해당하는 〈위키드〉는 원작 동화 속 인물들의 흥미진진한 전사前事를 들려준다. 겁쟁이 사자의 내력이나, 양철 인간이 된 나무꾼, 허수아비의 탄생 비화를 확인하는 재미가 있다. 〈오즈의 마법사〉 인물들의 탄생 비화는 맥과이어의 소설에는 없는 뮤지컬에서 새롭게 창조한 내용이다.

서로 다른 두 소녀의 성장 스토리

원작인 〈오즈의 마법사〉를 오마주했다는 것만으로 2막에서 엘파바의 투쟁 의지가 흐지부지되는 구성상의 결점이 만회되지는 않는다. 뮤지컬 〈위키드〉는 맥과이어의 소설과는 다른 방식, 투쟁이 아닌 이해와 화해로 편견으로부터 벗어나려는 관점에서 봐야 온전히 이해된다.

엘파바는 녹색 피부 때문에 주위로부터 오해를 사고 배척당한다. 그녀는 탁월한 마법사의 재능을 지닌 오즈 대학의 가장 뛰어난 학생이다. 반면 글린다는 뛰어난 외모와 주목받기를 좋아하는 성격 때문에 주위 친구들에게 인기가 많다. 글린다의 자기중심적인 성격은 모든 인물들을 자기 식으로 부르는 태도에서도 드러난다. 그녀는 보크가 여러 번 잘못을 지적했지만 매번 '벅'이라 부른다. 엘파바는 계집애 같다는 이유로 싫어하지만 제멋대로 '엘피'라 부르고 엘파바에게는 자신의 이름을 그대로 부르라고 정한다. 자기 멋대로 이름 붙이는 행동은 2막에서도 이어지는데 엘파바가 숨어 있는 성에 나타난 글린다는 심각한 상황에서 "이제 그만 도로시와 그의 개 도도를 놓아줘"라고 한다. 도로시의 강아지 이름은 '토토'이다.

엘파바와 글린다는 완전히 상반된 캐릭터이다. 노래 스타일에서도 둘의 차이가 드러난다. 글린다는 주로 과장된 소프라노 발성으로 노래를 부르는 반면, 엘파바는 팝적인 발성으로 노래해 자아도취적인 글린다와 가식이 없고 무뚝뚝한 엘파바을 대비시킨다. 둘은 첫 만남부터 서로가 너무 다른 인물이라는 것을 느낀다. 우연히 룸메이트가 되어서 각자의 집에 편지를 보내는데, 그 노래가 바로 '이 느낌은 뭐지?What Is This Feeling'라는 곡이다. 글린다는 부모님에게 보내는 편지에서 룸메이트인 엘파바에 대해 "별난데다가 이상한 성격에 엄청 조용하고 고지식한 아이"라고 화려한 수사를 붙여 소개한다. 반면 엘파바는 글린다를 한 마디로 소개한다. "금발이야" 서로가 상대를 어떻게 생각하고 있는지를 드러내면서 말하는 스타일로 각자의 성격도 보여준다. 흥미롭게도 이 노래는 분명 서로에 대한 차이를 드러내면서 경계하는 감정이 깔려 있지만 이를 표현한 단어들은 꼭 그렇지만은 않다. 문맥상으로는 서로를 참 이상한 애로 여기는 노래지만 가사를 보면 "널 보는 순간 느낀 기분, 심장이 두근두근, 머리가 어질어질, 얼굴이 붉어져"로 맘에 드는 이성을 대할 때 하는 표현과 다르지 않다. 이 가사만 본다면 서로를 경계한다기보다는 마치 사랑에 빠졌을 때의 설렘을 느끼게 한다. 상종하지 못할 친구라 여기지만 결국은 소울 메이트가 되는 엘파바와 글린다의 우정을 암시하는 것이다.

글린다는 엘파바에게 괴상한 모자를 선물한다. 무도회에 그 모자를 쓰고 온 엘파바는 친구들의 웃음거리가 된다. 엘파바는 친구들의 비웃음을 견디며 괴상한 춤을 추는데, 죄책감을 느낀 글린다가 괴상한 춤에 동참하면서 둘은 친구가 된다. 친구가 된 둘은 파자마 파티를 연다. 이때 글린다가 '파퓰러Popular'를 부르며 엘파바에게 인기 비법을 전수해 준다. 글린다의 대책 없는 해맑음이 돋보이는 유쾌한 노래이다. 이들의 우정은 글린다와 사귀던 피에로가 엘파바를 사랑하면서 위기를 맞는다. 오즈의 마법사 일당은 시민들에게 엘파바에 대한 나쁜 소문을 퍼트리고 글린다는 시민들에게 쫓기던 엘파바를 찾아가 다시 우정을 확인한다. 그들은 서로의 차이를 인정하고 서로 다른 너로 인해 더 성장할 수 있었다고 고백한다. 이 장면에 아름다운 듀엣곡 '영원히For Good'가 노래된다.

동물들을 배제하려는 오즈의 마법사와 대결하는 맥과이어의 소설도 그렇고 뮤지컬에서 가장 화려한 프로덕션 넘버가 '중력을 벗어나'이기 때문에 이 작품을 편견과의 대결이라는 관점으로 파악하기 쉽다. 하지만 그 관점으로 〈위키드〉를 제대로 설명하기 어렵다. 그러나 작품을 엘파바와 글린다의 관계로 본다면 온전한 구성을 띠게 된다. 뮤지컬 〈위키드〉는 너무 다른 서로를 경계하는 넘버 '이 느낌은 뭐지?'에서, 서로의 다름을 인정하고 친구가 되는 '파퓰러'를 거쳐, 서로 다름을 받아들여 성숙해지는 '영원히'로 이어지는 엘파바와 글린다의 성장 스토리다. 엘파바와 글린다는 서로 다름을 인정하고 우정을 통해 편견을 극복하고 성장하게 된다.

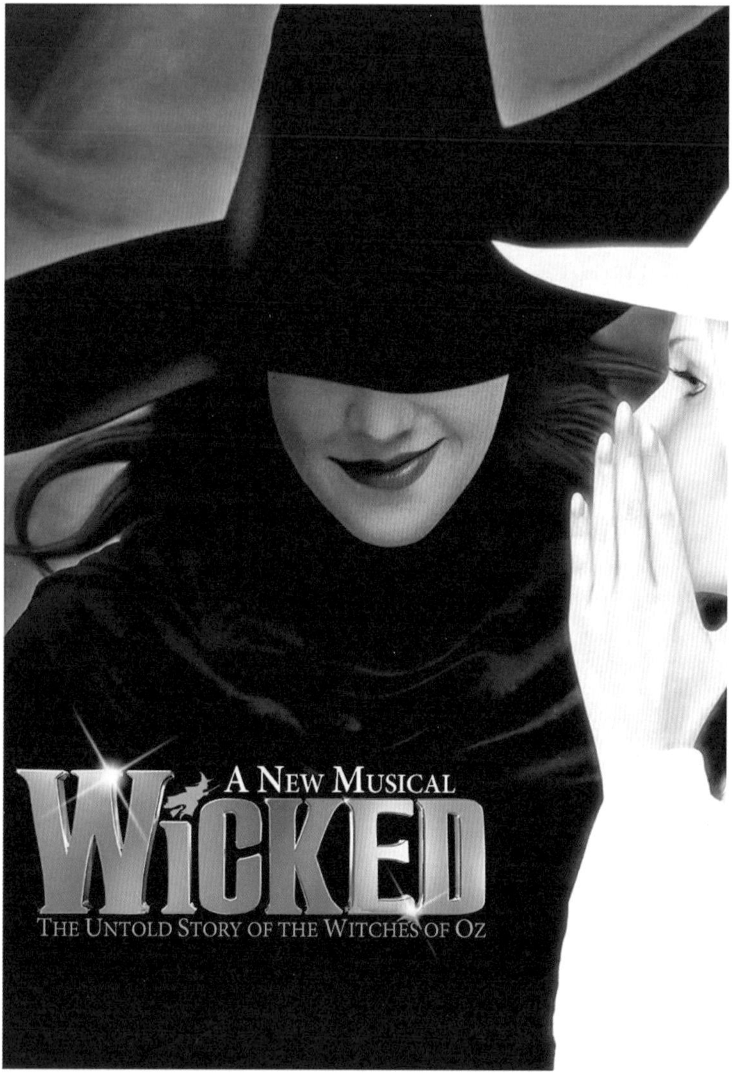

뮤지컬 〈위키드〉 포스터

〈위키드〉의 포스터에는 이러한 작품의 메시지가 잘 담겨 있다. 〈위키드〉의 포스터는 검은 모자를 깊게 눌러쓰고 재미난 이야기라도 들은 듯 미소 짓고 있는 엘파바와, 한쪽 손을 가리고 귓속말을 하고 있는 글린다의 옆얼굴로 이루어졌다. 이 포스터를 자세히 보면 엘파바는 눈과 귀가 가려진 채, 코와 입을 드러내고, 글린다는 한쪽 손으로 코와 입을 가린 채 눈과 귀만 드러낸다. 둘을 합쳐야 눈, 코, 입, 귀가 온전해진다. 포스터는 다름을 받아들이고 이해해야 더 온전한 세계를 이룰 수 있다는 것을 보여준다. 〈위키드〉는 차이를 이유로 배제하는 오즈의 마법사와 이에 맞서는 엘파바의 대결로 파악하기보다는 성격이나 외모 모든 것이 다른 엘파바와 글린다가 서로를 인정하면서 성장해 가는 이야기로 받아들여야 온전히 이해할 수 있다.

THE LION KING

14

디즈니의 신화가 재현된다

라이온 킹

“영화 한 편의 수출이 자동차 수백만 대 수출과 맞먹는 효과가 있다.” 문화와 산업의 결합이 어색해 보이던 시절, 문화산업의 효과를 실감나게 표현한 한 문장이 문화에 대한 시야를 확장시켜 주었다. 이제는 익숙하지만 꽤나 직접적인 이 말은 영화를 산업적으로 바라보는 계기가 되었고, 대규모 지원을 이끌어냈다. 실제 잘 만든 문화 콘텐츠는 그 어떤 상품보다도 큰 수익을 만들어낸다. 영화 중 가장 흥행작은 <아바타>로 약 28억 달러(3조 3천억 원)의 매출을 올렸다.

영화 <아바타>가 천문학적인 매출액을 올렸지만 지금까지 최고의 매출액을 기록한 엔터테인먼트 상품은 영화가 아닌 뮤지컬에서 나왔다. 뮤지컬은 영화처럼 전 세계 수백 개 스크린에서 동시에 상영될 수는 없지만 대신 장기 공연이 가능하다. 영화처럼 수백 개의 스크린은 아니더라도 전 세계 여러 도시에서 수십 년째 공연을 이어간다. 1986년 런던 웨스트엔드에서 초연한 <오페라의 유령>은 30년이 지난 지금까지 매일 밤 관객들을 환상의 세계로 안내한다. 브로드웨이에서는 1988년 초연하여 브로드웨이 최장기 공연 타이틀을 가지고 있다. 2014년 기준으로 <오페라의 유령>이 올린 티켓 판매액은 62억 달러였다. 최고 매출액을 기록한 영화보다 두 배 이상 많은 매출액을 기록한 셈이다. 게다가 이 작품은 완성형이 아니라 지금까지도 매출이 일어나고 있는 진행형이다. 대표적인 뮤지컬 시장 두 곳에서 여전히 인기 좋은 작품이지만 현재 최고의 매출액을 기록한 엔터테인먼트 상품은 <오페라의 유령>이 아니다. 이 기록은 2014년 이미 뮤지컬 <라이온 킹>에게 넘어갔다. 2014년<라이온 킹>의 매출액은 64억 달러로 9년이나 먼저 공연한 <오페라의 유령>의 기록을 넘어섰다. 물론 원작 애니메이션의 매출액은 제외된 금액이다.

1997년 초연한 <라이온 킹>이 9년이나 앞서 공연한 <오페라의 유령>보다 더 많은 매출액을 올릴 수 있었던 것은 티켓 가격과 공연장 규모의 차이 때문이다. <라이온 킹>의 평균 티켓 가격은 <오페라의 유령>의 그것보다 50달러(2015년 기준) 정도 비싸고, 객석도 100석 정도가 더 많다. 그렇다 보니 먼저 공연한 <오페라의 유령>의 매출액을 능가할 수 있었던 것이다.

뮤지컬 <라이온 킹>의 오프닝 장면은 원작 애니메이션의 느낌을 무대의 언어로 완벽하게 재현하면서 큰 감동을 선사했다. 프리뷰 첫 공연 오프닝 장면은 관객들의 박수와 환호로 음악이 들리지 않을 정도였다.

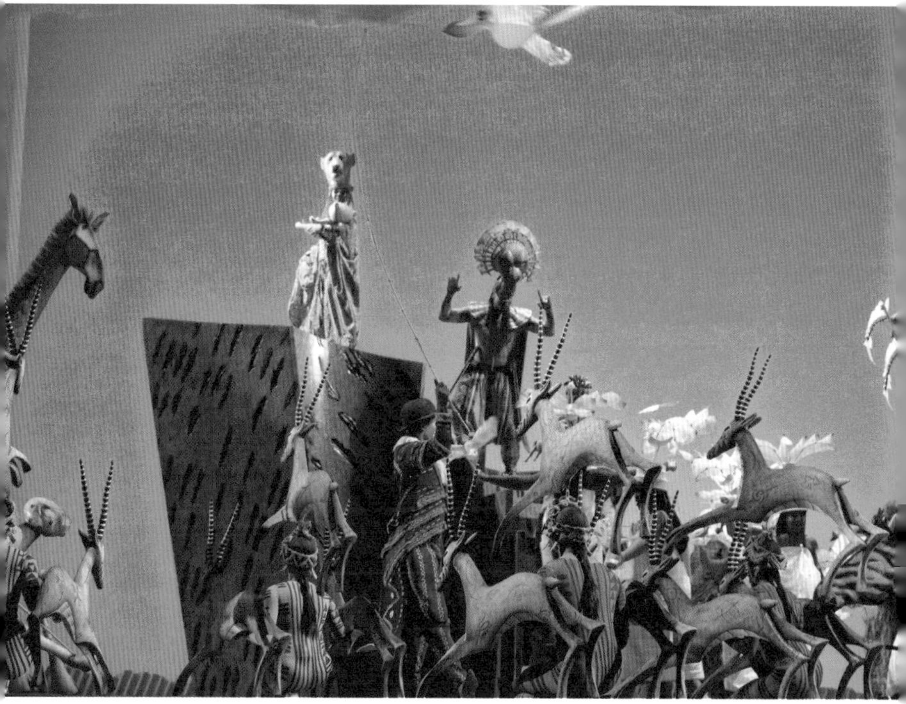

2018 International Tour Production © 최영현

브로드웨이에서 이룩된 디즈니 신화

1990년대 디즈니가 자사의 애니메이션을 뮤지컬로 제작할 계획을 발표할 때만 해도 기대보다 걱정하는 이들이 많았다. 애니메이션에 관해서는 최고의 인력과 경험을 지녔지만, 무대 예술의 경험이 없고, 디즈니의 작품들은 비현실적인 캐릭터가 많아 무대에서 구현하기 적합한 콘텐츠가 아니라고 판단했다. 1994년 촛대가 노래하고 찻잔이 춤을 추는 〈미녀와 야수〉를 보고 나온 공연 관계자들은 값비싼 인형놀이 정도로만 여겼다. 중장년층이 대다수를 차지하는 뮤지컬 관객들이 이러한 작품을 좋아하지 않을 것이라고 판단한 것이다.

공연 관계자들의 생각은 맞았지만 전혀 예상치 못한 상황이 벌어졌다. 브로드웨이 관객은 중장년층의 비중이 높고 절반이 관광객이었다. 〈미녀와 야수〉가 공연하는 팔래스 극장에는 이제껏 뮤지컬 공연장에서는 보기 힘들던 관객들이 몰려왔다. 애니메이션의 감동을 무대에서 다시 한 번 느끼고 싶었던 아이를 동반한 가족 관객들이 공연장을 찾았다. 〈미녀와 야수〉의 성공에도 공연 관계자들은 디즈니 뮤지컬을 인정하지 않으려고 했다. 애니메이션의 인기에 힘입은 것일 뿐 작품적으로는 허술하다고 평가했다. 브로드웨이 최고 권위 있는 상인 토니상은 〈미녀와 야수〉에 의상상 하나만을 수여하며 꽤 화려한 인형놀이였다고 인정하는 데 그쳤다. 그해 최고의 흥행작에게 내린 평가로는 너무 박했다.

디즈니의 두 번째 뮤지컬로 〈라이온 킹〉을 준비했다. 애니메이션으로 계획했던 어린이 스토리북 버전의 〈아이다〉를 뮤지컬로 만들기로 결정하면서 비슷한 시기에 두 작품이 동시 진행됐다. 디즈니 시어트리컬 그룹의 토마스 슈마허 사장은 〈라이온 킹〉보다는 〈아이다〉가 디즈니의 두 번째 뮤지컬이 되기를 원했다. 뮤지컬로 만들기에 가장 나쁜 디즈니 콘텐츠가 바로 〈라이온 킹〉이라고 생각했다. 사바나의 광활한 대초원을 배경으로 사자, 하이에나, 멧돼지, 기린, 코끼리 등 오직 동물들만 등장하는 〈라이온 킹〉을 한정된 무대로 옮기는 것은 거의 불가능에 가까웠다. 하지만 디즈니의 대표인 마이클 아이즈너는 오히려 그런 점에 매력을 느꼈다. “불가능이란 없다. 그래서 뛰어난 아이디어가 필요한 것이 아닌가.” 대표의 적극적인 지원으로 뮤지컬 〈라이온 킹〉 프로젝트가 본격적으로 추진되었다. 불가능에 가깝다고 생각했던 〈라이온 킹〉은 실험적인 작품을 선보이던 줄리 테이머Julie Taymor를 만나면서 빠르게 작업이 진전되었다.

최고의 선택, 줄리 테이머

주술사인 개코 원숭이 라피키가 도입부를 줄루어로 부르는 '생명의 순환Circle of Life'으로 극이 시작한다. 아프리카의 이국적인 노래가 공연장에 울려 퍼지면 텅 빈 무대에 구름이 하나둘 떠오르고 무대의 3분의 1을 차지하는 붉게 물든 태양이 서서히 머리를 내밀며 일출 장면이 이어진다. 붉게 태양이 떠오르는 배경 위로 기린 두 마리가 여유롭게 걸어 나오며 사바나의 아침을 연다. 무대 위로 가젤이 뛰어나오고 동시에 객석 통로를 따라 쿵쿵거리며 코끼리, 코뿔소, 새 떼들을 비롯 각양각색의 동물들의 행렬이 이어진다. 무대 왼편에서는 프라이드 록이 서서히 회전을 하며 형체를 드러내고, 그 위에 무파사가 어린 심바를 하늘 높이 치켜든다. 뮤지컬 <라이온 킹>의 오프닝 장면은 원작 애니메이션의 느낌을 무대의 언어로 완벽하게 재현하면서 큰 감동을 선사했다. 프리뷰 첫 공연의 오프닝 때 관객들의 박수와 환호로 음악이 들리지 않을 정도였다. 이 장면만으로도 이미 뮤지컬 <라이온 킹>의 성공을 확신할 수 있었다.

뮤지컬 <라이온 킹>의 일등 공신은 단연 연출과 각색, 인형 제작을 도맡은 줄리 테이머였다. 학생 시절부터 동양의 인형극과 가면극에 관심을 가졌던 그녀는 인도네시아, 일본, 인도 등을 여행하며 동양 연극을 공부하여 자신만의 스타일을 구축했다. 처녀작인 <눈의 길>(1974)부터 오자와 세이지와 함께한 <오디이푸스 렉스>(1987)까지 일관되게 자신의 스타일을 유지했다. 인형과 가면을 이용한 그녀의 실험적인 작품 세계는 연극계에 관심을 불러일으켰지만 상업적인 공연과는 거리가 있었다. 디즈니가 상업적인 공연의 최첨단에 있는 뮤지컬에 실험적인 작업을 해오던 줄리 테이머를 기용한 것은 모험이었지만 그들의 판단은 정확했다. 이 작품은 줄리 테이머가 아니었다면 디즈니의 무모한 도전으로 기록되었을 가능성이 높다. 그만큼 위험한 도전이었지만 그녀는 무대라는 한정된 공간에 연극적 상상력으로 아프리카 초원을 구현해냈다. 브로드웨이에서도 이런 그녀의 공적을 인정했다. 토니상은 〈미녀와 야수〉를 외면했지만, 〈라이온 킹〉에는 작품상과 연출상, 안무상, 의상상, 무대상, 조명상 등 6개 부문에 상을 주었다. 줄리 테이머는 토니상에서 연출상을 받은 최초의 여성으로 기록됐다. 이후 그녀는 화가 프리다 칼로의 자전적인 이야기를 영화화한 〈프리다〉와 비틀즈의 노래로 만든 주크박스 영화 〈어크로스 유니버스〉를 비롯 영화, 뮤지컬, 오페라 무대를 누비며 활약한다.

라이온 킹의 가면

줄리 테이머의 가면극은 지금까지의 가면극과는 달랐다. 가면으로 배우의 존재를 완전히 감추는 것이 아니라, 가면을 모자처럼 쓰거나 반가면으로 배우의 얼굴을 드러냈다. 관객들에게 연극적 환상이 형성되는 과정을 노출하면서 극에 집중시키는 방식을 선택했다. 기린의 경우 완벽한 기린 인형 속에 배우를 숨기는 대신, 기린의 앞

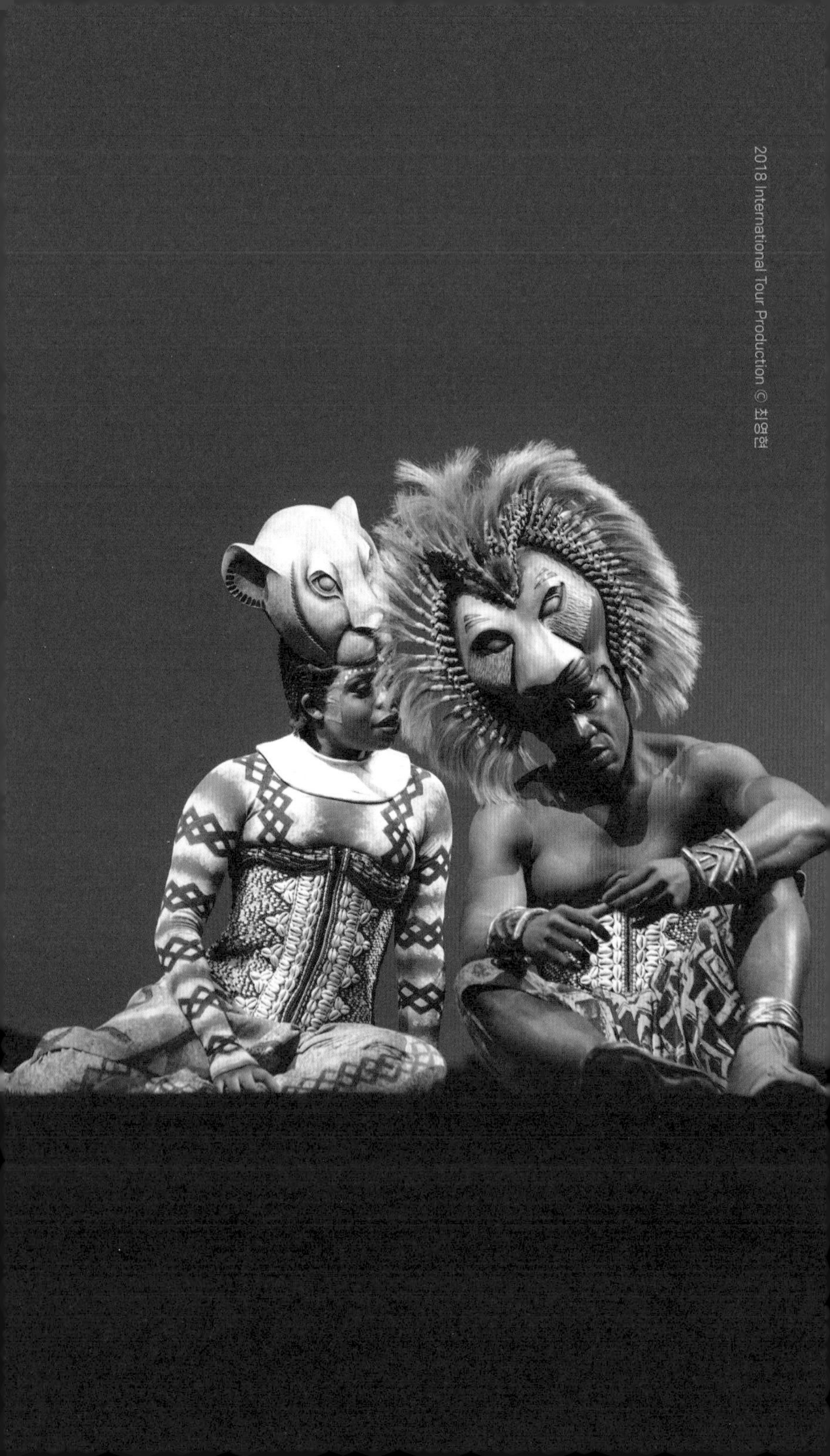

2018 International Tour Production © 최영현

다리를 죽마로 짚고 있는 배우를 드러냈다. 기린의 형태와 특징을 꽤 그럴싸하게 표현했지만 연극이고 인형임을 숨기지 않았다. 아이러니하게도 그러한 방식이 극에 몰입시켰다. 완벽한 재현보다 연극적 상상력이 발휘되었을 때 더 극적 몰입을 가져왔다.

뮤지컬에서 배우의 얼굴을 관객들에게 드러내는 방식은 배우들의 발성을 자유롭게 했다. 반가면으로 드러난 배우들의 표정 연기를 통해 가면극의 한계인 섬세한 감정 표현이 가능해졌다. 가면은 성격과 개성을 드러낼 수 있지만 다양한 감정을 보여줄 수는 없다. 그래서 인형극에 사용되는 가면은 하나의 감정을 드러내기보다는 무표정한 얼굴이다. 극적 상황에 따라 가면이 보여지는 각도나 조명을 통해 다양한 느낌을 준다. 줄리 테이머는 배우의 얼굴을 드러냄으로써 가면극의 한계를 극복한다. 관객들은 인형 탈을 통해 동물의 성격과 개성을 느끼는 동시에 배우의 표정에서 극적 상황에 따라 변하는 캐릭터의 감정을 읽는다. 공연을 지속해서 보면 가면과 배우의 표정이 결합돼 마치 가면이 표정을 짓는 듯한 인상을 받는다.

〈라이온 킹〉의 등장인물은 전형성을 띤다. 가면은 인물의 전형적인 성격을 담아내도록 고안되었다. 사바나의 전체 동물들을 지배하는 무파사는 인자한 아버지이면서 강한 통치자이다. 그래서 무파사의 탈은 공정하고 균형 잡히면서 자상한 느낌을 살리기에 위해 갈기를 원형으로 만들었다. 반면 왕의 자리를 넘보는 스카는 감정 기복이 심하고 음흉한 사건을 꾸미는 사자이다. 그런 성격을 담아내기 위해 스카의 탈은 한쪽 눈썹을 올려서 반대편과 비대칭으로 만들

21세기 대표 뮤지컬 트렌드

무비컬 vs 주크박스 뮤지컬

영화 원작인 뮤지컬, 무비컬

2000년대 뮤지컬의 대표적인 흐름 중 하나는 무비컬이다. 영화movie와 뮤지컬musical의 합성어인 무비컬은 영화를 원작으로 하는 뮤지컬을 말한다. 〈빌리 엘리어트〉, 〈슈렉〉, 〈금발이 너무해〉, 〈반지의 제왕〉, 〈매디슨 카운티의 다리〉 등 2000년대 들어 수많은 영화가 뮤지컬로 옷을 갈아입었다. 과거에도 영화가 원작인 뮤지컬이 없던 것은 아니지만 2000년대 들어서는 트렌드라 부를 정도로 많은 무비컬이 제작되었다.

무비컬이 활성화된 계기는 1997년 디즈니의 〈라이온 킹〉이 상상 외의 수익을 올리면서부터이다. 디즈니가 1994년 〈미녀와 야수〉로 브로드웨이에 진입할 때만 하더라도 단순한 해프닝으로만 여겼다. 〈미녀와 야수〉가 가족 관객들을 끌어 모으면서 선전했지만 공연계 사람들은 작품성을 높게 평가하진 않았다. 한편에서는 디즈니의 테마 파크 뮤지컬이라고 비하하기도 했다. 그러나 〈라이온 킹〉은 작품성뿐만 아니라 흥행에서도 큰 성공을 거두면서 디즈니의 뮤지컬 진출을 다른 시각에서 보게 했다.

2000년대에 들어서면 영화사들이 자사의 콘텐츠를 뮤지컬화 하기 시작한다. 워너 브라더스는 워너 브라더스 시어터 벤처스를 통해 뮤지컬 〈뱀파이어와의 인터뷰〉를, 드림웍스는 〈슈렉〉을, 워킹타이틀사는 〈빌리 엘리어트〉를 MGM의 〈치티 치티 뱅뱅〉을 뮤지컬로 만들었다. 영화사는 기존 뮤지컬 제작사와 협업으로 또는 독립적으로 뮤지컬 제작에 뛰어들면서 2000년대에 무비컬이 늘어났다. 이후 〈금발이 너무해〉, 〈캐치 미 이프 유 캔〉, 〈고스트〉, 〈9 To 5〉 등 많은 무비컬이 만들어졌고, 지금도 제작 중이다.

무비컬 제작 열풍은 당분간 이어질 것이다. 영화의 원작사가 상품의 가치가 떨어진 콘텐츠를 새로운 장르로 활용할 기회이기도 하지만, 근본적으로 문화는 주류 문화를 모방하기 마련이다. 뮤지컬이 주류 문화였던 시대에는 뮤지컬이 원작인 영화가 무수히 만들어졌다. 영화 〈왕과 나〉, 〈사운드 오브 뮤직〉, 〈코러스 라인〉, 〈아가씨와 건달들〉, 〈맨 오브 라만차〉는 모두 뮤지컬이 먼저 제작된 영화들이다. 지금은 영화가 대중들의 주류문화이다. 대중예술인 뮤지컬이 다수의 대중들이 즐기는 문화를 모방하는 것은 자연스러운 움직임이다.

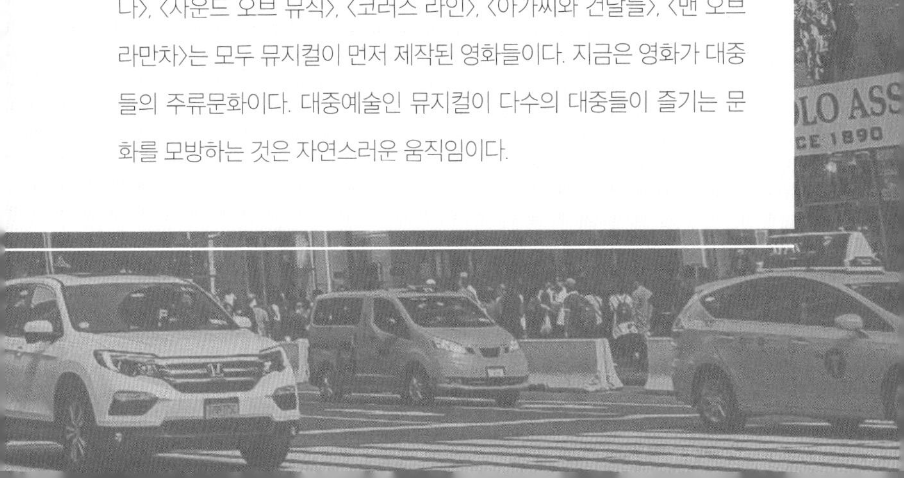

주크박스 뮤지컬의 유형

1999년 아바의 노래로 만든 〈맘마미아!〉가 놀랄만한 흥행을 기록하면서 주크박스 뮤지컬은 2000년대 가장 중요한 뮤지컬 트렌드 중 하나로 떠올랐다. 〈맘마미아!〉 이후 수많은 주크박스 뮤지컬이 등장했지만 성공작은 많지 않다. 대중들로부터 전폭적인 지지를 받고 있는 기존 노래를 뮤지컬 넘버로 사용하면서도 성공률이 낮은 이유는 뮤지컬이 단순히 노래를 들려주는 장르가 아니라 노래와 극이 유기적으로 어울려야 하는 장르이기 때문이다. 멜로디와 가사가 정해져 있는 기성곡을 새로운 드라마에 녹여내는 작업은 수월치 않았다. 실패한 주크박스 뮤지컬이 흔히 보이는 특징은 드라마 속에 노래를 녹여내는 것이 아니라 노래를 부르기 위해 드라마를 전개한다는 점이다. 이런 작품은 흔히 전주가 나오기도 전에 드라마 전개를 보면 어떤 노래가 나올지 눈치 챌 수 있다. 〈맘마미아!〉가 모티프를 얻은 영화가 있지만 마치 이 작품을 위해 아바의 노래가 작곡된 것처럼 이야기를 엮어 놓은 작가 캐서린 존슨의 능력을 인정하지 않을 수 없다.

완전히 새로운 드라마에 기존의 노래를 자연스럽게 입히는 작업은 새롭게 극과 노래를 만드는 창작 이상으로 어려운 작업이다. 주크박스 뮤지컬 중 히트한 작품 중에는 해당 가수의 삶을 극으로 끌어들인 작품들이 많다. 포 시즌스의 노래로 만든 〈저지 보이스〉는 아티스트의 자전적 스토리를 이야기로 해서 성공한 대표적인 주크박스 뮤지컬이다. 〈저지 보이스〉는 뉴저지에서 음악을 하던 네 명의 멤버들이 어떻게 만나

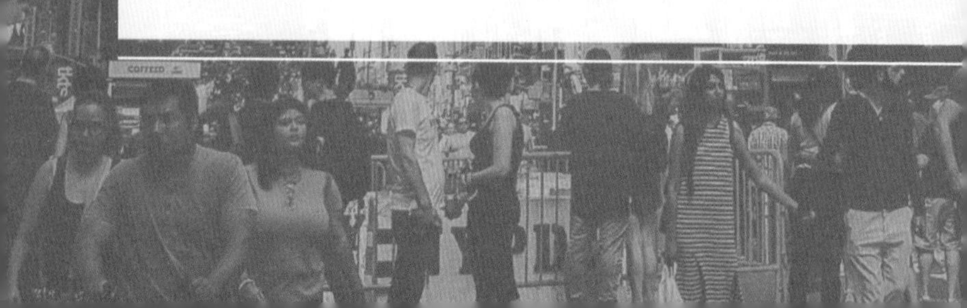

고 어떤 과정을 거쳐 스타가 되었으며, 왜 해체되었는지를 소재로 삼았다. 봄여름가을겨울 팀 이름처럼 네 개로 구성된 섹션에서 각 멤버들은 돌아가며 해설자가 되어 포 시즌스가 결성하고 성장하고 해체되었다가 다시 화해하는 과정을 각자의 입장에서 들려준다. 아티스트의 삶을 중심 이야기로 끌어오다 보니 포 시즌스의 노래들이 탄생하는 과정이나 리허설, 실제 공연 장면에서 등장하는 뮤지컬 넘버가 전혀 이물감을 주지 않는다. 캐롤 킹의 삶을 소재로 한 캐롤 킹의 〈뷰티풀〉이나 존 레논의 탄생부터 죽음까지를 아홉 명의 레논이 등장해 보여주는 〈레논〉 역시 이러한 류의 주크박스 뮤지컬이다.

한 명의 아티스트의 노래가 아닌 한 시대의 노래로 뮤지컬을 만드는 경우도 있다. 국내 뮤지컬 중 70~80년대 가요로 만든 뮤지컬 〈달고나〉나 〈젊음의 행진〉이 이러한 뮤지컬이다. 뮤지컬 〈달고나〉 70~80년대 가난하지만 낭만이 있었던 시대를 배경으로 추억을 소환한다. TV가 있는 집에 마을 사람들이 모여 김일이 나오는 레스링을 관람하던 어린 시절이나, 성인 영화관에 숨어들어가던 고교시절, 장발 단속을 피하기 위해 단속반과 숨바꼭질을 하던 이야기로 향수를 자극한다. 노래 역시 70~80년대 인기를 누렸던 신중현, 박남정, 송창식 등의 노래를 들려준다. 1989년 런던에서 초연한 〈금지된 행성으로의 귀환〉은 50~60년대 팝송을 사용했고, 〈록 오브 에이지〉는 70~80년대 인기를 끌었던 글램록과 메탈을 사용한 주크박스 뮤지컬이다.

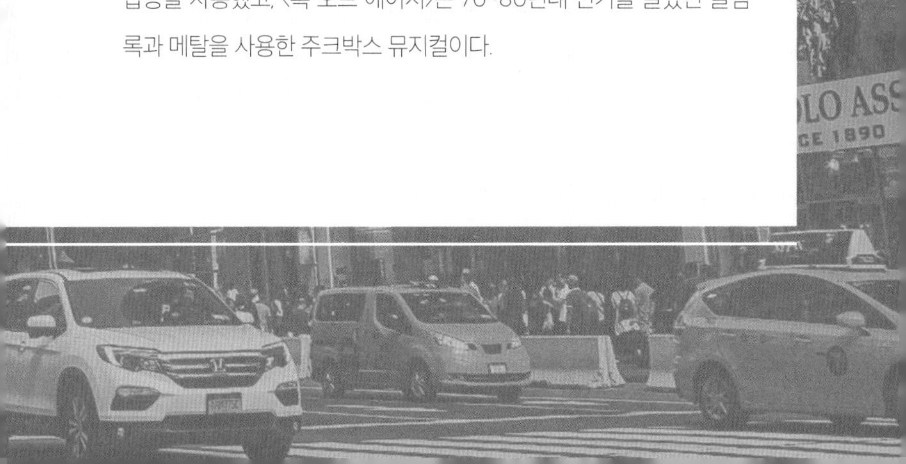

P A **5** R T

새로운 시대, 새로운 뮤지컬

- 렌트
- 스프링 어웨이크닝
- 애비뉴 Q
- 유린타운
- 헤드윅

뮤 / 지 / 컬 / 더 / 들 / 여 / 다 / 보 / 기 SIDE STORY
뮤지컬의 현대적 경향

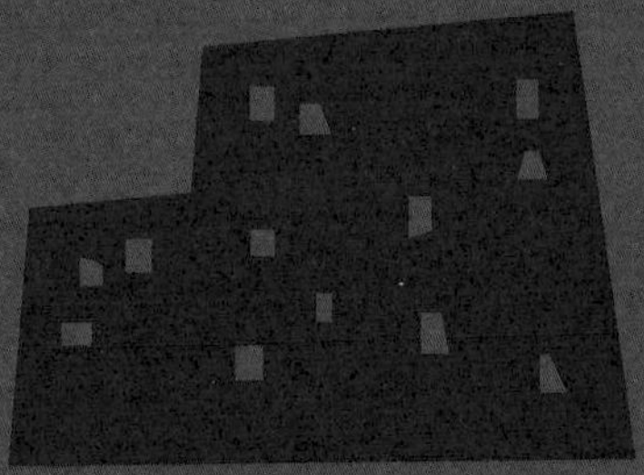

RENT

15

내일은 없어, 오직 오늘뿐

렌트

꽤 오래된 일이다. 장기간 해외여행 중인 친구에게서 엽서가 왔다. 그 엽서에는 영화의 대사가 적혀 있었다. "너는 시간이 있지 않니?" 영화 <마지막 홀리데이>에서 시한부로 잘못 판정받은 흑인 여자가 혼자 여행을 떠나면서 남긴 대사라고 한다. 그러면서 친구는 덧붙였다. "우리에겐 시간이 있는데 왜 이렇게 미래를 겁내는지 모르겠어." 참 그렇다. 우리는 왜 축복과도 같은 시간을 이렇게 힘겨워하는 걸까. 이런저런 생각으로 이어지다가 자연스럽게 뮤지컬 <렌트>가 떠올랐다. 죽기 전에 마지막으로 남길 노래를 만들겠다는 극 중 로저의 '원 송 글로리One Song Glory'와 내일 따위는 잊고 오늘을 즐기자는 미미의 '아웃 투나잇Out Tonight'이 머릿속에서 플레이됐다. 그리고 낡은 아파트에서 7년 동안 한 작품에 매달리다가 겨우

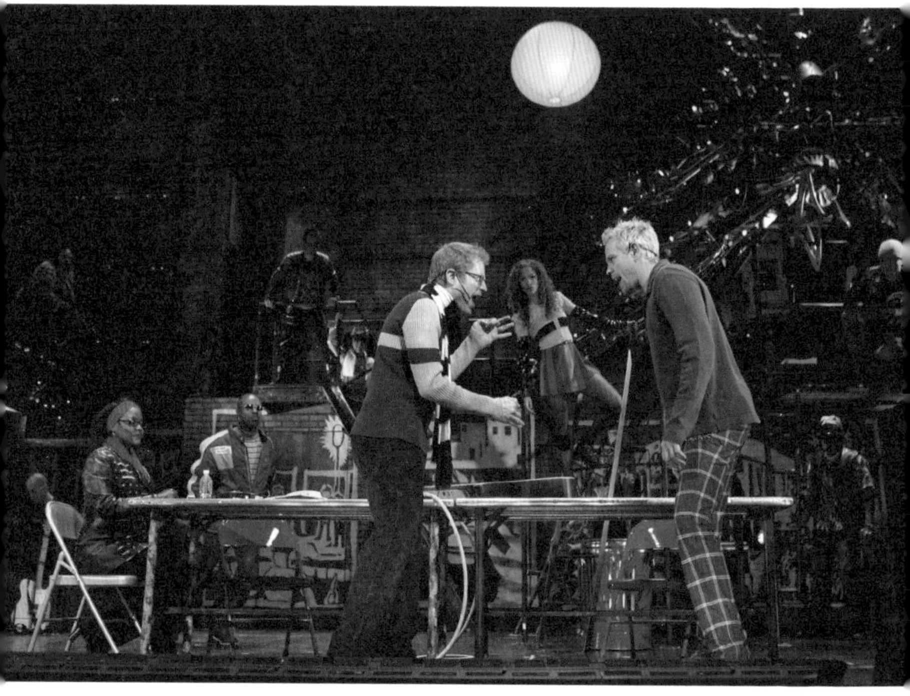

© Joan Marcus 2009

한 집에 사는 로돌포와 미미 그리고 마르첼로와 무제타의 사랑과 갈등을 주요 플롯으로 삼은 반면, 〈렌트〉는 로저와 미미를 중심 플롯으로 주변 친구들의 이야기를 전개한다. 〈라 보엠〉과 〈렌트〉는 등장인물이나 플롯이 비슷하지만 말하고자 하는 메시지는 상당히 다르다.

〈렌트〉의 정신은 〈라 보엠〉의 원작인 앙리 뮈르제Henry Murger의 자전소설 《보헤미안의 생활》에 가깝다. 1845년부터 3년간 연재된 이 소설은 파리에 사는 가난한 예술가들의 이야기를 모아놓은 것이다. 자신이 가난한 보헤미안이었던 뮈르제는 하나밖에 없는 바지를 친구가 빌려 입고 나가면 외출을 못할 정도로 가난하지만 낙천적으로 살아간 인물이다. 〈렌트〉는 앙리 뮈르제의 소설처럼 가난한 예술가들의 삶을 구체적이고 긍정적으로 접근했다. 오페라 〈라 보엠〉은 앙리 뮈르제의 소설을 원작으로 삼아 가난한 아티스트의 삶을 낭만적으로 채색한다. 〈라 보엠〉의 젊은 예술가들을 괴롭히는 것은 가난이다. 그들은 가난과 추위를 대본과 악보를 태우며 버틴다. 오페라에서 이 첫 장면은 가난한 예술가의 절박함으로 다가오기보다는, 그들이 추구하는 예술마저도 불태울 수 있는 자유로운 정신이 돋보인다. 가난과 그로 인한 폐결핵마저도 예술가의 훈장처럼 낭만적으로 그려진다. 〈라 보엠〉은 순수하고 핏기 없는 미미의 죽음으로 막을 내리며 비극적으로 끝을 맺는다. 이러한 비극적 결말은 낭만성을 상쇄하기는커녕 확장시킨다. 〈렌트〉의 예술가들 역시 가난하고 낙천적이지만 그들의 삶은 보다 절실하게 그려진다. 〈렌트〉의 젊은 예술가들은 HIV 양성반응자로 항상 죽음의 공포를 느끼고 있다. 그들

No Day, But Today

조나단 라슨은 죽기 전에 컴퓨터에 메모 한 장을 남겼다. “세상의 모든 경계가 다 찢겨져 나가는 이 험악한 시대를 살아가는 우리는 매일 죽음을 직면하는 이들에게 어떻게 살아가야 하는지를 배워야 한다. 20세기 말 공포에 숨죽인 우리는 숨어있지 말고 함께 공동체를 이뤄야 한다.”

나이와 상관없이 젊음의 본질은 불안이다. 안정된 젊음은 젊음이 아니다. 그 자체로 불안한 〈렌트〉의 젊은이들은 에이즈라는 미래에 대한 또 다른 불안 속에서 갈팡질팡한다. 로저가 마지막 ‘너의 눈빛’에서 찾았던 마지막 노래가 사랑이듯 〈렌트〉에서는 미래에 대한 불안과 코 밑까지 닿아있는 죽음으로부터의 불안을 사랑으로 이겨나가자고 제안한다. 〈렌트〉의 대표곡 중 한 곡이자, 극으로 이해하기는 난해한 노래가 ‘시즌스 오브 러브Season's of Love’이다. 2막의 첫 장면에서 출연 배우들이 한 줄로 길게 나열해서 이 노래를 부른다. 가사는 이렇다. “오십이만육천육백 분의 시간을 무엇으로 측정할 수 있을까? 날짜로, 그동안 마신 커피수로, 웃음으로, 갈등으로 아니면 사랑으로 세어 보면 어떨까?” 이것이 진정 라슨이 〈렌트〉에서 하고 싶은 이야기다. 동경과 선망에서 비롯한 〈라 보엠〉의 낭만적인 사랑이 아니라, 죽음이라는 극단적인 불안 앞에서도 그래도 살아갈 이유가 있다면 그것은 사랑이라고 노래한다. 우리에게 내일이 없더라도 오늘 사랑할 수 있다면 그것으로 행복하다고 역설한다.

제목 ‘렌트’는 집세로 번역된다. 젊은 예술가들이 가난에 시달리는 상황을 상징하는 제목이면서 죽음을 기다리는 이들의 이야기이기 때문에 이 제목은 존재론적인 의미로 확장된다. 1830년대 파리의 가난한 예술가들의 이야기는 1990년대 뉴욕의 젊은 예술가들을 통해 우리 모두의 이야기로 확장된다. 집세를 안 내겠다고 아나키스트적으로 선언하는 작품의 첫 곡 '렌트'는 어차피 이 세상은 모두 빌린 것이라며, 우리는 이 세상을 잠시 빌려 살다 갈 뿐이라고 노래한다. 신에게 빌린 삶이 아니라 내게 주어진 삶으로 인정하고, 나를 가두었던 죽음이라는 현실의 굴레를 나의 세계로 받아들인다. 이것이 바로 〈렌트〉가 전하는 메시지이다. 작품 속에서 에이즈 환자들이 서로를 위로하는 모임에서 합창하는 '라이프 서포트Life Support'의 후렴구는 이렇다. "오직 우리만 있어. 후회는 없어. 다른 길은 없어. 내일은 없고 오직 오늘뿐There's only us, Forget regret No other road, No other way, NO day but today."

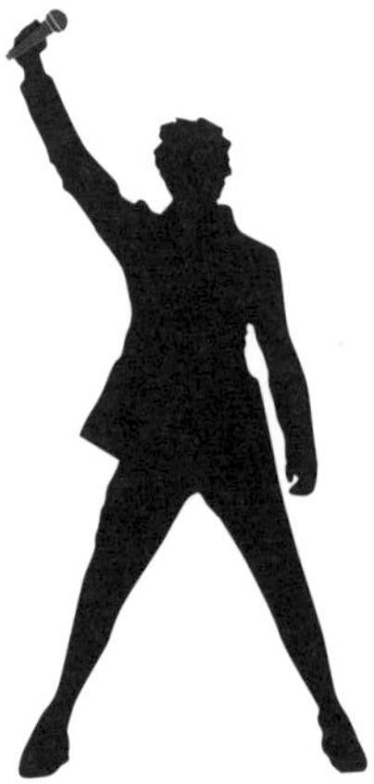

SPRING AWAKENING

16

뮤지컬의 관습을 전복시킨
스프링 어웨이크닝

모던 록을 부르는 싱어송라이터 던컨 셰이크Duncan Sheik, 시인이며 극작가이자 상업적인 영화나 드라마 대본을 주로 썼던 작가 스티븐 세이터Steven Sater, 그리고 이 작품을 만들 때까지만 해도 뮤지컬 〈속속들이 현대적인 밀리〉 외에는 주로 연극 무대에서 활동한 연출가 마이클 메이어Michael Mayer, 이들이 만든 뮤지컬 한 편이 브로드웨이의 뮤지컬 관계자들에게 신선한 충격을 안겨주었다. 19세기말 베데킨트의 희곡 《눈 뜨는 봄Frühlings Ewachen》을 각색한 뮤지컬 〈스프링 어웨이크닝Spring Awakening〉이 바로 그 작품이다. 뮤지컬 제작 경험이 거의 없었던 창작진들은 어설피 뮤지컬 문법을 흉내 내는 대신 자신들이 잘할 수 있는 방법으로 뮤지컬에 도전했다. 2006년 5월 뉴욕 첼시에 위치한 아틀란틱 시어터에 발표된 〈스프링 어웨이크닝〉은 열광적인 호응을 얻으며 막을 내린 지 4개월 만에 브로드웨이에 진출했다. 다음해 토니상에서 작품상, 극본상, 연출상, 음악상, 안무상 등 8개 부문을 휩쓸며 2006~2007년 시즌 가장 센세이션한 작품이자 21세기 가장 실험적인 문제작으로 떠올랐다.

베데킨트의 원작

프랭크 베데킨트는 독일 자연주의에서 표현주의로 넘어가는 시기의 극작가이다. 서사극을 완성한 브레히트가 가장 존경한 극작가로 알려져 있다. 베데킨트의 대표작은 팜므 파탈의 매력을 지녔고 성적으로 자유로운 댄서 룰루가 등장하는 연속작 《땅의 정령》과 《판도라의 상자》이다. 이 작품을 토대로 알반 베르크는 미완성했지만 오페라를 만들었고, 2011년 벨벳 언더그라운드의 리더였던 루 리드Lou Reed와 메탈리카는 콜라보 앨범 〈룰루〉를 기획하기도 했다. 베데킨트는 인간의 자연스러운 본성을 억압하는 사회와 개인의 갈등을 소재로 삼았다. 1891년 발표한 초기작 《눈 뜨는 봄》도 마찬가지다. 이 작품은 19세기 말 가톨릭 학교를 배경으로 성욕을 비롯한 자연스러운 본능을 억압하는 엄격한 교육으로 파멸하는 청소년들의 이야기를 담았다. '어린이 비극'이라는 부제를 달고 있는 이 작품은 청소년들의 자위, 섹스, 동성애, 가학과 피학 성욕, 낙태 등 민감한 소재를 과감하게 건드린다. 《눈 뜨는 봄》의 내용이 과장되고 풍자적이긴 하지만 작품 곳곳에 베데킨트의 학창 시절 경험이 반영됐다. 모리츠 슈티펠의 모델은 베데킨트의 친구인 자살한 화가 모리츠 뒤르였고, 기성세대와 각을 세우며 자신의 생각을 주장했던 멜키오 캐릭터에는 청년 시절의 베데킨트가 상당 부분 투영되었다. 《눈 뜨는 봄》은 작가가 직접 경험한 독일의 엄격한 교육 제도를 비판하고 있다.

《눈 뜨는 봄》은 베데킨트의 초기 대표작으로 손꼽히지만 무대에 오르기까지는 오랜 시간이 필요했다. 1891년 베데킨트는 취리히에서 자비로 《눈 뜨는 봄》을 출판했는데 별다른 관심을 받지 못했다. 여러 차례 공연화를 시도했으나 주인공을 맡을 어린 배우를 찾아내기가 쉽지 않았다. 게다가 청소년의 성 문제를 파격적으로 다루고 있어 검열을 통과할 수 없었다. 베데킨트는 대본 수정 등 검열의 까다로운 요구를 받아들이며 공연 상연본을 만들었지만 실제 무대에 오르기까지는 다시 몇 년이 더 필요했다. 플롯이 느슨하고 장면 전환이 잦으며, 초현실적인 존재가 등장하는 《눈 뜨는 봄》을 자연주의 연극이 유행하던 연극계에서 받아들이지 못했다. 《눈 뜨는 봄》은 초판이 발행되고 15년 만인 1906년 막스 라인하르트가 비사실주의적인 연출로 무대에 올려 주목받는다.

애초 〈스프링 어웨이크닝〉의 창작진은 《눈 뜨는 봄》의 배경을 1960년대 미국으로 옮겨와 히피 세대의 이야기로 만들려고 했다. 19세기 독일의 카톨릭 학교의 학생들보다 1960년대 전쟁에 반대하고 자유를 추구했던 히피들이 창작진에게 좀 더 친근했고 이들 역시 기성세대와 반항하는 젊은 세대라는 측면에서 공통점이 있었다. 하지만 모던 록을 추구하는 던컨 셰이크는 1960년대 로큰롤 스타일의 음악을 작곡할 생각도, 자신도 없었다. 결국 창작진은 원작 그대로 19세기 말 독일 배경을 그대로 두기로 했다. 초연을 올린 아틀란틱 시어터는 교회였던 건물을 개조한 공연장으로 붉은 벽돌식 교회 외벽을 보존하고 있었다. 〈스프링 어웨이크닝〉은 새로운 무대 세트를 세우는 대신 공연장의 벽돌 벽을 그대로 살려 19세기 독일 가톨릭 학교의 엄격하고 억압적인 분위기를 냈다. 이는 작품의 분위기를 형성하는 데 매우 효과적이었다. 2006년 브로드웨이 공연도 아틀란틱 시어터의 느낌을 살리기 위해 무대 세트로 벽돌벽을 만들어 사용했다.

새로운 스타일의 뉴 뮤지컬

〈스프링 어웨이크닝〉은 시대적 배경을 19세기 독일로 유지했지만 던컨 셰이크는 얼터너티브 록을, 안무가 빌 T. 존스는 감정을 폭발하는 현대적인 안무를 고수하며 만들었다. 무엇보다도 당대 젊은이들이 듣는 노래를 그대로 뮤지컬 무대로 가져온 음악은 젊은이들을 열광하게 했다. 뮤지컬에서 노래는 개인의 감정을 드러낼 뿐만 아니라 대사의 확장으로 이야기를 전달해야 한다. 뮤지컬 노래는 드라마와 분리되어 노래만 들어서는 그 가치를 제대로 평가하기 어렵다. 독립적인 곡으로 듣기 좋은 노래들도 있지만 많은 뮤지컬 곡들이 극적 갈등을 담아내다 보니 드라마와 분리했을 때 듣기 편한 음악이 아니다. 뿐만 아니라 뮤지컬이 중장년층이 주로 즐기는 장르이다 보니 음악적 스타일에서도 올드한 측면이 있다.

〈스프링 어웨이크닝〉의 음악은 달랐다. 〈스프링 어웨이크닝〉에서는 지금 젊은이들의 이어폰에서 흘러나오는 바로 그 음악을 들을 수 있다. 〈스프링 어웨이크닝〉이 등장하자 '〈렌트〉 이후 가장 폭발적인 뮤지컬', '고루한 브로드웨이 뮤지컬에 예기치 못한 동요' 등의 언론이 보여준 흥분은 이 작품의 위치를 명확히 보여준다. 모던 록을 즐겨 쓰던 던컨 셰이크는 극을 전개해야 하는 뮤지컬 음악의 기본 목적을 그다지 염두에 두지 않았다. 그는 평소 작곡하는 방식 그대로 작곡을 했다. 극과의 연결은 명확한 콘셉트가 반영된 연출로 해결했다. 〈스프링 어웨이크닝〉의 노래는 일반적인 뮤지컬에서 노래가 등장하는 방식과 정확히 반대되는 방식으로 등장한다. 일반적인 뮤지컬은 대사에서 노래로 넘어가는 과정을 최대한 자연스럽게 이어지려고 노력한다. 그러나 〈스프링 어웨이크닝〉에서는 이제부터 노래를 부를 것이라고 선포하듯 마이크를 꺼내 들고 노래를 부른다. 그럼에도 이러한 방식이 전혀 어색하지 않는 것은 노래의 콘셉트가 명확했기 때문이다.

뉴욕 선의 수석 비평가 에릭 고드는 "19세기에 말하고 20세기에 노래하는 장면을 연출한다"며 〈스프링 어웨이크닝〉의 연출 스타일을 평했다. 19세기 독일 가톨릭 학교라는 원작의 시대적 배경을 그대로 유지한 〈스프링 어웨이크닝〉은 벽돌 벽을 뒤로 한 채 빈 무대에 나무 의자만을 무대 소품으로 이용해 모던한 분위기를 연출한다. 음악, 안무, 조명 등은 현대적이고 지금의 젊은이들이 공감하고 즐길 수 있는 스타일을 유지한다. 〈스프링 어웨이크닝〉에서 대부분의 노래는 청소년들의 억눌린 욕망과 분노가 폭발하는 장면에서 나온다. 일반적인 뮤지컬에서 노래가 드라마의 연장인 것과는 달리 이 작품에서 노래는 주로 분노를, 그리고 때때로 사랑이나 그리움 등 학생들의 감정을 드러내는 수단으로 사용된다. 이때 시간은 정지하고 오로지 감정만이 표출된다. 여기에 빌 T. 존스의 몸부림에 가까운 춤이 동반돼 기성세대의 억압으로 숨막힐 듯한 젊은이들의 심정과 그것을 부수고 싶은 욕망을 폭발시킨다.

멜키어가 모리츠를 보호하기 위해 라틴어 선생님에게 대항하는 '내가 아는 모든 것All That's Known' 장면을 보면 이러한 특징이 잘 드러난다. 라틴어 수업. 멜키어는 모리츠의 잘못을 변호하기 위해 자신의 생각을 말하지만 라틴어 선생은 권위적인 태도로 멜키어의 생각을 묵살한다. 이후 멜키어가 안쪽 호주머니에서 마이크를 꺼내 부르는 노래가 바로 '내가 아는 모든 것'이다. 멜키어가 노래하는 순간 극적 시간은 정지하고 오직 젊은이들의 분노만이 이글이글 타오른다. 극이 진행되는 공간에서는 모노톤의 백열등이 전부였다면 분노의 노래가 터져나오자 총천연색 네온전구가 밝혀지면서 현대적인 느낌을 준다. 이때 기성세대인 라틴어 선생은 시간이 멈춘 듯 움직이지 않는다. 격렬한 몸짓으로 춤추고 노래하는 동안 시간은 멈추고 19세기 모노톤의 세상에 살던 독일 청소년들의 노래는 무시간적인 공간에서 보편적인 젊은이들의 욕망과 분노로 확장된다. 이때 흥미로운 역할이 객석에 앉아 있는 싱어이다. 〈스프링 어웨이크닝〉

19세기 독일 가톨릭 학교라는 원작의 시대적 배경을 그대로 유지한 〈스프링 어웨이크닝〉은 벽돌 벽을 뒤로 한 채 빈 무대에 나무 의자만을 무대 소품으로 이용해 모던한 분위기를 연출한다.

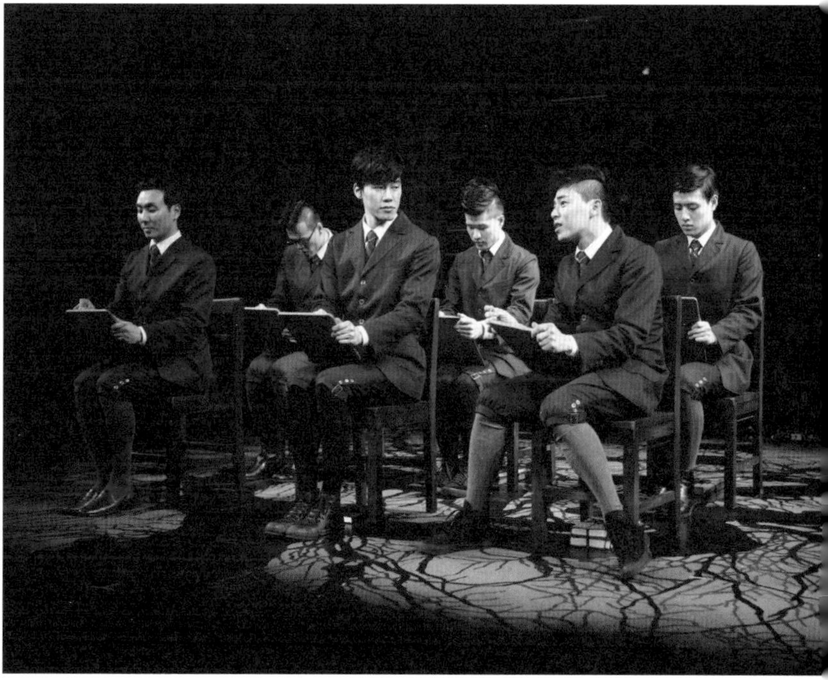

© 뮤지컬해븐

는 객석을 무대에 올려 삼면 무대로 운용했다. 무대 객석에 싱어들이 앉아 있다가, 젊은이들의 분노를 터뜨리는 장면에서 마이크를 꺼내 들고 일어나 함께 노래를 부른다. 19세기 독일 청소년들의 분노를 객석에 앉아 있는 동시대 젊은이들에게로 확장시키기 위한 설정이다. 비록 배경은 19세기 독일이지만 기성세대에게 억압당하는 젊은 세대의 심정은 시간과 공간을 떠나 크게 변하지 않았다. 사랑과 분노와 욕망을 담아낸 〈스프링 어웨이크닝〉의 노래는 지금의 젊은이들에게 어필하는 바가 크다. 〈스프링 어웨이크닝〉은 기성세대에게 억눌린 젊은 세대의 분노를 통쾌한 록 음악으로 풀어내면서 뮤지컬에 관심이 적은 브로드웨이의 젊은이들을 공연장으로 불러들일 수 있었다.

보랏빛 여름

〈스프링 어웨이크닝〉의 등장인물들은 크게 기성세대와 청소년 세대로 나뉘어진다. 작품은 이분법적이라고 할 정도로 기성세대를 억압하는 자, 청소년 세대를 억압받는 자로 나눈다. 베데킨트의 원작에서는 특히 당시 자연스러운 본능을 억압하는 교육 제도에 대한 풍자와 반발로 학교 선생님들을 '원숭이 기름', '말더듬이', '주린배' 등으로 전형성을 띤 이름으로 풍자했다. 〈스프링 어웨이크닝〉에서는 교사와 부모를 특별히 구별하지 않고 어른 세대를 청소년들을 억압하는 자로 규정했다. 이점을 강조하기 위해 다양한 어른 역할을 단 두 명의 배우에게 연기하도록 했다. 성인 남자 역을 맡은 배우는 학교 교장, 라틴어 선생, 모리츠의 아버지, 의사 등을 연기하고, 성인 여자 역의 배우는 학교 선생님, 멜키어 어머니, 벤들라의 어머니, 피아노 교사 등의 역할을 맡는다. 이들은 꽤 여러 배역을 번갈아 맡지만 모자나 막대기 등 간단한 소품의 변화를 줄 뿐 의도적으로 역할에 따라 의상 등을 바꾸지 않는다. 아버지나 선생님, 의사 등 그들의 역할은 다르지만 청소년들의 입장에서는 이들이 모두 자신들을 억압하는 기성세대라는 점에서는 동일하기 때문이다.

어른 캐릭터가 모두 청소년들을 억압하는 기성세대의 유형에서 벗어나지 못한 데 반해, 청소년들 캐릭터는 다채로운 성격을 띤다. 작품 속 청소년들은 어른들의 억압에 대응하는 방식에 따라 몇 가지 유형으로 나눌 수 있다.

벤들라와 모리츠는 기성세대의 잘못된 교육과 본능의 억압으로 희생되는 인물이다. 벤들라는 아이가 어떻게 생기는지 알려달라고 엄마에게 묻지만 '남자가 여자를 사랑하는 방식으로 진심을 다해 사랑을 하면 아이가 생긴다'는 막연한 대답을 듣는다. 벤들라는 제대로 된 성 교육을 받지 못해 임신을 하고, 허름한 병원에서 중절수술을 받다가 죽음을 맞는다. 산만한 모리츠는 학교 성적이 우수하지 못하지만 간신히 낙제를 면한다. 하지만 뒤떨어지는 학생을 배제하려는 교장의 음모로 결국 낙제하고, 그런 아들을 부끄러워하는 아버지의 냉소적인 반응에 자살을 한다.

반면 일제와 한센은 어른 세계로부터 도망치거나, 순응하면서 공

© 뮤지컬해븐

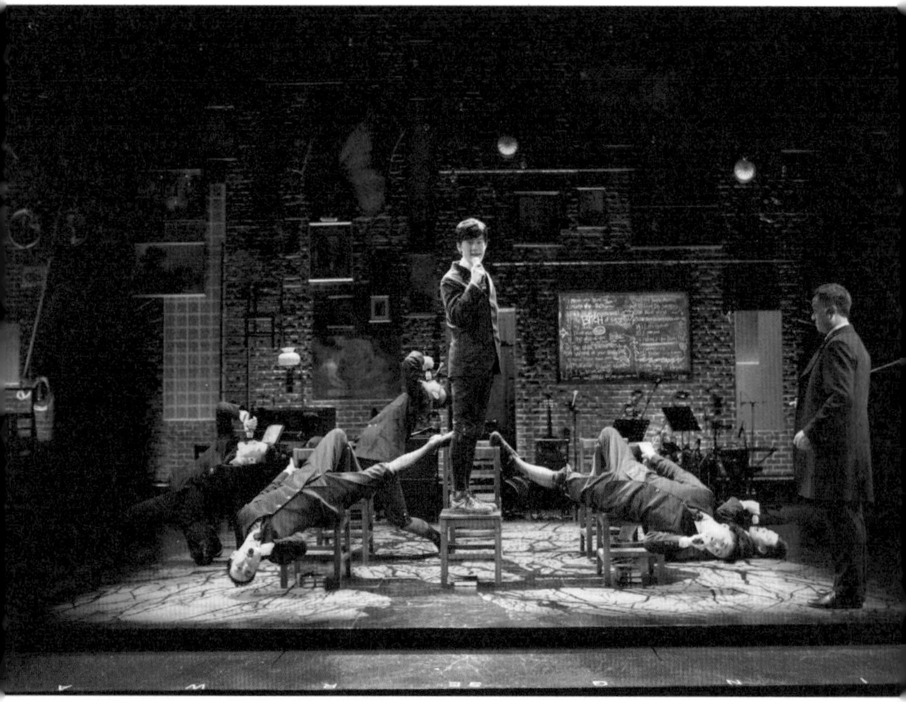

멜키어가 노래하는 순간 극적 시간은 정지하고 오직 젊은이들의 분노만이 이글이글 타오른다. 극이 진행되는 공간에서는 모노톤의 백열등이 전부였다면 분노의 노래가 터져나오자 총천연색 네온전구가 밝혀지면서 현대적인 느낌을 준다.

존하는 인물이다. 일제는 아버지에게 매를 맞고 성적으로 학대당한 마르타의 이야기가 소개될 때 등장해 '내가 잘 아는 어둠The Dark I Know Well'을 부른다. 일제 역시 마르타와 같은 일을 겪었다는 암시이다. 가족 폭력에 견디지 못한 일제는 거리로 나가 히피 같은 생활을 한다. 일제가 아직 준비가 되지 않은 시기에 어른의 세계로 진입한 인물이라면 한센은 어른들의 강압적인 폭력에 순응하는 인물이다. 그는 동성애자인 에른스트를 유혹해 성적인 만족을 즐긴다. 한센은 셰익스피어의 〈오셀로〉 중 데스데모나 장면을 읽으며 자위를 하는 장면으로 보아서는 동성애자는 아니다. 단지 자연스러운 성적 본능이 엄격한 교육의 벽에 부딪히자 왜곡된 방식으로 성적 욕구를 충족한다.

멜키어는 자연스러운 본능조차도 금지하는 교육 제도에 유일하게 대항하는 인물이다. 멜키어의 첫 노래인 '내가 아는 모든 것'은 어른 세대가 가르치는 역사와 과학은 의문을 갖는 순간 허상이라고 말하며 어른들에 기대지 않고 스스로 세상의 진실을 발견하겠다는 의지를 드러낸다. 그는 성적 호기심은 자연스러운 일이라며 모리츠에게 성적 환상을 부추긴다. 뿐만 아니라 아직 성에 눈 뜨지 못한 벤들라와 성적 관계를 맺고 죽음에 이르게 되는 단초를 제공한다. 기성 어른들의 억압과 폭력에 맞서 자유로운 본능을 추구했던 멜키어의 혁신적인 생각은 본의 아니게 모리츠와 벤들라의 죽음을 야기하는 원인이 된다.

〈스프링 어웨이크닝〉은 기성세대의 억압에 희생된 청소년들의 이야기이다. 그중 멜키어만이 어른들에게 대항한다. 뮤지컬에서 어른들에게 대항한 실패한 혁명가 멜키어를 바라보는 시각은 원작 희곡과 다르다. 멜키어가 감화원에서 탈출해 벤들라를 만나기 위해 공동묘지로 가는 장면까지는 같지만 베데킨트의 연극에서는 유령이 된 벤들라와 모리츠가 나타나 멜키어를 죽음으로 이끌려고 한다. 이때 복면을 쓴 괴신사가 나타나 멜키어를 구해준다. 뮤지컬에서도 모리츠와 벤들라가 나타나지만 원작과 다르게 그를 비난하지 않는다. 멜키어는 모리츠의 죽음을 방관하고 심지어 벤들라까지 죽었다는 사실을 알고는 자살을 시도하는데 벤들라와 모리츠가 나타나 삶으로 이끈다. 모리츠와 벤들라는 뮤지컬 넘버 '네가 아는 것들Thoes You've Known'을 통해 멜키어에게 여전히 어둠 속에 있는 자신들을 기억하며 너의 길을 계속 가라고 응원한다. 이 노래는 멜키어가 어른들과 다른 생각으로 다른 길을 가겠다고 다짐하는 노래 '내가 아는 모든 것'을 리프라이즈 한 곡이다. 멜키어가 가고자 했던 길은 이제 그만의 길이 아니라, 먼저 간 친구들, 여전히 기성세대의 폭력과 억압 속에서 살아가는 남은 친구들, 그리고 그곳에서 벗어났지만 여전히 방황하는 일제 같은 이들이 함께 가는 길이 된다.

극이 모두 마무리되고 작품은 에필로그로 상처입고 죽어간 모든 소년들이 등장해 '자주빛 여름의 노래The Song of Purple Summer'를 부른다. 이들이 갖지 못한 자유로운 본능과 사랑이 허락되는 그런 세상을 아름답고 은유적인 가사로 노래한다. 작품에서 인생의 시기에서 봄을 맞고 있는 청소년들을 상징하는 색은 파란색이다. 진달래빛처럼 화사하고 빛나야 하는 청소년기이지만 그들은 기성세대의 잘못된 교육과 억압 때문에 그들의 세상은 우울(블루)하다. 반면, 기성세대를 상징하는 색깔은 강압적인 레드이다. 어른들의 의상이나 이들을 비추는 조명은 주로 레드를 사용한다. 에필로그의 노래는 이런 아픔을 딛고 일어난 멜키어의 미래를 은유적으로 보여주는 곡이다. 멜키어는 청춘(봄)을 벗어나 성인(여름)이 될 때 기성세대(빨강)와 같은 어른으로 편입되지는 않을 것이다. 아마도 멜키어는 청춘의 아픔(블루)을 딛고 새로운 여름을 맞게 될 것이다. 마지막 곡 '자주빛 여름의 노래'는 멜키어 세대가 맞게 될 여름이 기성세대와는 다른 자주빛 여름이길 바라는 소망의 노래이다.

AVENUE Q

17

조금 모자라도 괜찮은 인생

애비뉴 Q

대학 시절 드라마 극작 워크숍에 참여한 적이 있다. '떨어지는 곳부터 시작하라', '클라이맥스에서는 말을 아껴라' 등등 드라마를 쓸 때 효과적인 원칙들을 배웠다. 그중 가장 기억에 남는 드라마 작법의 원칙은 '지금까지 배운 것을 잊어라'였다. 앞서 말한 방법이 극적인 드라마를 만드는 데 효과적이긴 하지만 실제 극작에서 이 원칙에 얽매이면 좋은 작품이 나오지 않는다는 것이다. 실제 뛰어난 작품들 중에는 기본 원칙으로는 설명되지 않는 작품들이 많다. 반대로 생각하면 일반적인 원칙에서 벗어나 그 작품만의 원칙을 만들었기 때문에 뛰어난 작품으로 인정받은 것이다. 뮤지컬 〈애비뉴 Q〉 역시 기본적인 극작술로 설명하기 힘든 작품이다. 일반적인 기승전결 방식의 이야기가 진행되지도 않고, 메인 플롯이 분명하지 않으며 중요한 곡들은 중심 이야기에서 벗어나 독립적이지만 그렇다고 이 작품이 에피소드 구성을 취하는 것도 아니다. 브로드웨이에서도 유례를 찾아보기 힘든 독특한 성격의 이 작품이 2013년 국내에도 소개되었지만 흥행에 실패한다. 국내에 다시 공연되길 바라는 해외 뮤지컬을 꼽으라면 기꺼이 〈애비뉴 Q〉에 한 표를 던질 것이다.

세서미 스트리트 인형들이 어른이 된다면

<애비뉴 Q>는 북미 지역 최고의 TV 어린이 프로그램이었던 <세서미 스트리트Sesame Street>의 인형들이 어떻게 성장했을까 하는 질문에서 출발했다. 북미 지역의 많은 어린이들이 이 프로그램을 보고 자랐다. 1980년대 주한미군방송AFKN에서도 <세서미 스트리트>를 방영해 지금의 40대 이상 중 이 프로그램을 기억하는 분이 많을 것이다. 거대한 노란 새 빅 버드, 빨간 털복숭이 엘모, 쿠키만 보면 사족을 못 쓰는 쿠키 몬스터, 그리고 항상 함께 다니는 버트와 어니는 북미 지역 어린이들에게 지금의 뽀로로 못지않은 인기를 누렸다. 1969년 PBS에서 방송되기 시작한 <세서미 스트리트>는 다양한 인종이 모여 사는 미국 내 취학 전 아동들의 사회화를 목적으로 한 프로그램이었다. 매 회마다 다른 캐릭터들이 중심인물로 문제에 봉착하지만 이를 해결하고 해피엔딩에 이르는 구성을 취한다. <애비뉴 Q>의 창작자인 로버트 로페즈와 제프 막스는 <세서미 스트리

트〉를 보고 자란 세대로 매회 단순한 문제를 해결하고 행복한 결말을 맞던 인형들이 어른이 돼서 현실 세계에 겪게 되는 문제를 상상했다.

〈애비뉴 Q〉에 등장하는 인형 중에는 〈세서미 스트리트〉에서 직접적인 영향을 받은 캐릭터가 셋 등장한다. 〈애비뉴 Q〉에서 룸메이트로 등장하는 로드와 니키는 어딜 가든 항상 같이 다니던 〈세서미 스트리트〉의 버트와 어니를 모델로 했다. 〈세서미 스트리트〉에서는 그저 사이좋은 친구로 보였지만, 이들을 모델로 한 캐릭터 중 로드는 동성애자로 등장한다. 어딜 가나 '쿠키, 쿠키' 하며 먹을 것에 집착하던 쿠키 몬스터는 〈애비뉴 Q〉에서 트레키 몬스터로 성장한다. 쿠키 몬스터가 음식에 집착하는 캐릭터였다면, 어른이 된 트레키 몬스터는 온통 신경이 성욕에 집중된 야동 마니아다. 파란 털에 개구리 같은 커다란 두 눈의 쿠키 몬스터는 순수해 보였지만, 트레키 몬스터는 외모부터 큰 차이가 있다. 하루 종일 야동을 보는 트레키 몬스터는 항상 흥분한horny 상태에서 실제 머리에 뿔horn을 달아주었다. 주황색 동공의 충열된 눈과 눈 주위의 다크서클로 밤새 야동을 보는 생활을 반영했다.

〈세서미 스트리트〉와는 무관하지만 같은 맥락에서 살펴볼 수 있는 인물이 게리 콜맨Gary Coleman이다. 〈애비뉴 Q〉에 등장하는 게리 콜맨은 실제 인물을 캐릭터화했다. 게리 콜맨은 1980년대 미국 시트콤 〈신나는 개구쟁이Different Stokes〉에 아놀드 역으로 출연해 귀여운 외모와 말투로 사랑을 받았던 대표적인 아역 배우다. 〈나홀로 집에〉의 맥컬리 컬킨처럼 어린 나이에 이미 엄청난 인기를 누리고 많은 부를 쌓았지만 성년 이후의 삶은 아름답지 않았다. 게리 콜맨은 성장이 멈추는 선천성 신장 이상으로 146cm에서 키가 더 이상 자라지 않는 병에 걸려 어린 아이의 신체로 늙어가야 했다. 평생을 신장 투석을 받았으며 그가 벌어들인 막대한 재산을 부모님이 탕진해버려 경제적으로 어려운 삶을 살았다. 재판을 통해 부모님에게 일부의 돈을 돌려받지만 이후 부모님과 멀어지고, 아내마저 떠난다. 경제적으로 어려워진 게리 콜맨은 작품에서처럼 실제 경비원 생활을 했다고 한다. 어린 시절 게리 콜맨이 이처럼 비참한 어른이 될 것이라고 생각한 사람은 없었을 것이다. <애비뉴 Q> 창작진은 '우리가 생각하는 대로 인생이 진행되진 않는다'는 메시지를 보여주기에 게리 콜맨만한 인물이 없다고 생각했다. 애초 창작진은 게리 콜맨을 직접 출연시킬 계획이었다. 게리 콜맨의 동의를 얻어내지만, 마음이 변해 나중에는 자신의 캐릭터를 사용하지 말라고 경고했다. 다행히 법정 문제로 이어지진 않았다. 2010년 게리 콜맨은 42세의 나이로 생을 마감한다.

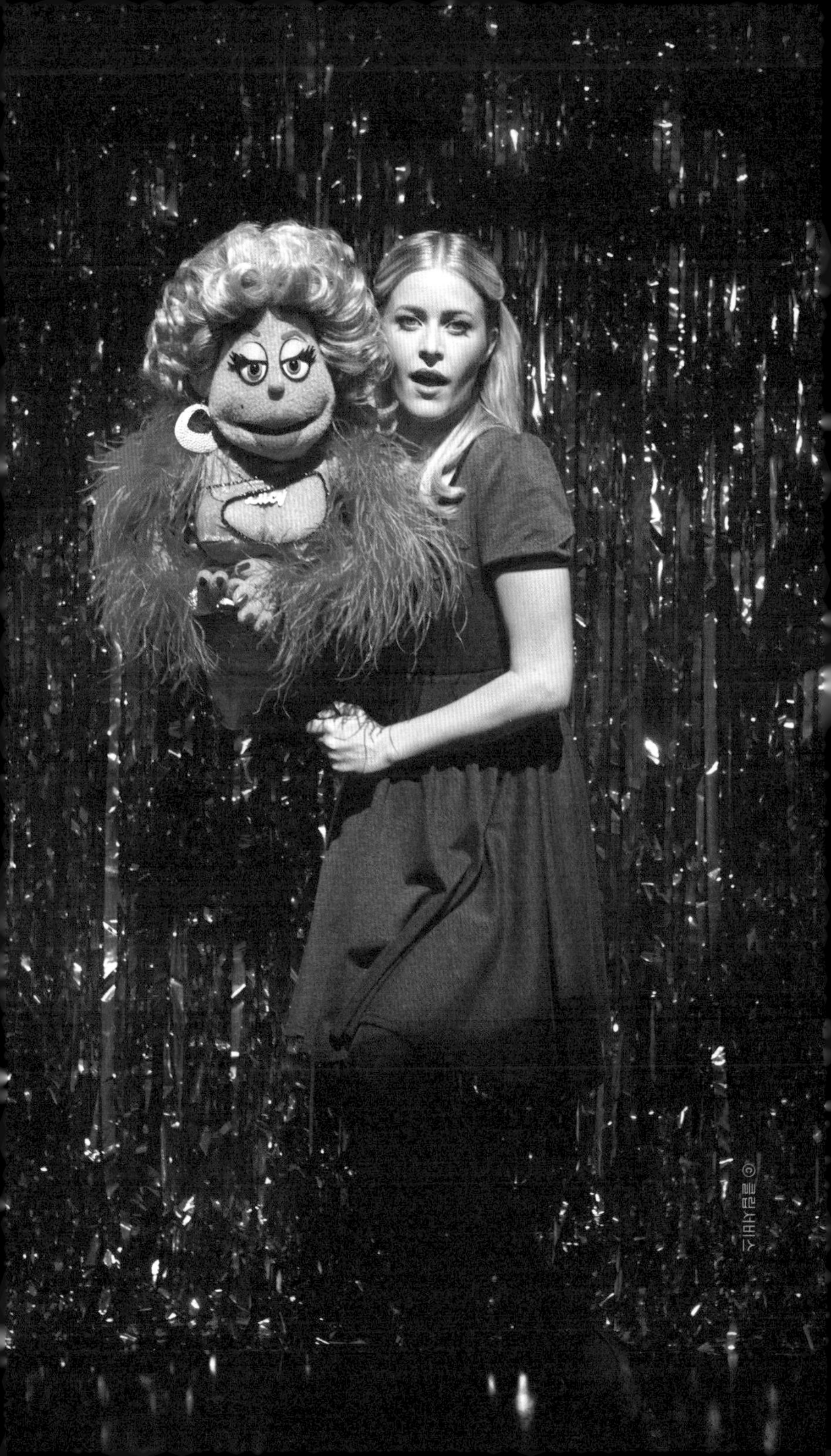

루저들이 사는 마을, 애비뉴 Q

제목인 '애비뉴 Q'는 작품 속 인물들이 사는 마을의 이름이다. 맨해튼의 거리는 동서를 잇는 길을 스트리트street로, 남북을 잇는 거리는 애비뉴Avenue로 부른다. 맨해튼 중심가인 애비뉴 A, B, C가 모여 있는 알파벳 시티에서 멀어진 어딘가에 애비뉴 Q가 있다. 실제 애비뉴 Q라는 길이 맨해튼에서 퀸즈로 넘어가는 어디쯤에 존재하지만, 작품 속 '애비뉴 Q'는 도심에서 밀려난 사람들이 모여 사는 변두리를 의미하는 상징적 공간이다. 이곳으로 사회의 중심에서 멀어진 인물들이 떠밀려온다.

<애비뉴 Q>에는 여섯 명의 인형과 세 명의 사람이 등장한다. 이들은 하나같이 루저들이다. 대학을 갓 졸업한 프린스턴은 영문학 학위를 땄지만 정작 할 일이 없는 청년 백수이다. 뮤지컬 넘버 '영문학 학위로 뭘하지?What Do You Do With a B.A in English?'에서 프린스턴은 자신의 상황을 자조적으로 노래한다. 우리 식으로 '국문과 나와서 어딜 취직하지'로 대체하면 더욱 실감이 들 것이다. 루시는 잘 곳조차 마땅치 않은 별 볼 일 없는 밤무대 가수이다. 니키는 친구에게 빌붙어 지내는 백수이며, 그나마 이 마을에서 가장 번듯한 직업을 지닌 증권전문가 로드는 게이라는 것을 숨기며 소심하게 살아간다. 모태 솔로 케이트 몬스터는 유치원 보조교사이지만 원장의 지시를 지키지 못해 해고당한다. 트레키 몬스터는 야동 중독자로 집안에 틀어박혀 야동에 심취한다. 여섯 인형 중 케이트 몬스터와 트레키 몬스터는 몬스터 종으로 얼굴이 털로 뒤덮여 있다. 실제 괴물

monster은 아니고 인형 중에서도 차별 대우를 받는 종을 몬스터로 설정했다.

세 명의 인간도 루저라는 점에서는 큰 차이는 없다. 크리스마스이브는 학위가 두 개나 되는 일본인 엘리트이지만 미국에서 일자리를 구하지 못해 한국인이 운영하는 델리에서 일한다. 크리스마스이브의 남편인 브라이언은 서른둘의 적지 않은 나이로 코미디언을 꿈꾸는 남자다. 비극은 그가 전혀 웃기지 않는다는 점이다. 브라이언 역은 육체적인 매력이 떨어지는 배우를 캐스팅한다. 그리고 마지막 한 명이 앞서 설명한 게리 콜맨이다. 사람이든 인형이든 <애비뉴Q> 인물들은 현실에서 희망을 찾기 힘든 루저들이다. 오프닝 곡 '엿 같은 내 인생It Sucks To Be Me'는 자신의 처지를 털어놓으며 자신의 삶이 최악이라고 주장하는 일종의 루저 배틀 곡이다. 서로 자신의 인생이 더 최악이라며 각 인물들의 상황을 드러낸다. 이 노래의 마지막은 게리 콜맨이 자신의 상황을 들려주자, "그래 니 인생이 제일 후져It sucks to be you"라고 합창하며 끝을 맺는다.

자신의 욕망을 인정하라

인형들이 등장하는 작품이라고 아이들의 손을 잡고 공연장을 찾는다면 당황스런 상황에 맞닥뜨리기 쉽다. 인형들이라 선정성이 떨어지지만 성행위가 노골적으로 재현되고, 포르노 중독이나 동성애와 같은 19금적인 요소가 많고 빈부격차, 동성애, 인종 차별 등 사회적으로 무거운 이슈를 다룬다. 브로드웨이에서는 <애비뉴 Q>의 관람 등급을 '만 12세 이상'으로 정해놓고 있지만, "어린 아이가 보기에 적합하지 않은 내용을 담고 있으므로 부모님이 자녀의 성숙도를 고려해서 관람을 결정하세요. 10대 자녀에게 <애비뉴 Q>를 보여준다면 당신은 정말 쿨한 부모입니다."라는 문구를 추가하였다. 국내에서는 '19금 뮤지컬'로 인식되었지만 실제 관람 등급은 '만 15세 이상'이었다. 국내 공연 역시 "만 15세 이상 관람 가능하지만 섹스와 동성애, 포르노 등의 문제들을 당황스러울 만큼 뻔뻔하게 다루고 있어 만 18세 이상 관람을 권장합니다"는 문구를 첨가했다.

<애비뉴 Q>는 인형을 등장시켜 현실적인 문제와 금기시되는 소재를 매우 태연하게 다룬다. <애비뉴 Q>는 기승전결 식의 일반적인 이야기 구조를 따르지 않는다. 작품의 주인공은 이제 막 영문과를 졸업한 프린스턴이다. 보통의 드라마 주인공들은 목표가 있다. 그것을 달성해서 행복한 결말에 이르거나, 안타깝게 이루지 못해 애잔함을 준다. <애비뉴 Q>에서 프린스턴의 목표는 '목표를 찾는 것'이다. 극이 끝날 때까지 프린스턴은 일반적인 의미의 목표를 찾지 못한다. 현실의 대다수의 평범한 젊은이들이 목표를 찾지 못하고

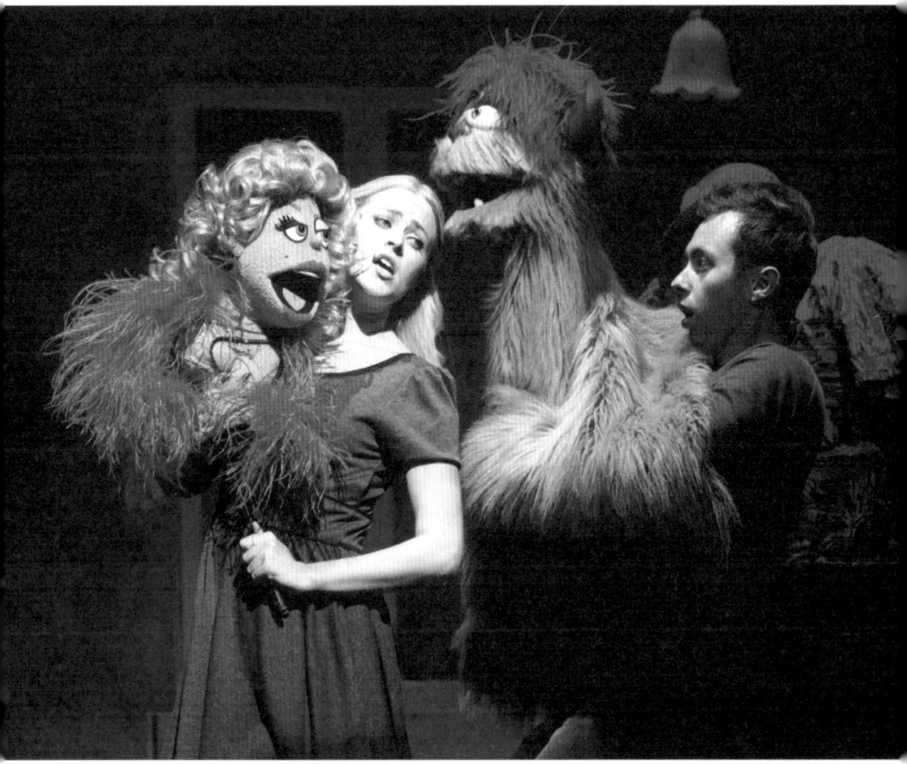

© 클립서비스

방황하는 사람들이 많다. 프린스턴은 그런 평범한 젊은이들을 대변하는 인물이다. 이런 상징성을 반영해, 진로를 고민하는 프린스턴 인형은 수백 명의 20대 평범한 젊은이들을 모니터해서 가장 평범한 인상의 얼굴로 만들었다. 피부색도 백인도 흑인도 황인도 아닌 미묘하게 결합된 색을 택했다.

<애비뉴 Q>에는 특정한 중심 이야기가 없다. 작품의 핵심 노래들은 독립된 주제를 다룬다. '만일 너가 게이라면If You Were Gay'은 룸메이트인 로드가 게이일 것이라고 의심하는 나키의 노래인데, 게이여도 괜찮다고 말하면서도 '나는 게이가 아니지만'이라는 이어지는 대구로 은근히 편견을 드러낸다. 넘버 '모든 사람들은 조금씩 인종차별자야Everyone's a Little Bit Racist'는 조금씩 인종에 대한 편견을 가지고 있음을 인정한다. '인터넷은 야동용Internet Is For Porn' 역시 일반적으로 감추는 속내를 뻔뻔하게 폭로하는 곡이다. 트레키 몬스터가 모든 남자들은 그런 용도로 인터넷을 사용한다고 발설하자 남자들이 나와 후렴구 "인터넷은 야동용"을 합창하며 트레키 몬스터의 말에 동조한다. '사랑을 나눌 땐 소리를 질러You Can Be As Loud As the Hell You Want When You're Making Love' 역시 제목 그대로의 노래다. 프린스턴과 게이트 몬스터가 사랑을 나누는 장면에서 민원이 들어오자 관리인인 게리와 다른 인물들이 사랑할 땐 마음껏 소리를 지르라며 합창한다. 독일어 '샤덴프러이데Schadenfreude'는 사람들은 조금씩 타인의 불행을 즐긴다는 의미의 단어다. 로드에게 쫓겨나 거리에서 생활하는 니키가 게리에게 도움을 청하자, 니키의 불행이 다른 사람을 어느 정도 행복하게 하고 사람들은 타인의 불행에서 행복을 느낀다며

뮤지컬 넘버 '샤덴프러이데'를 부른다. 서로 다른 소재의 이야기이고 노래이지만 메시지는 동일하다. 바로 자신의 감정과 욕망에 충실하라는 것이다.

<애비뉴 Q>에서 독립적으로 제시하는 이슈들은 한결같이 존재하지만 감추고 숨기려 하는 현상들이다. 작품에서는 그것이 누구나 조금씩은 인종차별을 한다는 말처럼 도덕적이지 못하고, 사랑할 때는 소리를 지르라는 것처럼 터부시되는 일일지라도 있는 그대로를 받아들이라고 권한다. 조금은 이기적일지라도 세상의 시선에 신경 쓰지 말고 본인이 느끼는 감정과 욕망에 충실할 것을 권한다. 런던 프로덕션에서는 인터미션 때 '시간Time'이라는 노래가 짧은 콩트 형식의 영상으로 무대 스크린에서 상영됐다. 니키가 잡지를 보면서 느긋하게 극장 화장실을 사용하고 있고, 문 밖에는 2막 시작을 앞두고 볼일이 급한 사람들이 초조하게 기다린다. 니키는 아랑곳 않고 자신의 시간을 마음껏 즐기라며 '시간'을 부른다. 자기 자신의 감정과 욕망에 충실하라는 앞선 노래들과 같은 맥락의 노래이지만 이 곡은 프리뷰 기간 중에 삭제됐다. 실제로 이러한 행동을 화장실에서 실천한 관객 때문인지는 모르겠다. 어쨌든 작품은 비루한 현실일지 모르지만 그것을 그대로 받아들이는 것부터 시작하라고 말한다.

프린스턴은 작품이 끝나도록 자신의 꿈을 찾지 못한다. 게이트 몬스터는 프린스턴의 도움으로 몬스터를 위한 학교를 설립하지만 대부분의 애비뉴 Q에 사는 이들은 미래를 긍정할 만한 큰 변화를 맞지 못한다. 니키는 여전히 로드 집에 얹혀산다. 브라이언과 크리스마스이브는 애비뉴 Q를 떠나 이사하지만 여전히 브라이언은 직업이 없고, 크리스마스이브도 학위에 어울리는 직업을 갖지는 못한다. 그럼에도 <애비뉴 Q>를 본 많은 관객들이 위로를 받고 살아갈 힘을 얻는다. 루저인 주인공들이 현실을 극복하거나 새로운 희망을 찾지 못하고 여전히 루저로 남아 있지만 아이러니하게도 새로운 삶을 시작할 힘을 얻는다. <애비뉴 Q>는 자신의 욕망에 충실하고 있는 그대로를 받아들이라고 충고하는데 이처럼 현실 그대로를 인정하는 것만으로도 큰 힘을 얻게 된다.

<애비뉴 Q>는 루저들만 등장하고 터부시되는 이야기들과 사회적으로 민감한 소재를 다루면서도 시종 유쾌한 전개로 긍정적인 에너지를 준다. 로페즈와 제프 막스의 단조로우면서도 밝은 기운이 가득한 노래 역시 이러한 분위기를 이끄는 데 한 몫 한다. 무엇보다도 인형극이라는 형식은 현실에서는 민감할 수밖에 없는 소재를 좀 더 편하게 받아들이게 한다. 배우들이 인형을 배제하고 대본 연습을 할 때, 인종 차별 부분의 대사들이 굉장히 민감하고 부담스럽게 다가왔다고 한다. 막상 인형을 통해 보여주자 그토록 민감한 이야기가 그저 농담처럼 들렸다. 인형극 형식은 거리두기를 가능하게

했다. 인형이 현실의 민감한 소재를 받아들이는 데 일종의 완충 작용을 해준 것이다.

<애비뉴 Q>에서는 인형과 사람이 함께 공존한다. 배우들이 눈에 띄지 않은 옷을 입고 인형을 조종하는 일본의 분라쿠 스타일의 인형극을 펼치지만, 약간의 시간이 흐르면 <애비뉴 Q>의 세계에 푹 빠져들어 인형과 사람이 어울려 사는 마을 애비뉴 Q가 전혀 어색하지 않다. 인형과 인형을 조종하는 배우가 한 캐릭터로 인식하게 하는 연기술이 매우 중요했다. 활동적이고 자유로운 니키와 트레키 몬스터는 생생한 표현이 가능하도록 두 명의 배우가 연기한다. 이런 경우 사람들의 시선이 인물의 오른쪽을 더 주목하기 때문에 오른쪽 조종자가 연기를 담당한다. 인형 조종법의 기본은 인형과 이를 조종하는 배우의 시선을 일치시켜야 것이다. 가상의 애비뉴 Q의 세계를 생생하게 받아들이게 하는 데는 <세서미 스트리트>의 인형 조종술에 많은 영향을 받았다. <세서미 스트리트>에 출연했던 릭 라이온Rick Lyon이 인형 디자인을 맡았고, <세서미 스트리트>에서 활동한 경험이 있는 네 명의 배우가 오리지널 공연에 참여했다. 인형들은 모음을 발음할 때만 입을 열어 실제 말하는 느낌을 살린다. <애비뉴 Q> 배우들은 인형 조종이 자연스러워질 때까지 충분히 연습해서 자연스러운 애비뉴 Q 세계를 무대에 만들어낸다.

<세서미 스트리트>의 인형들은 문제에 직면하고 갈등을 해소해 해피엔딩을 맞는다. 그러나 현실에서는 봉착한 문제들이 그렇게 쉽게 해결되지 않고 해피엔딩을 맞는 경우도 드물다. <애비뉴 Q>는 <세서미 스트리트>의 캐릭터를 성인이 된 현실 세계로 데려와 청

© 클립서비스

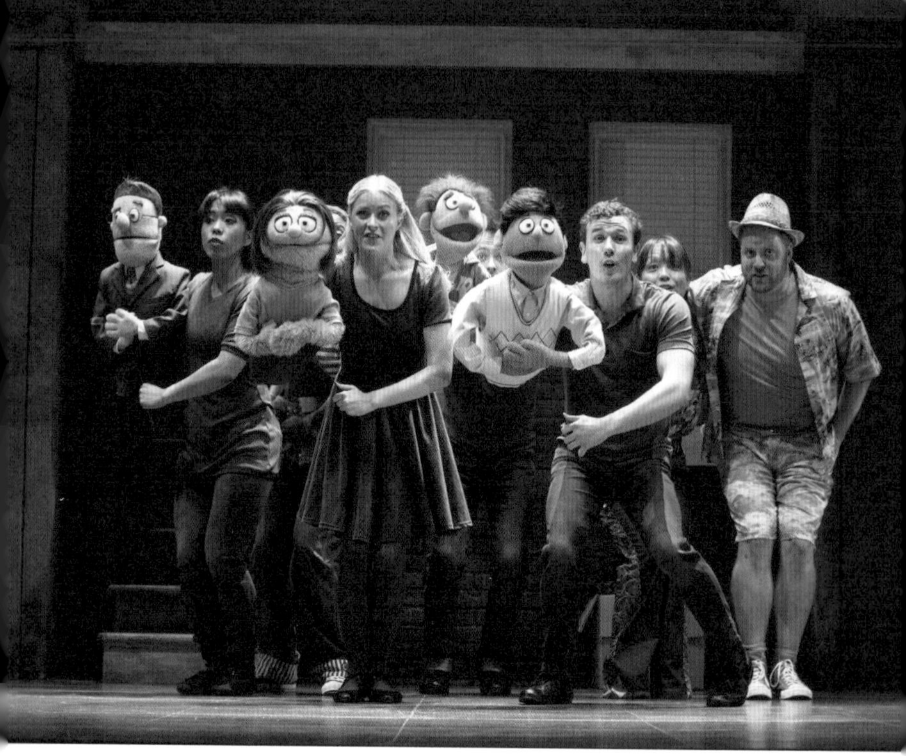

사람이든 인형이든 <애비뉴Q> 인물들은 현실에서 희망을 찾기 힘든 루저들이다. 오프닝 곡 '엿 같은 내 인생It Sucks To Be Me'는 자신의 처지를 털어놓으며 자신의 삶이 최악이라고 주장하는 일종의 루저 배틀 곡이다. 서로 자신의 인생이 더 최악이라며 각 인물들의 상황을 드러낸다.

년 실업, 인종차별, 동성애, 빈부격차 등 현실의 쓴맛을 보게 한다. 해피엔딩으로만 이루어진 동화의 세계에서 벗어나 진짜 삶의 세계를 느끼게 하는 것이다. 그러나 아이러니하게도 <세서미 스트리트>에서와 마찬가지로 <애비뉴 Q>에서도 인형들은 긍정적인 결론에 도달한다. 목표를 이루고 루저의 삶을 벗어난 인물보다 여전히 사회적인 루저로 머물고 있는 이들이 대부분이지만, 그런 현실을 있는 그대로 받아들이라며 삶을 긍정한다. <애비뉴 Q>는 <세서미 스트리트>에서 보여준 해피엔딩의 구조를 이어가지만 현실을 인정하면서 얻는 한층 성숙한 해피엔딩을 보여준다.

URINE TOWN

18

당신이 사는 이곳이 바로 유린타운

'유린타운Urine Town'을 우리말로 옮기면 '오줌마을'이다. 이 지저분한 이름을 지닌 뮤지컬이 본 공연에 이르는 과정에서 생긴 웃지 못할 에피소드가 떠돈다. 뮤지컬 〈유린타운〉은 지저분한 이름 때문에 극장 대관이 어려웠다. 그러던 중 한 대관 담당자가 'Urine Town'을 'You're in Town'이라고 잘못 인식하고 대관을 승인하면서 가까스로 공연을 할 수 있었다는 것이다. 대관 담당자의 실수로 1999년 뉴욕 인터내셔널 프린지 페스티벌에 참여할 수 있었고, 이를 인연으로 2001년 5월 오프 브로드웨이 공연이 성사됐다. 〈유린타운〉의 관객들은 이름만큼이나 독특한 스타일에 열광했고, 이 작품은 오프에 오른 지 불과 4개월 만에 브로드웨이로 옮겨 공연을 이어갔다. 이 작고 지저분한 뮤지컬은 다음해 토니상에서 연출상, 극본상, 음악상을 거머쥐며 그해 가장 주목받는 뮤지컬이 됐다. 이 모든 영광의 시작은 대관 담당자의 실수로부터 출발한다. 그런데 이상한 것은 굉장히 흥미로운 이 에피소드는 국내에서는 쉽게 검색이 되는데, 해외 사이트에서는 좀처럼 찾아보기 힘든 일화라는 점이다. 필자의 능력 부족일지 모르겠으나 브로드웨이 기사에서 이 에피소드에 대한 언급을 찾지 못했다. 단지 영국 공연 때 지저분한 작품명 때문에 제목을 바꾸는 것에 대해 심각하게 고민한 적이 있다고 인디펜던스가 밝히고 있다. 에피소드의 진위 여부를 확인하기는 쉽지 않으나 이 에피소드는 작품의 중심 메시지와 연관이 있다.

쌀 것인가, 말 것인가, 이것이 문제로다

작품의 모티프는 〈유린타운〉의 작가인 그레그 커티스Greg Kotis의 실제 경험에서 비롯됐다. 유럽 여행을 하던 그는 여행 경비가 넉넉히 남아 있지 않았던 여행 막바지에 파리를 여행 중이었다. 룩셈부르크 공원을 지날 때 소변이 급했지만 주변에는 유료 화장실밖에 없었다. 공원 내 유료 화장실을 이용할지, 아니면 몇 시간을 참았다 저녁식사를 하는 식당에서 해결할지 고민에 빠졌다. 돈 때문에 생리적인 욕구를 통제해야 하는 상황은 용변권을 통제하는 미래 사회를 떠올리게 했고 〈유린타운〉을 구상하게 됐다.

뮤지컬 〈유린타운〉은 물 부족 현상으로 용변권을 통제당하는 미래 사회를 배경으로 한다. 클로드웰이 운영하는 유린 굿 컴퍼니가 도시의 화장실을 모두 통제하고 있으며, 이 도시에 사는 시민들은 이용료를 지불해야 화장실을 이용할 수 있다. 클로드웰 사장은 피프 상원의원 같은 부패한 정치가와 록스탁 경감 같은 부패한 경찰을 포섭해 시민들의 용변권을 지배한다. 그들은 시민들에게 오줌 누는 비용을 거둬들여 부를 축적한다. 만약 이를 어기는 사람이 있다면 유린타운으로 보낸다. 시민들은 유린타운이 어디인지 알지 못한 채 막연한 공포를 느낀다. 클로드웰 사장에게는 대학을 갓 졸업한 딸 호프가 있는데 유린 굿 컴퍼니의 후계자로 팩스와 복사 일을 담당한다. 화장실 관리인인 바비는 호프에게 첫눈에 반한다. "마음의 소리를 따라가라"는 호프의 충고를 들은 바비는 다음날 시민들을 이끌고 화장실을 점령한다. 바비와 가난한 시민들은 점령한 화장실에서 마음껏 용변을 보며 클로드웰 사장과 공권력에 대항한다.

부패한 권력과 자본가, 그리고 이에 맞서는 자유를 원하는 시민들의 대결 구도는 익숙하다. 대결 구도뿐만 등장인물들 역시 전형적이다. 이는 이름에서도 드러난다. 먼저 지배층의 대표자인 유린 굿 컴퍼니의 사장 클로드웰Cladwell은 클로쓰드 웰 clothed well, 잘 차려입은 즉, 지배층임을 알 수 있다. 피프Fipp 상원의원은 '피프peep 엿보다'와 같은 발음으로 자본가의 눈치를 보면서 이익을 취하는 정치가이다. 화장실 관리감독자인 페렐로프 페니와이즈pennywise는 'penny wise'라는 이름에서 자본가와 연결된 인물임을 드러낸다. 이들에 대항하는 세력도 이름에서 이미 역할이 드러난다. 페니와이즈의 조수로 화장실 감독 일을 하다가 호프와 사랑에 빠지면서 시민들의 혁명을 이끄는 바비 스토롱Bobby Strong은 '스트롱strong' 영웅적인 캐릭터이다. 바비의 뒤를 이어 클로드웰을 몰아내는 호프Hope가 '희망'을 암시하는 인물임을 굳이 말하지 않아도 될 것이다.

이처럼 부패한 권력층과 자유를 염원하는 시민들의 대결을 다룬 대중물은, 그것도 〈유린타운〉처럼 전형적인 캐릭터가 등장하는 우화적인 뮤지컬이라면 장르의 관습상 해피엔딩으로 막을 내리는 것이 일반적이다. 〈유린타운〉의 결말은 그렇지 않다. 이 작품의 특별함은 바로 전형적인 뮤지컬 구도를 취하면서 모든 면에서 뮤지컬 장르의 규범을 깨고 있다는 데 있다. 바비를 대신한 호프는 시민들과 힘을 모아 악덕 기업주인 클로드웰을 유린타운으로 보낸다. 시민들의 승리로 끝을 맺었다면 이 작품 역시 일반 뮤지컬과 다르지 않았을 것이다. 그러나 〈유린타운〉은 여기서 끝나지 않고, 이후 이 마을에서 벌어진 일을 들려주며 막을 내린다. 화장실을 점령한 호프와 시민들은 마음껏 화장실을 이용한다. 그러나 곧 물 부족 현상으로 화장실은 오물이 넘쳐나고 마을은 클로드웰 사장이 운영할 때보다 더 안 좋은 상황에 처하게 된다. 클로드웰 사장의 방식이 폭력적이긴 했지만 부족한 물을 관리하는 데 효과적이었다. 환경이 오염되고 물이 부족해지자 호프는 아버지 클로드웰보다 더욱 악독한 기업가로 변한다. 〈유린타운〉은 기본적인 욕망마저 소수가 통제하는 사회와, 개인의 자유를 마음껏 누리는 사회 모두를 비판한다. 〈유린타운〉은 맬서스의 《인구론》에 영향을 받았다. 맬서스는 1798년 그의 저서 《인구론》에서 인구가 늘어날수록 자원은 고갈되고 결국은 사회가 붕괴될 것이라고 전망했다. 맬서스가 19세기 유토피아적인 미래 전망에 재를 뿌렸듯이 〈유린타운〉은 수많은 뮤지컬에서 자유를 추구하는 이상적인 삶이 현실에서는 결코 행복을 가져다주지 않는다며 뮤지컬 관객들의 환상을 깨버린다. 〈유린타운〉이 수많은 공연장과 프로듀서에게 메일을 보냈지만 모두 거절을 당했던 것은 지저분한 이름 때문만이 아닐 것이다. 보다 본질적인 이유는 뮤지컬의 관습적인 전통을 깨부순 불순한 태도 때문일 것이다.

뮤지컬에 대한 뮤지컬

〈유린타운〉의 작품적 특징을 한 마디로 말한다면 '메타 뮤지컬Meta Musical'이다. 메타 연극, 메타 드라마, 메타 비평 등 우리는 종종 '메타'라는 용어를 접하게 된다. 메타Meta를 우리말로 옮기자면 '~를 초월한, ~의 뒤에, ~의 이면에, ~의 본질적인'에 해당한다. 형이상학을 '메타피직스metaphysics'라고 하는데, 천문, 기상, 동식물, 심리 등 자연학physics을 넘어선 본질적인 학문이란 의미다. 아리스토텔레스는 경험의 세계를 연구하는 자연학과 그것을 넘어서는 형이상학을 구별하였다. 형이상학은 자연학을 배운 이후에 연구할 수 있는 학문이라는 뜻에서 '~의 뒤에'이자, 자연학을 초월한 영역이라는 의미에서 '~을 넘어선'의 뜻을 지닌다. '메타 연극'이라고 하면 '연극에 대한 연극' 연극 장르를 소재로 하는 자기반영적 연극을 말한다. 메타 뮤지컬 역시 같은 개념으로 이해할 수 있다. 〈유린타운〉은 뮤지컬의

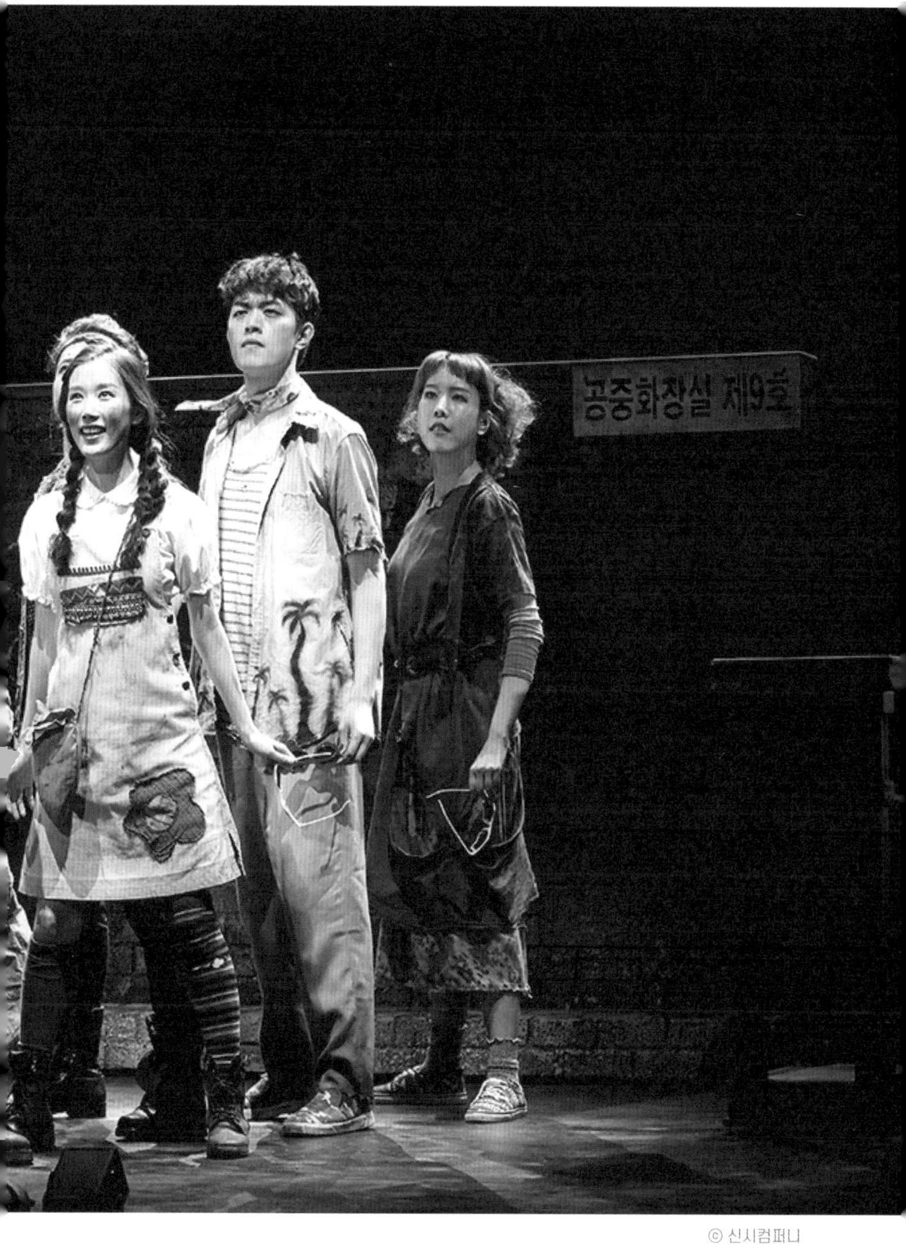

ⓒ 신시컴퍼니

자의식으로 충만한 뮤지컬이자, 뮤지컬 장르를 넘어서 뮤지컬의 관습적인 요소를 풍자하는 뮤지컬이다.

〈유린타운〉에는 두 명의 해설자가 등장한다. 클로드웰 사장이 가난한 시민들을 효과적으로 지배하는 데 복무하는 록스탁 경감과, 가난한 시민 중에서도 가장 어리고 힘없지만 영악한 리틀 샐리가 그들이다. 이들은 보통의 해설자와는 다르게 극에 깊숙이 개입하면서 앞으로 전개될 극에 대해 논평한다. 일반적으로 해설자는 한 명으로 충분한데 〈유린타운〉에서 두 명의 해설자를 설정한 것은 절대적인 권력을 지닌 해설자가 대립하는 두 편 중 어느 한쪽으로 기울지 않게 하기 위해서다. 기본적인 욕구를 통제해서 사회를 유지하는 클로드웰 사장 측에 록스탁 경감을 배치하고, 개개인의 본능을 자유롭게 누리고자 하는 시민들 편에 리틀 샐리를 속하게 했다. 대립되는 두 세력을 대신하는 해설자를 둔 것도 특별하지만, 〈유린타운〉의 해설자가 나누는 대화가 사건에 대한 논평뿐만 아니라 뮤지컬 장르의 자기인식적인 발언이나 풍자로 이루어진 것도 흥미롭다. 록스탁 경감의 오프닝 멘트는 이렇게 시작한다. "오줌마을에 오신 걸 환영합니다. 오줌마을이 아니라 뮤지컬 제목으로 오줌마을이요. … 그곳은 일종의 신화적인 장소라고 이해하시면 됩니다. 2막 때까지는 보실 수도 없는 곳이고요." 이 극이 뮤지컬이라는 자의식을 드러내는 표현은 리틀 샐리와의 대화에서도 이어진다.

록스탁 : … 그 어떤 것도 이 뮤지컬을 망가뜨리진 못해.

리틀 샐리 : 그건 어때요, 작품 주제가 형편없다는 건요?

록스탁 : 글쎄…

리틀 샐리 : 아니면 제목이 지저분하다는 건요, 그거면 이 공연을 쉽게 작살나게 할 수 있을 것 같은데…

뮤지컬에 대한 자의식적 발언은 장르적 관습을 드러내는 방식으로 발전한다.

리틀 샐리 : 저 아가씨(호프)가 바비를 사랑하나봐요.

록스탁 : 그런 게 확실해. 저 친구(바비)는 뮤지컬의 주인공이니까 저 아가씨가 그를 사랑해야만 돼지.

1막 마지막에 들어서기 전에 봉기하는 시민을 진압하던 록스탁이 "바로 여기가 1막 끝 장면이야. … 전 출연자가 같이 춤추고 노래 부르는 걸로 이어지지"라며 브로드웨이 뮤지컬에서 관습적으로 1막을 마무리하는 방식인 빅 피니쉬Big Finish를 언급한다. 이처럼 〈유린타운〉은 뮤지컬의 관습적인 양식을 따르면서 해설자를 통해 작품이 따르고 있는 장르적 특징을 의도적으로 노출한다. 〈유린타운〉은 수많은 유명 뮤지컬의 패러디를 포함하고 있는데, 패러디 역시 메타뮤지컬적 요소의 일환이다.

〈유린타운〉은 수많은 뮤지컬과 공연의 패러디로 가득하다. 〈유린타운〉에 포함된 뮤지컬 패러디를 어느 정도나 알아채는지로 마니아

정도를 가늠할 수 있을 정도다. 가장 많은 사람들이 알아차리는 패러디는 시민들이 깃발을 흔들며 부르는 1막 마지막 곡(심지어 노래 제목이 '액트 원 파이널 Act One Final'이다) 장면이 〈레미제라블〉의 '원 데이 모어One Day More'의 패러디라는 것이다. 바비의 아버지 스토롱 영감이 경찰들에게 끌려가면서 했던 말 "나를 잊지 말아라"를 죽은 이후에도 계속 상기시키는 것은 〈햄릿〉의 죽은 상왕을 연상시키고, 바비와 호프가 사랑에 빠진 후 다음날 약속을 잡는 장면은 〈로미오와 줄리엣〉의 발코니 장면의 판박이이다. 성난 시민들이 호프를 교수형시켜야 한다며 부르는 '저 년을 죽여라Snuff That Girl'은 〈웨스트 사이드 스토리〉의 제트파가 결투 전 흥분을 다스리는 '쿨Cool'의 패러디이다. 흥분한 시민들은 〈웨스트 사이드 스토리〉의 제트파 청년들이 손가락을 튕기는 행동을 그대로 모방한다. 클로드웰 사장이 자화자찬하는 노래 '미스터 클로드웰'은 제리 허먼의 〈헬로 돌리〉나 〈메임〉의 곡을, 경찰의 임무를 힙합으로 노래하는 '경찰 송Cop Song'은 손전등만으로 조명을 삼아 노래했던 〈풀몬티〉를 연상시킨다. 이외에도 기존 작품의 음악적 패러디든, 유명 장면의 패러디든 작품 속에 숨어있는 패러디 장면은 무궁무진하며 프로덕션에 따라 영리하게 추가할 수도 있다. 이런 장면을 알아보지 못한다고 하더라도 작품의 재미가 반감되지는 않는다. 노래와 어울리지 않게 어색한 군무를 추는 앙상블이나 뜬금없이 박수를 유도하는 마무리 장면은 수많은 뮤지컬의 클리셰로, 이 장면에서 정확히 어떤 공연을 떠올리지 못한다해도 뮤지컬적인 느낌을 받게 된다.

전형적인 뮤지컬 양식을 배신

〈유린타운〉의 뮤지컬 패러디나 해설자가 뮤지컬 장르의 관습적인 형식을 노출하는 것은 결코 오마주를 위한 것이 아니다. 〈유린타운〉이 다양한 뮤지컬을 패러디하고, 외형적으로는 뮤지컬의 관습적 양식을 따르는 듯 보이지만, 오히려 전형적인 뮤지컬의 관습을 거부한다. 일단 히어로 주인공인 바비가 극의 갈등에 이르기 전에 죽는다. 게다가 그의 뜻을 이어받은 호프와 시민들이 혁명에 성공하지만 이들이 해피엔딩을 맞지 못한다.

〈유린타운〉은 뮤지컬 패러디와 뮤지컬적인 클리셰의 남발을 통해 선과 악으로 구분하는 뮤지컬의 이분법적 관습을 풍자한다. 인간의 기본적인 욕망을 통제하는 클로드웰 사장과 본능의 자유를 추구하는 바비와 시민들의 대립은 뮤지컬적인 관습상 결국 바비의 승리로 끝날 것임을 예상하게 했다. 자유롭게 용변볼 권리를 주장한 바비나, 시민 편에 서는 호프를 완전한 선으로 여길 수는 없다. 바비가 시민들에게 자유를 추구하자고 독려하는 노래 '자유를 향해Run, Freedom, Run'나 클로드웰을 몰아냈지만 다시 가뭄 속에서 물 기근으로 고생하는 시민들에게 가슴속에 흐르는 강물을 보라는 호프의 노래 '강물을 보라I See the River'는 둘 다 가스펠 스타일의 곡이다. 이상적인 자유의 추구를 설파하는 바비와 호프의 노래를 종교적인 색채가 강한 가스펠로 표현했다. '자유를 향해'는 바비가 마치 기적을 일으키는 예수처럼 연출되기도 하는데, 목발을 짚고 다니던 수피 수는 바비의 말에 감복 받아 목발 없이 걸으려고 하다가 쓰러진다. '강물

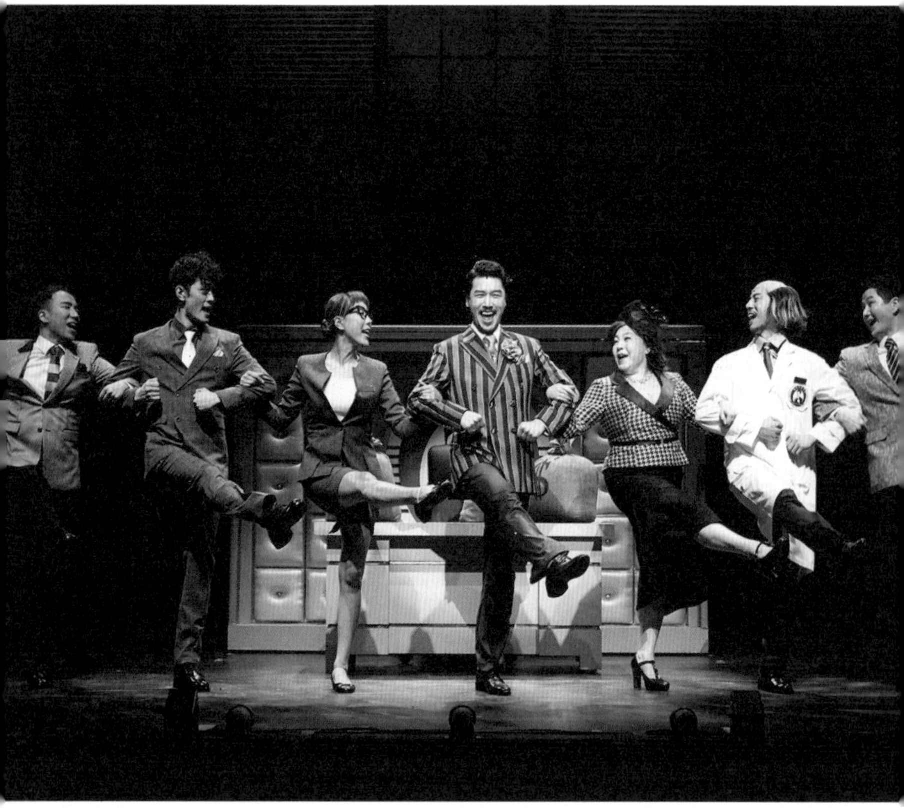

ⓒ 신시컴퍼니

을 보라'에서도 갈증으로 허덕이는 조세핀에게 호프는 마음속에 흐르는 강물을 보라며 허황된 충고를 한다. 우리가 악이라고 생각했던 클로드웰 사장만큼이나, 자유를 만끽하라고 혁명을 일으킨 바비와 호프 역시 위험한 인물이다. 작품 속 앙상블 배우들은 유린 굿 컴퍼니 직원들과, 가난한 시민들을 1인 2역으로 연기한다. 이 역시 이들이 선과 악으로 명확히 구분될 것 같지만 사실은 그다지 구분되지 않은 인물임을 보여주고 있다.

뮤지컬 〈유린타운〉이 궁극적으로 전하는 메시지는 욕망은 통제해야 한다는 것도, 본능에 충실한 자유도 아니다. 오히려 그렇게 이분법적으로 나누어 생각하는 사고의 경직성을 경고한다. 리틀 샐리는 극 초반에 이 두 가지 방법 외에 수리학에 관한 이야기를 꺼내지만 록스탁 경감은 뮤지컬에서는 하나의 주제에 몰두해야 한다면서 더 이상의 언급을 피한다. '본능의 통제'와 '본능을 추구할 자유' 대립된 선택 안이 아닌 물 부족 문제의 본질적인 대안이 이처럼 쉽게 논의에서 제외된다. 뮤지컬에서는 부수적인 이야기보다 본질적인 이야기에 몰두해야 한다며 관객들의 관심 역시 두 가지에 집중하도록 만든다. 다른 논의를 하지 못하는 등장인물뿐만 아니라 관객 역시 이분법적인 사고에 빠져들게 되는 것이다.

유린타운은 어디인가

마음대로 아무 데서나 볼 일을 보았던 스토롱 영감은 유린타운으로 끌려간다. 돈으로 매수하려는 클로드웰 사장의 제안을 거부하자 바비 역시 유린타운으로 보내진다. 통제에 따르지 않으면 이 마을 사람들은 공권력에 의해 유린타운으로 보내진다. 그곳이 어딘지 모른 채 공포의 장소로 여겨진다. 유린타운은 각 인물마다 다른 의미를 갖는다. 클로드웰 사장에게는 통제를 따르지 않으면 다가올 미래이자, 실체를 알기 전 시민들에겐 막연한 두려움의 공간이다. 바비가 록스탁 경감에게 끌려간 유린타운은 마을이 한눈에 내려다보이는 바로 유린 굿 컴퍼니의 옥상이었다. 기본적인 본능마저도 통제당하면서도 아무런 저항도 하지 못했던 우리가 사는 이곳이 바로 유린타운인 것이다. 호프와 시민들은 통제에서 벗어나 용변권의 자유를 획득했지만 물 부족 상황을 대처하지 못하고 자유를 만끽한 이후 그들은 유린타운에서 벗어나지 못한다. 이처럼 유린타운은 기본적인 본능마저도 통제되는 세상이자, 개개인의 자유를 남용해 자원이 고갈된 사회이다. 하지만 그들은 자신들이 유린타운에서 살고 있는지 깨닫지 못한다. 그러니까 'Urine Town(오줌마을)'은 'You're in Town(우리가 살고 있는 마을)'인 셈이다. 제목에 얽힌 에피소드는 실제 있었던 일이 아니라 상징적인 의미라고 생각한다. 이 질문은 작품 속 등장인물에게만 머물지 않고 관객에게 확장된다. 1막 처음 모든 배우들이 "여긴 유린타운"이라고 부르는 합창은 극 중 인물이 처한 환경이자, 관객들은 같은 상황이 아닌지를 묻는 질문 같다. 당신이 살고 있는 곳은 안녕하신가? 당신은 기본적인 욕망마저 통제당하고 살고 있지는 않은가? 당신이 살고 있는 곳이 혹시 유린타운은 아닌가?

HEDWIG

19

남자도 여자도 아닌 그저
헤드윅

동독에서 태어나 사랑을 찾아 베를린 장벽을 건너야 했던 헤드윅은 그 댓가로 성전환수술을 받다가 1인치 살덩이가 남아 남자도 여자도 아닌 존재로 살아간다. 과도한 화장에 가발을 쓰고 무대에서 자신의 과거를 냉소적으로 이야기하는 헤드윅, 그는 지금까지 등장한 모든 뮤지컬 속 인물 중에서도 단연 두드러지는 캐릭터이다. 헤드윅의 개인 콘서트 형식으로 진행되는 뮤지컬 〈헤드윅〉 역시 기존의 뮤지컬과는 결이 다른 작품이다. 작은 바에서 시작한 쇼는 오프브로드웨이에 올랐고, 2001년에는 영화로 제작된다. 작은 아이디어에서 시작한 쇼가 대체 불가한 콘텐츠로 떠오를 수 있었던 데에는 뜨거운 팬덤이 큰 역할을 했다. 뮤지컬과 영화를 통해 헤드윅을 만난 이들은 자진해서 헤드윅의 추종자가 되기를 주저하지 않았다.

전 세계의 팬들은 자발적으로 헤드헤즈라는 거대한 팬덤을 만들었다. 도대체 왜 많은 사람들이 남자도 여자도 아닌, 헤드윅의 이야기를 들으며 열광하고 빠져드는 것일까. 아마도 그것은 작품 속 이츠학의 말대로 "당신과 나 우리 모두가 헤드윅"이기 때문일 것이다. 〈헤드윅〉을 이야기할 때 이 작품의 작가이자 오리지널 헤드윅이며, 영화에서도 감독과 주연을 맡은 존 카메론 미첼을 빼놓고 이야기할 수는 없다.

새로운 스타일의 드랙퀸쇼

〈헤드윅〉의 출발은 한 비행기 안에서 시작됐다. "파스빈더의 책을 읽는 걸 보니 영화 쪽 일을 하시나 봐요?" 존 카메론 미첼은 옆 좌석에 앉은 한 남자에게 말을 걸었다. 그는 드랙퀸쇼로 유명한 스퀴즈박스Squeeze Box의 음악감독이자 밴드 치터스의 리더인 스티븐 트래스크였다. 둘은 비행 내내 영화와 뮤지컬에 대해 이야기를 나누며 깊은 공감대를 확인한다. 얼마 후 미첼은 친구를 따라 스퀴즈박스에서 트래스크와 재회한다. 그곳에서 미첼은 처음으로 드랙퀸쇼를 보게 된다. 그는 화려한 가발과 의상을 한 여장남자가 파워풀한 가창력을 뽐내는 드랙퀸쇼에 빠져버린다. 강렬한 인상을 받은 미첼은 새로운 아이디어를 떠올렸다. 미첼은 드랙퀸이 자신의 이야기를 들려주는 완전히 새로운 형식의 드랙퀸쇼를 제안한다.

1994년 미첼이 구상한 새로운 스타일의 드랙퀸쇼가 스퀴즈박스에 오른다. 드랙퀸쇼는 여장남자를 한 드랙퀸이 디바의 노래를 립싱크하거나, 직접 부르며 파워풀한 가창력을 자랑하는 것이 일반적인 형식이다. 그러나 미첼의 드랙퀸쇼는 자전적인 이야기를 담담히 들려주는 모노드라마에 가까웠다. 대본은 미첼이 쓰고 음악은 드래스크가 작곡했으며, 헤드윅 역으로 미첼 자신이 출연했다. 어린 시절 미군인 아버지를 따라 미국 전역을 옮겨다녀야 했던 미첼은 어린 시절의 경험을 이야기 모티프로 삼았다. 처음 미첼이 구상한 주인공은 헤드윅이 아니라, 아버지가 군인이자 카톨릭 신자였지만 성 정체성의 혼란을 느끼는 토미였다. 토미는 미첼의 어린 시절 경험을 투영한 인물이다. 그러나 드랙퀸쇼에서는 드랙퀸이 주인공이어야 한다는 트래스크의 의견에 따라 주인공을 헤드윅으로 변경했다. 헤드윅은 미첼이 14살 무렵 동생을 봐주던 보모 독일인 잉가를 모델로 한 인물이다. 그녀는 허름한 트레일러에서 살고 있었는데 미첼이 놀러 가면 맥주를 주곤 했다. 어린 미첼은 매번 그녀의 남자친구가 바뀐다는 것을 이상하게 생각했는데, 나중에서야 그녀가 낮엔 보모로 그리고 저녁엔 매춘부로 일한다는 것을 알게 되었다.

1994년 맨해튼의 록 클럽 돈 힐즈의 스퀴즈박스에서 드랙퀸쇼 형태로 공연할 때만 하더라도 30분 남짓의 짧은 공연이었다. 플라톤의 《향연》 중 아리스토파네스의 이야기를 토대로 한 '사랑의 기원The Origin of Love'과, 마지막에 모든 것을 벗어던진 헤드윅이 '미드나잇 라디오Midnight Radio'를 부른다는 설정은 같았지만 초반에는 아직 허술한 즉흥 쇼에 불과했다. 미첼은 스퀴즈박스에서 이 공연을 지속하면서 극의 빈틈을 채워갔고 그에 따라 노래도 추가했다. 4년간 공연은 발전했고 지금의 형태에 이르게 되었다. 이들의 공연은 연일 대단한 인기를 얻자 좀 더 큰 공연장이 필요했다.

1998년 드디어 〈헤드윅〉이 오프 브로드웨이로 진출했다. 그러나 기존 공연계는 파격적인 내용과 주제의 〈헤드윅〉을 아직 받아들일 준비가 되어 있지 않았다. 그들은 새로운 공간이 필요했다. 그들이 찾아낸 곳은 한때 타이타닉의 생존자가 묵었던 호텔 리버뷰의 연회실이었다. 이곳은 한동안 클럽으로 사용되다 방치된 상태였는데, 이를 공연장으로 개조해 〈헤드윅〉 무대로 삼았다. 세상에 경계에 선 헤드윅이 공연을 올리기에 가장 적합한 곳이었다.

콘서트형 뮤지컬

뮤지컬 〈헤드윅〉은 호텔 리버뷰 볼룸에서 헤드윅이 자신의 이야기를 들려주는 콘서트 형식을 취한다. 베를린 장벽이 세워지던 1961년 동 베를린에서 태어난 한셀이 왜 샛노란 가발에 과장된 화장을 한 헤드윅이 되어 뉴욕의 허름한 호텔 볼룸에서 공연을 하고 있는지를 들려준다. 헤드윅은 어린 시절 아버지에게 성적 학대를 당한다. 아버지로부터 도망쳐 엄마와 살고 있던 어린 미첼은 미군인 루터에게서 달콤한 쾌락의 맛을 알게 된다. 그를 따라 미국으로 가기 위해 성 전환 수술을 하다가 실패해 어정쩡한 1인치 살덩이가

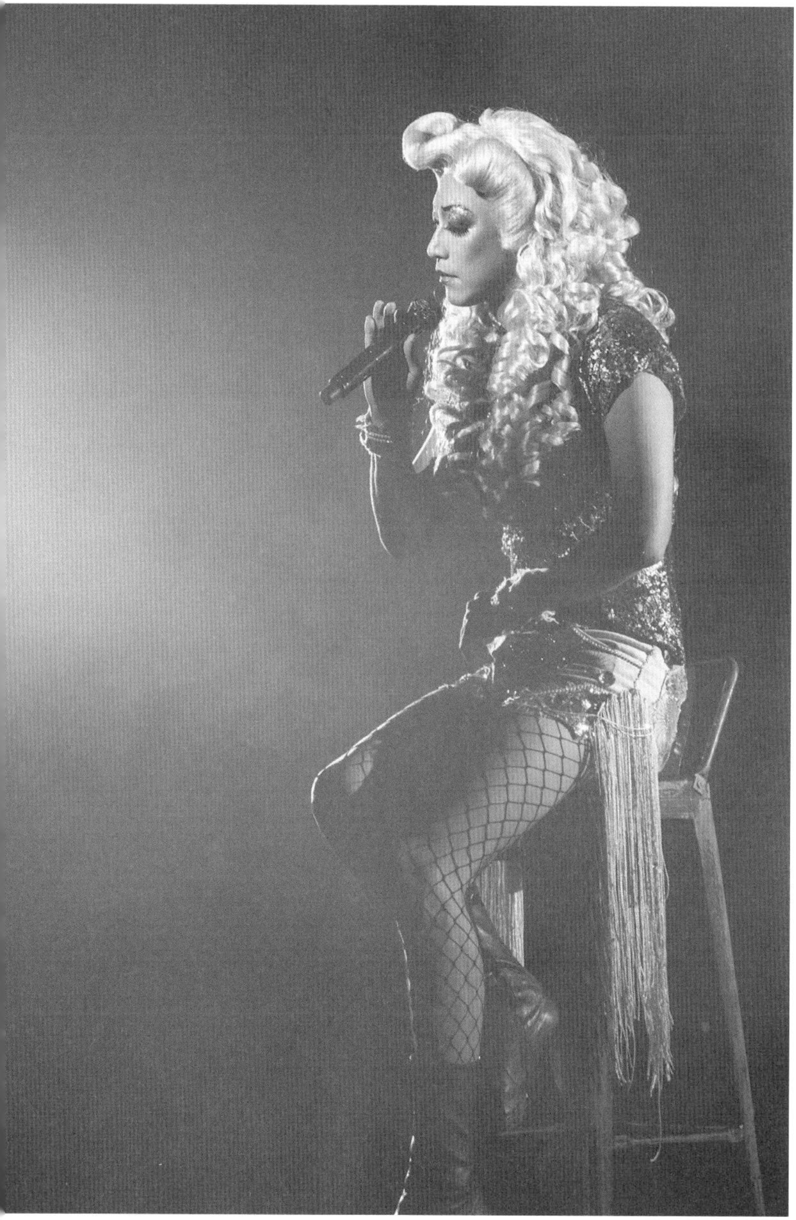

남는다. 남자도 여자도 아닌 상태로 살아가야 했던 그의 이야기에는 자학과 조롱 그리고 페이소스가 가득하다.

〈헤드윅〉은 뮤지컬 작곡가가 아닌 록커가 뮤지컬 작곡을 한 첫 케이스이다. 〈헤드윅〉의 노래는 기존의 록 뮤지컬 음악과도 차원이 다른 제대로 된 록 음악을 선보인다. 작품 속 노래들은 헤드윅이 호텔 리버뷰 볼룸의 콘서트에서 부르는 노래이자 헤드윅의 사연을 들려주는 노래이다. 루터의 달콤한 유혹은 컨트리 풍의 '슈가 대디Sugar Daddy'로 부르고, 성전환수술의 실패담은 록 스타일의 '성난 1인치Angry Inch'로 분노를 담아낸다.

노래 한 곡 한 곡은 콘서트의 개별적인 노래이자 헤드윅이 들려주는 자신의 이야기를 전하는 드라마적인 역할을 톡톡히 한다. 노래의 구성 역시 드라마틱하다. 동과 서, 남과 여 어느 쪽으로든 속하기를 바라는 세상에서 경계에 위치한 헤드윅은 구분하기를 좋아하는 세상의 공격 대상이 된다. 그러한 세상에 맞짱을 뜰 기세로 호기롭게 '날 부셔봐Tear Me Down'라고 외치며 시작한 헤드윅은 극의 후반부 '조각난 시체Exquisite Corpse'에서 만신창이가 된 자신을 노래한다. 첫 곡 '날 부셔봐'와 후반부에 부르는 '조각난 시체'는 마치 기승전결 구조처럼 음악적으로뿐만 아니라 드라마적으로 연결된다. 위기에서 클라이막스로 화려하게 폭발하는 노래가 토미가 부르는 '위키드 리틀 타운Wicked Little Town'이다. 만신창이가 된 헤드윅을 일으켜주는 이 노래는 앞서 헤드윅이 토미에게 불러주는 노래를 토미가 리프라이즈한 노래이다. 〈헤드윅〉의 노래는 여느 콘서트처럼 순서를 바꾸어도 상관없을 것 같이 독립되어 보이지만 헤드윅이 전하는 이야기와 매우 유기적으로 연결되어 있을 뿐만 아니라, 음악의 드라마틱한 결합은 일반 뮤지컬과 다르지 않다.

사랑의 기원

〈헤드윅〉에는 모두 11곡의 음악이 사용된다. 대부분의 곡은 헤드윅의 과거와 연관된 노래이거나, 후반부에 나오는 노래는 그의 상처를 드러내고 위로하는 곡이다. 〈헤드윅〉의 대표곡인 '사랑의 기원The Origin of Love'은 이들 노래와는 좀 다른 위치에 있다. 스토리 상으로는 헤드윅의 엄마가 어린 시절 들려준 우화를 노래로 만들었다는 설정인데, 다른 곡들처럼 헤드윅의 사연을 들려주기보다는 메시지를 전달하는 역할을 한다. 이 노래의 가사는 플라톤의 《향연》에 나오는 아리스토파네스의 이야기이다. 아주 오래 전 인간들은 세 가지 부류로 나뉘어진다. '남자-남자'로 이루어진 태양의 아이, '여자-여자'로 된 대지의 아이, '남자-여자'로 이루어진 달님의 아이가 그들이다. 완성체로 신의 영역을 넘나들었던 인간들을 신들은 못마땅하게 여겼고, 제우스는 번개를 내리쳐 인간들을 반으로 갈라놓았다. 아폴론은 반쪽으로 갈라진 인간들의 상처를 안쪽으로 봉합했다. 그 때의 갈라진 상처의 흔적이 배꼽이다. 아폴론은 배꼽을 남겨 인간이 상실한 반쪽을 기억하도록 했다. 완전체에서 반으로 떨어진 인간은 평생을 자신의 반쪽을 그리워하는 천형을 짊어지고 살게 된다. 반으로 나눠진 인간들이 떨어져 나간 반쪽을 우연히 만난다면 기억할 수 있을까. 이러한 신화적인 내용을 담고 있는 곡이 '사랑의 기원'이다.

'사랑의 기원'을 작품의 테마곡으로 본다면 뮤지컬 〈헤드윅〉은 오래 전 분리된 자신의 반쪽을 찾기 위한 헤드윅의 여정으로 볼 수 있다. 어린 한셀은 달콤한 쾌락을 주는 미군 루터가 자신의 반쪽이라고 생각했다. 국내 공연에서 '슈가 대디'는 루터가 어린 한셀에게 달콤한 젤리를 주며 유혹하는 노래로 건전하게 번역되었지만 컨츄리풍의 이 노래에는 경쾌한 멜로디와는 다르게 농도 짙은 성적 암시들로 가득하다. 미첼은 자신의 반쪽이라고 생각했던 루터와 미국으로 떠나기 위해 성전환 수술을 받지만 성공하지 못한다. 결국 그는 연고가 전혀 없는 미국에서 버려진다. 실패한 트랜스젠더 헤드윅은 미국에서 아직 세상 물정을 모르는 토미를 만나 자신의 모든 것을 전수한다. 헤드윅은 한없이 순수한 토미에게서 자신을 본다. 토미 역시 헤드윅에게 우정 이상의 감정을 느끼지만 헤드윅의 남겨진 의문의 살덩이를 확인하고는 그로부터 도망친다. 헤드윅은 두 개로 나눠어진 세상에 폭력적으로 편입당하고, 자신의 반쪽인 토미의 배신으로 상처입는다. 그 상처가 토미의 사과와 용서를 구하는 노래 '위키드 리틀 타운'으로 치유된다. 그러므로 뮤지컬 〈헤드윅〉은 아리스토파네스가 말한 반쪽을 찾기 위한 헤드윅의 여정이며, 헤드윅이 그의 반쪽인 토미를 찾아내면서 오래 전 인간처럼 완전체가 되는 이야기이다. '사랑의 기원'을 중심으로 〈헤드윅〉을 받아들인다면 운명의 반쪽을 찾아가는 여정으로 볼 수 있다.

이 작품은 '사랑의 기원'보다는 '위키드 리틀 타운'을 중심으로 읽어갈 때 좀 더 열린 해석이 가능하고, 그것이 이 작품의 본질에 가깝다고 생각한다. 〈헤드윅〉의 11곡 중 오직 '위키드 리틀 타운'만이 리프라이즈 된다. 헤드윅이 토미의 집에서 가정부로 일하던 시절 자신의 콘서트에 찾아온 토미에게 불러주는 노래이다. 헤드윅은 토미에게 이 지긋지긋한 현실에서 벗어나려면 자신의 음악을 따라오라고 노래한다. 자신에게 음악과 사랑을 알려주었지만 헤드윅으로부터 도망친 토미는 록 스타가 된 후 콘서트에서 헤드윅에게 용서를 구하며 '위키드 리틀 타운'을 부른다. 토미의 '위키드 리틀 타운'은 멜로디는 같지만 가사가 다르다. 토미는 헤드윅이 얼마나 그에게 중요한 존재인지 이제야 깨달았다는 고백과 함께 이미 헤드윅은 "신이 계획한 그 어떤 존재나, 그 어떤 남자나 여자보다도 완전하다Than any god could ever plan, more than a woman or a man"고 노래한다. 헤드윅은 아리스토파네스가 말한 오래 전 갈라진 반쪽을 토미에게서 발견하고 치유되는 것이 아니라, 지금 그 자체로도 완전하다는 인정을 받으면서 치유된다. 그러므로 뮤지컬 〈헤드윅〉을 오래 전 나의 반쪽 찾기 여정으로 바라보는 앞선 해석보다 경계에 선 존재인 헤드윅이 있는 그대로의 자신을 받아들이면서 치유되는 이야기로 보는 편이 좀 더 본질에 다가선 접근일 것이다. 원작자인 미첼은 이 말에 동의하지 않을 것이다. 이 해석이 틀렸기 때문이 아니라 그는 〈헤드윅〉은 다양하게 해석될 수 있고 사람들이 각자의 방식으로 받아들이는 것을 좋아하기 때문이다. 하나의 정해진 해석을 주장하는 것은 얼마나 폭력적인가. 평생을 편견과 차별로 상처받은 헤드윅을 또 다시 특정 정답으로 가둬두는 것은 가혹하다.

마지막 장면에서 헤드윅은 자신을 여성으로 꾸몄던 과장된 화장을 지우고 가발을 벗어던진다. 가슴에 넣었던 토마토를 으깨고 반바지 하나만을 걸친 채 남자도 여자도 아닌 온전한 헤드윅으로 무대에 선다. 그리고 자신을 비롯한 모든 차별과 싸워온 록큰롤 전사를 위해 노래한다. 마지막 곡 '미드나잇 라디오'는 앞서 차별과 맞선 전사들을 위한 노래이자 스스로를 위한 노래이다. 그는 이 노래에서 전사들의 이름을 하나하나 호명한다. "이 잔은 패티에게, 요코에게, 아레사에게, 노나에게, 니코에게, 그리고 나에게Here's to Patti, and Tina, and Yoko, And Aretha, And Nona, And Nico, And me" 패티 라벨, 티나 터너, 오노 요코, 아레사 프랭클린, 노나 헨드릭스, 벨벳언더그라운드의 니코 등 헤드윅이 언급한 이들은 전설적인 여성 록커들이다. 이들 중에는 양성애자도 있다. 성적인 차별에 저항했을 뿐만 아니라 이들은 세상이 쌓아온 편견과 차별을 록 음악으로 저항했다. 이들의 이름 옆에 헤드윅의 이름을 나란히 놓으면서 그 역시 세상의 편견에 맞서 싸워온 전사임을 드러낸다.

우리는 모두 헤드윅

헤드윅은 남자도, 여자도 그렇다고 트랜스젠더도 아니다. 남자와 여자의 경계, 그 경계의 틈이 바로 헤드윅이다. 남자와 여자, 동과 서 어느 한쪽에 포함되기를 강요하는 세상은 헤드윅을 그 자체로 인정하지 않았다. 헤드윅은 세상의 차별로 인해 트라우마가 생겼다. 그의 과장된 화장과 가발은 드랙퀸쇼의 전통을 이어받는 것이면서, 한편으로는 편입되기를 강요하는 사회에 대한 위악적인 반항이다. 그는 강조된 화장과 가발을 통해 여성미를 파괴하고 기괴한 모습을 드러낸다. 자신과 정반대에 위치한 법적 남편 이츠학에게 세상이 헤드윅에게 가한 것과 같은 방식의 폭력을 가하는 것은 트라우마 때문이다. 이츠학은 크로아티아의 유명한 드랙퀸이었다. 그는 인종청소가 이루어졌던 크로아티아를 벗어나 미국으로 떠나길 원했다. 헤드윅은 그의 소원을 들어주는 대신 루터가 자신에게 했던 방식 그대로를 이츠학에게 돌려준다. 드랙퀸인 이츠학에게 여자 의상을 입지 못하게 하고 남자로 살아가게 한다. 이츠학에 대한 헤드윅의 뒤틀린 폭력은 토미가 용서를 구하고 헤드윅의 존재를 인정하면서 철회된다. 경계자로서 자신을 인정받은 헤드윅은 남자로 태어났지만 여자로 살아가길 원했던 이츠학에게 가발을 건넨다.

트랜스젠더가 주인공으로 등장하지만 〈헤드윅〉은 퀴어 뮤지컬이 아니다. 퀴어 뮤지컬이라고 부르더라도 그것이 동성애자에 한정된 뮤지컬을 의미하는 것은 아니다. “퀴어라는 말은 단순히 동성애를 의미하지 않는다. 이성애자도 퀴어가 될 수 있다. 퀴어는 젠더와 섹

슈얼리티라는 프리즘을 통해 제3자의 입장에서 세상을 바라보는 방식이다." 존 카메론 미첼은 퀴어는 편견 없이 세상을 바라보는 방식이라고 말한다. 뮤지컬 〈헤드윅〉의 팬덤이 유독 강한 이유는 이 때문이다. 내용적으로는 퀴어 뮤지컬이지만 헤드윅은 모든 편견과 차별과 전쟁을 벌이고, 수많은 차별 속에서 고통을 받는 이들에게 위로를 건넨다. 남자든 여자든 아니면 그 경계에 있든, 우리는 그 자체로 존중받을 가치가 있고 그런 의미에서 우리 모두는 헤드윅이다.

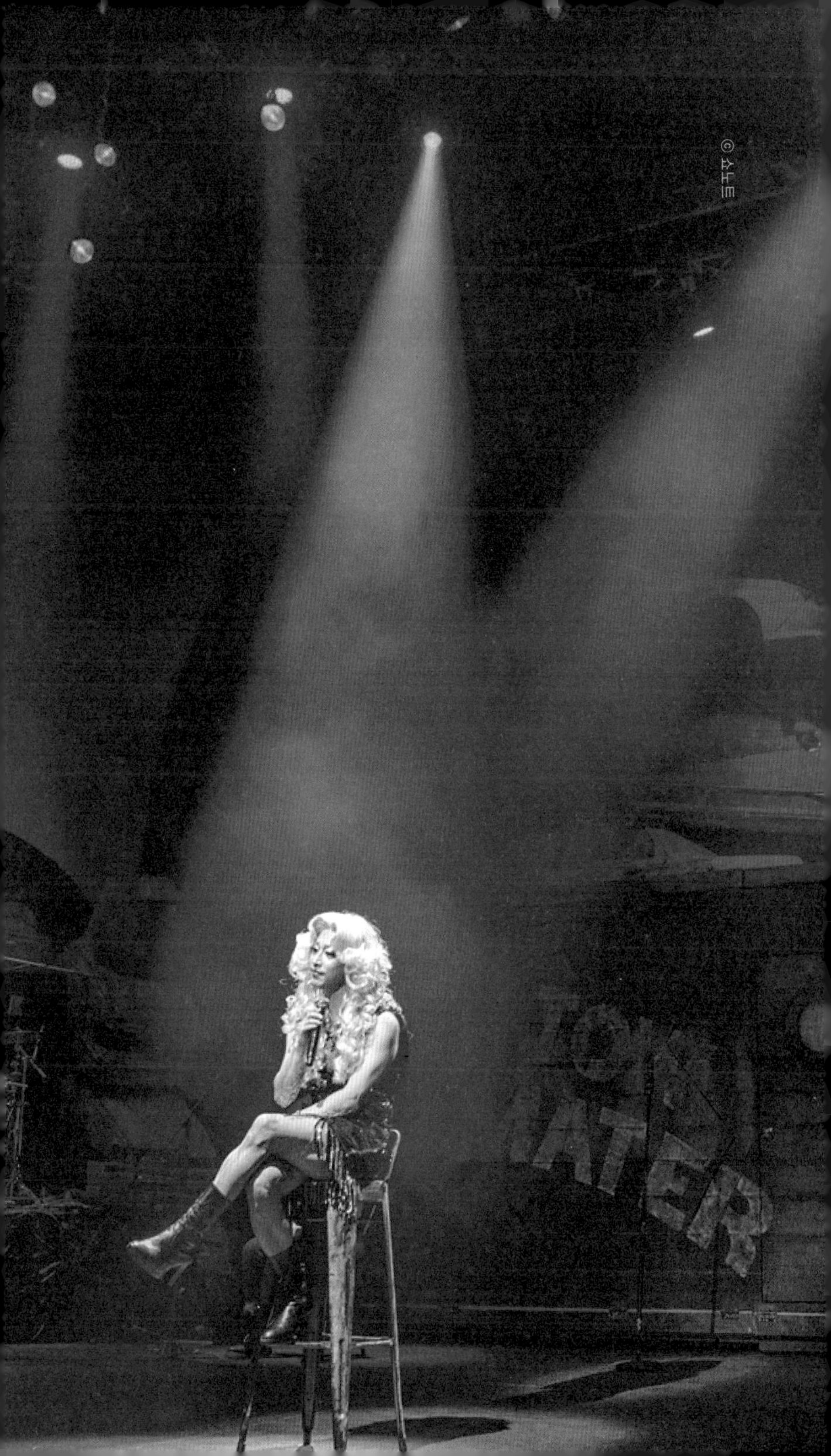

ATER

#05 뮤지컬 더 들여다 보기 SIDE STORY

뮤지컬의 현대적 경향

뮤지컬은 보수적인 장르이다. 뮤지컬은 쇼 형식에서 점차 완결된 이야기 구조의 작품으로 발전되어 오다가 1940년대부터 〈왕과 나〉, 〈오! 클라호마〉를 만든 해머슈타인과 리차드 로저스의 작업으로 북 뮤지컬이 확고하게 자리를 잡았다. 지금도 뮤지컬은 음악과 이야기가 유기적으로 결합되어 전개되는 북 뮤지컬이 대세이다. 현대 뮤지컬은 음악이 독립적이고 그 자체로 완결성을 지니는 경향을 보인다. 현대 뮤지컬 음악은 그 자체만으로도 꽤 감상할 만해졌다. 〈스프링 어웨이크닝〉은 극적 시간이 멈춘 상태에서 현대 록 음악을 들려주고, 〈애비뉴 Q〉는 거의 대부분의 곡이 쇼 스타퍼(극을 멈추고 유쾌한 쇼로 노래를 감상하게 하는 곡)로 이루어진다. 뮤지컬은 보수적이지만 노래 스타일뿐만 아니라 장르 자체도 조심스럽게 진화하고 있다.

장르의 해체

해체와 혼종은 21세기 현대 공연을 규정하는 가장 중요한 특징이다. 무용에 연극적인 요소가 결합하거나 연극에 무용이나 영상이 뒤섞여서 장르를 규정하기 힘든 작품이 많아졌다. 특히 영상이 배경을 대신하는 기능을 넘어 작품의 중요한 표현 수단으로 작용하는 작품들은 너무 많다. 칠레 연극 〈신 상그레〉는 이미 촬영된 영상과 무대 공간을 엮어가며 전개한다. 영상과 무대가 인터렉티브한 관계를 맺으며 극이 진행된다. 영상 속 인물과 무대 위 인물이 총격전을 벌이고, 영상에서 총을 쏘면 무대의 건물이 파괴되는 식이다.

현대 공연의 특징인 해체와 혼종은 뮤지컬에도 영향을 미친다. 흔히 뮤지컬을 춤과 음악, 드라마 3요소를 갖추고 있는 공연 양식으로 정의한다. 그렇다면 노래하지 않는 뮤지컬이 가능할까? 2000년 브로드웨이 토니상 심사위원회에서는 〈컨택트〉를 두고 심각한 논의가 펼쳐졌다. 〈컨택트〉는 출연하는 배우 중 누구도 노래를 하지 않고, 사용하는 노래 역시 새롭게 작곡된 것이 아니었다. 세 개의 에피소드를 춤으로만 표현한 이 작품은 공연 중의 총 대사 분량이 A4지 두 장도 안 될 정도였다. 기존 뮤지컬에서는 상상하기 힘든 형식이지만 토니상 심사위원회는 이 작품을 뮤지컬 장르에 포함시켰다. 비록 춤으로 표현되었긴 하지만 각 에피소드마다 명확한 스토리가 있고, 각 에피소드들이 하나의 콘셉트로 엮여 드라마적인 요소를 갖추었다고 보았다. 매튜 본이 남성

백조들을 등장시킨 〈백조의 호수〉 역시 같은 논란을 불러일으켰다. 차이코프스키의 음악을 사용하고 배우들 중 그 누구 하나 노래뿐만 아니라 대사도 하지 않았다. 이 작품 역시 올리비에 시상식에서 뮤지컬 부문에 포함됐다.

뮤지컬은 춤과 드라마, 음악이 포함된 종합 예술이다. 춤이 거의 없는 뮤지컬은 예전에도 종종 있어 왔다. 이제는 노래를 부르지 않고 춤을 주요 표현 수단으로 삼은 작품까지도 뮤지컬 장르로 포용한다. 현대 뮤지컬은 스스로 장르의 경계를 넓혀가며 진화하고 있다.

참여하는 관객

현대 공연은 여러 장르의 양식이 다양한 방식으로 결합돼 고정된 장르를 해체할 뿐만 아니라 고유한 영역이었던 작가, 대본, 무대, 배우의 고정 개념을 파괴한다. 즉흥 뮤지컬 역시 관객들의 직접적인 참여로 대본이 이루어진다는 점에서 최근의 흐름을 반영한 공연 형태이다. 에든버러 페스티벌에서 장기간 흥행한 즉흥 뮤지컬 〈쇼 스타퍼〉는 현장에서 관객들의 요청으로 극을 완성하는 주문형 공연이다. 배우들은 관객들에게 받은 몇 가지 키워드를 조건으로 작품을 완성한다. 작품 스타일이나 주인공, 갈등 요소뿐만 아니라 메인 주제곡의 스타일까지 관객들의 입맛에 맞춰 즉석에서 즉흥 작품을 보여준다.

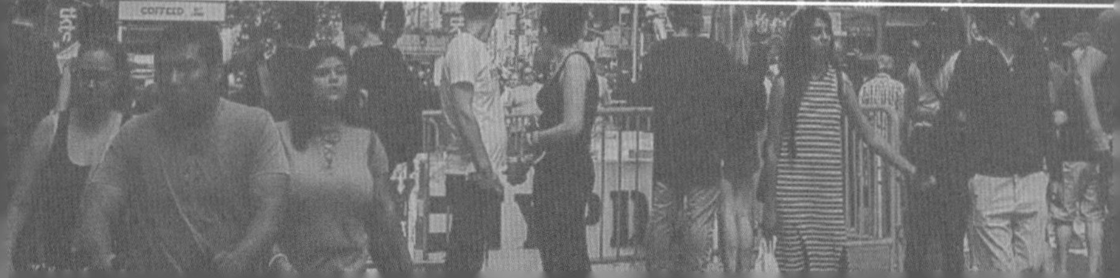

<쇼 스타퍼>를 모티프로 한 <오늘 처음 만드는 뮤지컬>는 당장 내일이 공연인데 대본이 안 나온 상황이라는 가정 하에 관객들의 도움으로 뮤지컬을 완성한다. 배우들은 관객들에게 작품의 장르, 제목, 주인공의 나이와 직업, 장단점, 작품의 배경이 되는 장소, 명대사 그리고 투자사까지 즉석에서 받아 공연을 만들어낸다. 전혀 어울리지 않는 상황을 제시하는 과정이 또 하나의 재미가 된다. 어린이 공연의 주인공을 64세 노인으로 설정하고, 주인공의 장점을 귀여움이라고 한다든가, 마당놀이 장르의 배경을 런던 씨름장으로 제안하는 등 관객들은 일부러 풀기 어려운 시험문제를 내는 심술궂은 선생님처럼 엉뚱한 상황을 제시하며 재미를 준다. 공연이 끝나기 전까지 어떻게든 관객들이 제시한 명대사를 넣어야 하고, 투자사의 PPL 장면을 만들어야 한다. 즉흥 뮤지컬은 관객과 배우가 나누는 한편의 게임이다.

현장에서 즉흥으로 만들어지는 <오늘 처음 만드는 뮤지컬>은 매번 스토리가 다르고 러닝 타임도 다르다. 그날 배우들의 센스나 감각에 따라 작품의 질도 확연히 차이가 난다. 매 회 공연이 다르지만 매 공연마다 다르지 않은 것은 관객들과 작품을 함께 만들어간다는 친밀감이다. 최근의 관객들은 멀리서 지켜보는 객이 아닌, 작품에 주도하는 주체로서 참여하기를 원한다.

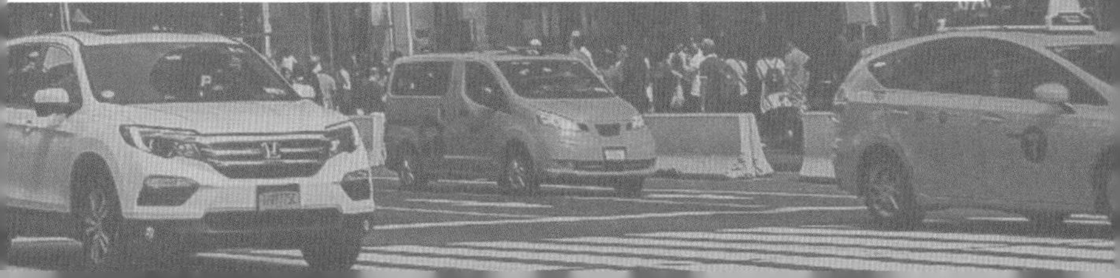

PART 6

유럽 뮤지컬

노트르담 드 파리

엘리자벳

뮤/지/컬/더/들/여/다/보/기 SIDE STORY

유럽 뮤지컬의 매력

NOTRE DAME
DE
PARIS

20

아나케 글자에 담긴 의미

노트르담 드 파리

소설 《파리의 노트르담Notre-Dame de Paris》은 빅토르 위고가 노트르담 성당에 새겨진 한 글자로부터 시작됐다. 고딕체 특유의 느낌을 주는 'ANARKH'라는 글씨였다. '아나케'는 그리스어로 '숙명'이란 뜻이다. 위고는 성당의 돌 속에 깊이 패여 새카매진 글씨를 보고 '어떤 고통 받은 넋이 있었기에 저런 불행의 자취를 남겨 놓았을까?' 생각했다. 그는 노트르담 성당 앞에서 자유롭게 춤을 추던 집시 여인과 그녀를 서로 다른 욕망의 시선으로 바라본 세 명의 남자를 상상했다. 거리의 여인 에스메랄다와 프롤르 신부, 성당의 종지기 콰지모도, 거리의 부랑인들을 제압해야 하는 군인 페뷔스가 그들이다. 600페이지가 넘는 방대한 원작 소설은 수많은 연극이나 영화, 뮤지컬로 옮겨졌다. 그 중에서 프랑스 뮤지컬 <노트르담 드 파리>는 위고의 원작을 가장 잘 반영했다는 평을 받는다. 소설은 상당 부분 사건의 전개보다도 중세시대 그레브 광장, 기적궁, 노트르담 성당 등에서 벌어지는 삽화와 관경을 묘사하는 데 할애한다. 프랑스 문학사가 귀스타브 랑송은 "이 소설은 개인보다도 군중이, 군중보다는 15세기 파리 자체가 더 생생하게 다가온다. 무엇보다도 생생하게 다가오는 것은 노트르담 성당이다. 노트르담 성당은 소설 속에서 유일하게 넋을 지닌 유일한 개인이다."라고 했다. 뮤지컬 <노트르담 드 파리>는 랑송의 평가에 동의한다. 뮤지컬이 보여주고자 하는 것은 한 여인을 두고 벌이는 치정이 아니라 그들이 살아간 시대, 1482년 파리의 숙명이었다.

대성당 시대의 균열

노트르담 성당 앞 그레브 광장에는 집시들이 모여 산다. 프롤로 신부는 집시들 중에 춤을 추는 에스메랄다를 본 후 욕정에 휩싸인다. 종지기인 꼽추 콰지모도를 시켜 그녀를 납치하려 하지만 마침 근위장교 페뷔스가 나타나 콰지모도를 체포한다. 에스메랄다는 페뷔스에게 반하고, 페뷔스 역시 약혼녀가 있음에도 불구하고 그녀를 욕망하게 된다. 한편 형틀에 묶인 콰지모도는 물을 가져다주는 에스메랄다에게 마음을 빼앗긴다. 이렇듯 에스메랄다의 아름다움에 빠져든 세 남자들이 그녀를 두고 벌이는 사랑과 욕망의 이야기가 뮤지컬 〈노트르담 드 파리〉의 기본 서사이다. 사건만 본다면 단순한 치정극에 다름없지만, 그 이면에는 작가가 진정으로 하고 싶은 메시지가 담겨 있다.

뮤지컬 〈노트르담 드 파리〉를 여는 노래는 시인이자 작품의 해설자이기도 한 그랭구아르가 부르는 '대성당들의 시대Le temps des cathédrales'이다. 이 노래의 첫 구절은 이렇다. "아름다운 도시 파리, 전능한 신의 시대, 때는 1482년, 욕망과 사랑의 이야기" 오프닝 곡 첫 구절에 작품이 1482년 파리의 이야기임을 분명히 한다. 배우들의 의상은 시대를 고증하지 않고 심플하면서도 캐릭터의 특징을 살린 모던한 의상이고, 무대나 조명도 전반적으로 현대적인 정서를 유지한다. 부랑자를 진압하는 군인들은 진압봉을 들고 시위대를 막는 바리케이드 등 현대적인 소품이 쓰인다. 시대물에서 현대적인 의상이나 소품을 사용하는 연출 방식이 새롭지는 않다. 이 뮤지컬의 영향을 받은 뮤지컬 〈로미오 앤 줄리엣〉 역시 16세기 베로나를 시대적 배경으로 하지만, 그것과 무관하게 현대적인 의상과 무대를 사용한다. 반목하는 두 집안의 갈등으로 젊은이들의 사랑이 좌절되는 이야기는 과거뿐만 아니라 현재도 유효하기 때문이다. 〈노트르담 드 파리〉 역시 시대를 넘어선 보편적인 이야기를 하고 있기 때문에 무대나 의상으로 시대를 고증하려는 노력을 하지 않았다. 그럼에도 '1482년 파리' 시간과 공간 배경을 명확히 밝히는 것은 의도적이라고 볼 수밖에 없다.

오프닝 곡 '대성당들의 시대'를 조금 더 들어보자. 이 곡의 후렴구로 반복되는 가사는 이렇다.

대성당의 시대가 찾아왔어,
이제 세상은 새로운 천 년을 맞지,
하늘 끝에 닿고 싶은 인간은 유리와 돌 위에
그들의 역사를 쓰지

흔히 오프닝 곡은 작품의 정서와 분위기, 주제를 암시하는 내용을 담기 마련이다. 그런데 이 곡에서는 에스메랄다와 세 남자와 둘러싼 사랑에 관해서는 한 마디도 언급하지 않고 모호한 비유와 상징의 언어가 나열된다. 위에 언급한 후렴구는 오프닝 곡에서 네 번 반복된다. 같은 멜로디의 반복이기 때문에 가볍게 지나칠 수도 있는데 네 번째 후렴구에서는 가사가 바뀐다.

대성당들의 시대가 무너지네,
성문 앞을 메운 이교도들의 무리,
그들을 성 안으로 들게 하라,
이 세상의 끝은 이미 예정되어 있지.

이 노래는 대성당들의 시대가 도래했음을 노래하는 동시에 궁극적으로는 이 시대가 무너질 것임을 예고하는 곡이다.

뮤지컬 <노트르담 드 파리>는 총 54곡의 노래로만 이루어진 성쓰루 뮤지컬이다. 이 중에서 극 중 사건과 무관한 노래가 세 곡 있다. 앞서 언급한 1막 오프닝 곡인 '대성당들의 시대'가 그 중 하나이고, 1막 후반부에 프롤로 신부와 해설자인 그랭구아르가 부르는 '숙명' 역시 그러한 곡이다. '숙명'은 노트르담 성당에 새겨진 글씨 'Anarkia'를 보고 그랭구아르와 프롤로 신부가 이야기를 나누는 곡이다. 그리고 극 중 사건과 무관한 마지막 노래는 2막 오프닝 곡인 '피렌체Florence'이다. '작은 것이 큰 것을 무너뜨리고, 구텐베르크의 인쇄술을 제2의 바벨탑'이라고 노래하는 이 곡은 이탈리아 피렌체 지방에서 일어나는 일들을 통해 신의 권력이 막강했던 시대에서 인간이 중심이 된 시대로의 변화를 이야기한다. 결국 이 작품에서 '숙명'이란 한 시대에서 다른 시대로의 변화를 의미하는 것이다. 1482년 파리는 아직 신의 말씀이 중심인 대성당들의 시대이지만 곧 인간 중심의 자유로운 바람이 불어올 것임을 예고한다. 그리고 시대의 변화는 아무런 저항과 희생 없이 순조롭게 이루어지지 않는다. 그러므로 뮤지컬 <노트르담 드 파리>의 숙명은 작은 것(활자)이 큰 것(성당)을 무너뜨리는 시대의 변화를 의미하면서 그로 인해 발생하는 인물들의 희생을 암시한다.

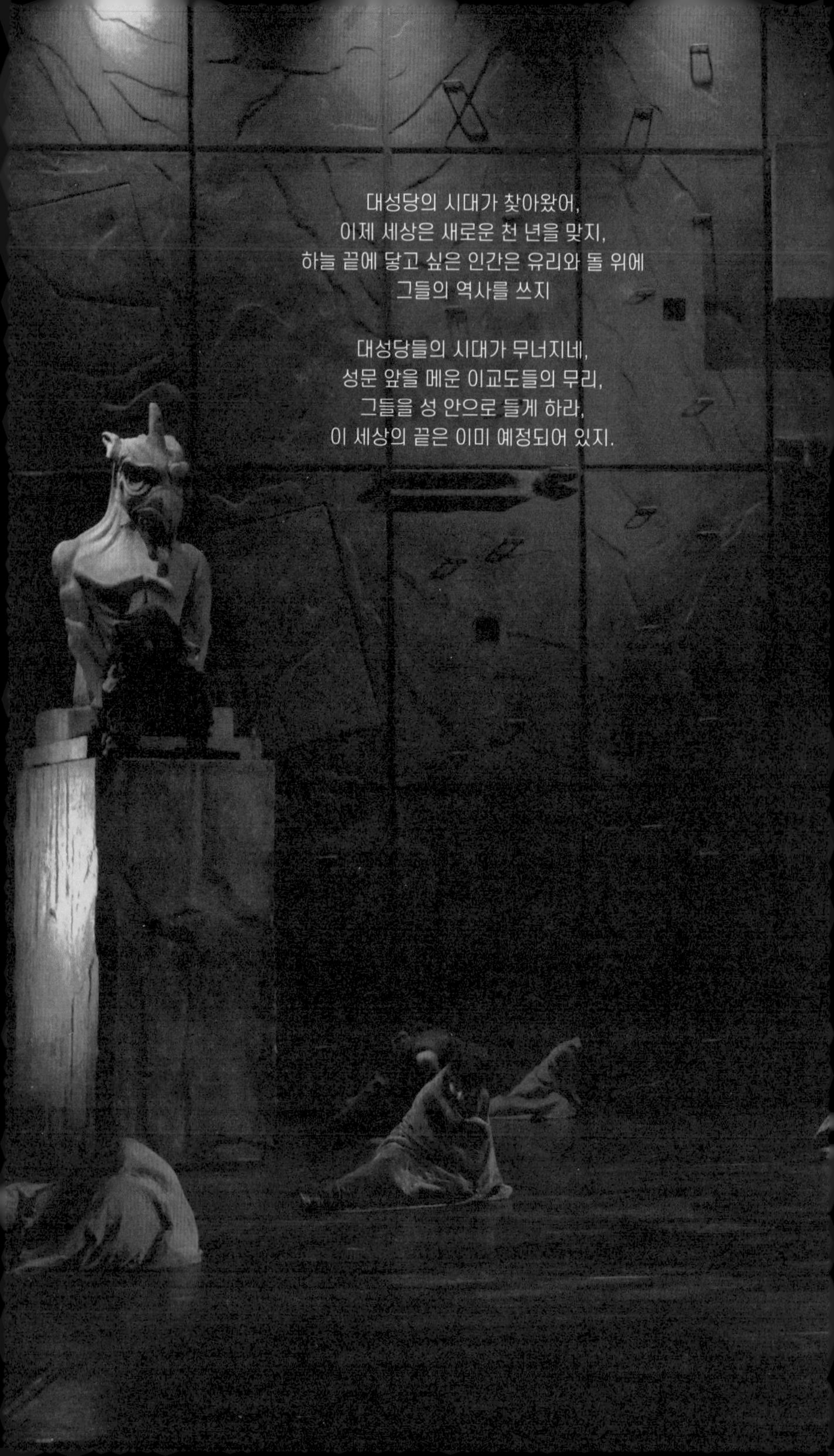

대성당의 시대가 찾아왔어,
이제 세상은 새로운 천 년을 맞지,
하늘 끝에 닿고 싶은 인간은 유리와 돌 위에
그들의 역사를 쓰지

대성당들의 시대가 무너지네,
성문 앞을 메운 이교도들의 무리,
그들을 성 안으로 들게 하라,
이 세상의 끝은 이미 예정되어 있지.

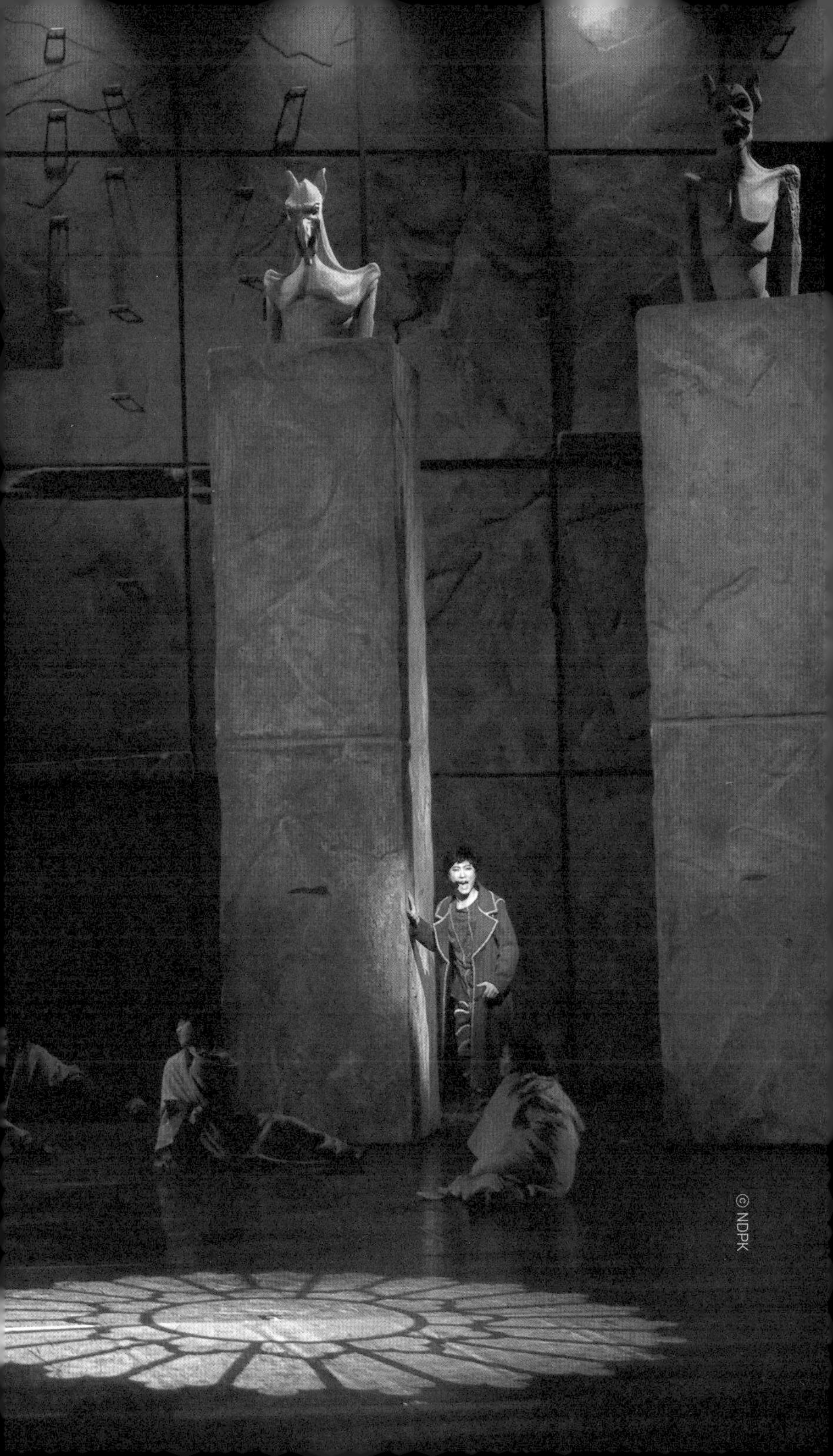

시대의 변화에 휩쓸린 희생자

뮤지컬 <노트르담 드 파리>는 에스메랄다와 얽힌 세 남자의 연정을 다루는 듯 보인다. 지금까지 이 소설을 원작으로 한 연극이나 영화는 네 사람의 관계에 집중했다. 빅토르 위고의 소설을 가장 널리 알린 디즈니 애니메이션 역시 집시 여인의 아름다움과 이를 흠모한 타락한 프롤로 신부, 그로부터 에스메랄다를 지키려는 페뷔스와 콰지모도의 선과 악 대결로 그려냈다. 디즈니의 작품답게 외모가 흉측한 콰지모도 대신 근위장교 페뷔스와 에스메랄다가 사랑을 이루는 해피엔딩으로 마무리한다. 디즈니 애니메이션에서 콰지모도는 성당 안에 숨어 지내다, 악당 프롤로 부주교를 물리친 영웅으로 칭송 받으며 성당 밖 세상으로 나오는 것으로 만족해야 했다.

1956년 장 들라루와 감독의 프랑스 영화는 앤서니 퀸이 콰지모도를 맡고, 당대 최고 미녀 배우였던 지나 로로브로지다가 에스메랄다로 출연해 화제가 되었다. 이 영화에서는 멜로드라마적인 구도가 더욱 강해진다. 프롤로 신부는 콰지모도의 부모를 살해하고 그를 부양해 부려먹는 악인으로 등장한다. 프롤로는 에스메랄다에게 마음을 빼앗기지만 에스메랄다는 페뷔스와 사랑에 빠진다. 프롤로는 페뷔스를 살해하고 에스메랄다에게 누명을 씌워 교수형에 처한다. 이를 목격한 콰지모도가 에스메랄다를 구해 성당으로 도망치지만 군인들에 의해 둘은 죽음을 맞는다. 프랑스 영화에서는 콰지모도를 연민을 자아내는 주인공으로 내세워 비극적인 죽음을 맞게 한다. 빅토르 위고의 원작 소설은 교수형을 당한 에스메랄다의 시체를 껴

안고 죽어간 한 기형의 시체에 대해 이야기한다. 둘을 떼어놓으려 하자 그 시체는 먼지처럼 흩어져 버린다. 빅토르 위고는 콰지모도의 안타까운 사랑을 낭만적으로 마무리했고, 영화는 그 마지막 장면에 영감을 받아 콰지모도와 에스메랄다의 비극적인 사랑을 부각시켜 그려냈다. 이처럼 위고의 소설을 원작으로 한 영화나 연극은 네 명의 어긋난 사랑에 집중한다.

뮤지컬 〈노트르담 드 파리〉는 사랑과 욕망에 엇갈린 인물들과 더불어 그 시대의 변화에 주목한다. 작품 속 인물들은 크게 두 개의 세력으로 나눠진다. 프롤로와 근위장교 페뷔스를 중심으로 하는 인물들은 절대적인 종교의 권위를 상징하는 세력이다. 반면 에스메랄다를 비롯한 집시들은 자유와 사랑, 인간의 감정에 충실한 새로운 가치를 대변한다. 집시들은 성당의 영역을 개방하라고 요구하지만 프롤로는 공권력으로 이들의 침입을 차단한다. 콰지모도는 프롤로의 생각 없는 하수인이지만, 에스메랄다로부터 인간적인 대우를 받은 후 사랑에 눈을 뜨게 된다. 구세계를 지키던 콰지모도는 개인의 자유와 감정을 중요하게 여기는 새로운 세계를 위해 싸우는 인물로 변한다.

뮤지컬 〈노트르담 드 파리〉에서 작품의 메시지를 가장 상징적으로 드러내는 인물은 콰지모도도, 에스메랄다도 아닌 프롤로 신부이다. 신의 말씀, 종교적 교리를 따르던 프롤로 신부는 에스메랄에게 욕망을 느끼면서 이전까지 지켜왔던 신념이 흔들린다. 프롤로의 '파멸의 길로 나를Tu Vas Me Détruire'는 에스메랄다를 향한 정염과 종교적 신념 사이에서의 고뇌를 잘 드러낸다. 에스메랄다를 만난 후 신의 세계를 대표하는 프롤로의 마음에 욕망이 두터운 성벽을 비집고 조금씩 균열을 일으켰다. 프롤로는 마음속에 자라나는 본능을 종교적 믿음으로 막으려 해보지만, 그것은 막을 수 없는 물결이다. 평생 교리를 지켜온 프롤로는 에스메랄다에게 인간적인 욕망을 느끼면서 지금까지 지켜온 신념이 흔들린다. 이런 프롤로 캐릭터 자체가 〈노트르담 드 파리〉의 주제를 상징한다.

또 한 명의 흥미로운 인물이 작품의 안내자이자 해설자인 거리의 음유시인 그랭구아르이다. 그랭구아르는 실제 원작 소설에도 등장하는 인물이다. 그는 집시들의 소굴인 기적궁에서 죽음을 당할 뻔하지만 에스메랄다가 남편으로 받아주면서 간신히 목숨을 구한다. 콰지모도가 에스메랄다를 노트르담 성당에 보호하고 있을 때, 그랭구아르는 그녀를 구하기 위해 집시들이 노트르담 성당을 공격하게 한다. 원작에서는 극 중 인물이지만 뮤지컬에서는 '대성당의 시대'에서 숙명적인 시대의 변화를 노래하고, 신 중심의 세계에 있는 프롤로와 '아나케'에 대해 논하는 등 극 외부에서 작품을 논평하는 해설자 역할을 한다. 시대의 변화에 휩쓸려 죽음을 맞는 에스메랄다와 집시 대장 클로팽, 그리고 평생 간직한 신앙을 지키지 못하고 욕망을 품었던 프롤로. 작품의 마지막 무대엔 이들 세 구의 시체가 놓여있고, 그들을 상징하는 노트르담 성당의 종이 서서히 떠오르는 장면으로 마무리된다. 숙명적인 시대의 변화 속에서 희생된 사람들의 이야기를 노래하는 그랭구아르는 노트르담 성당에 새겨진 '아나케'를 보면서 희생되는 사람들을 떠올린 빅토르 위고를 떠오르게 한다.

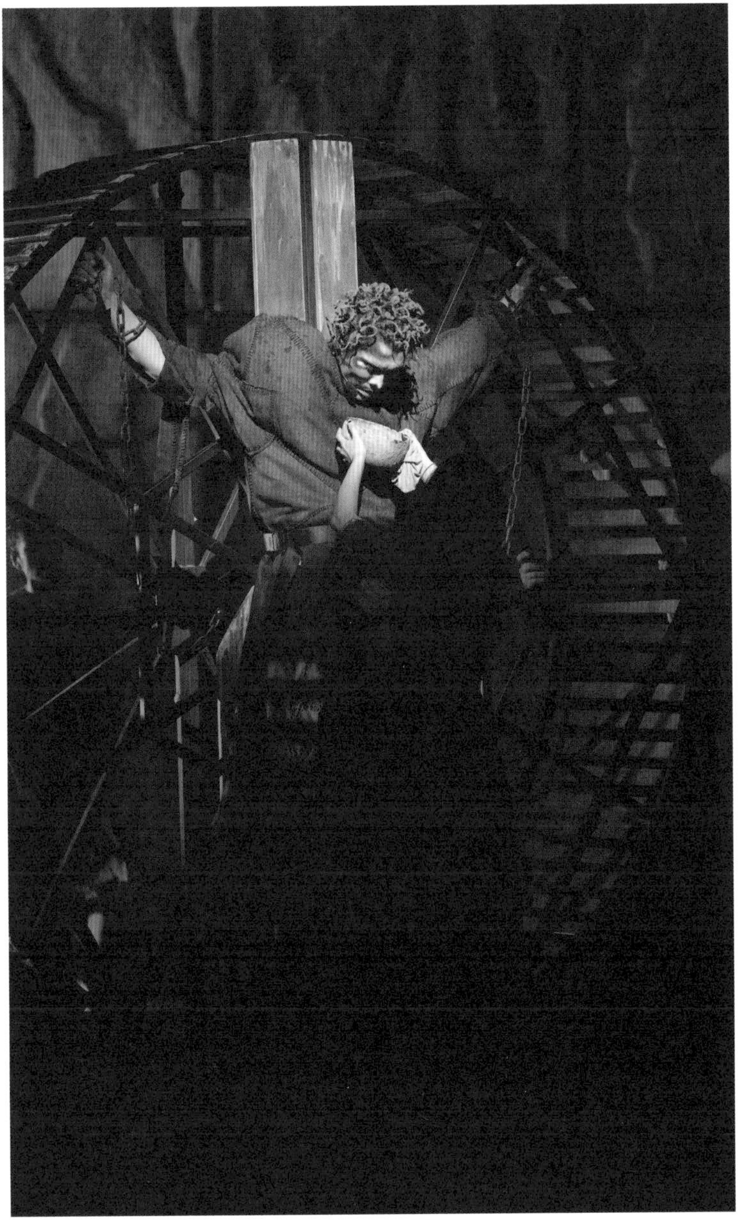

© NDPK

프랑스 뮤지컬의 포문을 열다

1998년 9월 파리의 팔레 데 콩그레Palais des Congrés에서 막을 올린 <노트르담 드 파리>는 프랑스 뮤지컬의 새로운 역사를 쓴 작품이다. 영화와 더불어 세계적인 엔터테인먼트 장르인 뮤지컬은 프랑스에만 가면 기를 펴지 못했다. 1986년 초연한 후 지금까지 최다 공연 등 각종 기록을 세우고 있는 뮤지컬 <오페라의 유령>은 2016년이 되어서야 프랑스 공연이 가능했다. 그러나 웨버의 초기 히트작 <캣츠>는 프랑스에 진출했지만 흥행에 실패하는 수모를 당해야 했다. 프랑스에서는 브로드웨이 인기 뮤지컬들이 그다지 힘을 발휘하지 못했다. 그런 프랑스에서 브로드웨이 뮤지컬과는 스타일이 다른 뮤지컬을 만들어낸 것이다. <노트르담 드 파리>는 프랑스에서만 10년에 250만 명이 관람했다.

프랑스 뮤지컬 역사를 이야기할 때 제일 먼저 꼽는 작품은 1979년 공연된 <스타마니아Starmania>이다. 엔터테인먼트가 지배하는 미래 사회에서 스타 시스템의 횡포에 맞서는 연인의 이야기를 그린다. 작곡가 미셸 베르제Michel Berger는 브로드웨이 록 오페라 <헤어>를 감명 깊게 보고 록 오페라 형식의 뮤지컬 <스타마니아>를 만든다. 당시 캐나다의 젊은 인기 작사가 뤽 플라몽동Luc Plamondon이 작사가로 참여한다. 이 작품은 <노트르담 드 파리>가 공연하게 될 대형 공연장 팔레 데 콩그레에서 3주간 성공적인 공연을 마친 후, 캐나다 몬트리올에서 8만 명의 관객을 앞에 두고 공연한다. <스타마니아>는 성공했지만 이후 이렇다 할 프랑스 뮤지컬이 등장하지는 않았다.

그로부터 약 20년 후 프랑스 뮤지컬의 역사를 여는 작품이 1998년 발표된 〈노트르담 드 파리〉이다. 〈노트르담 드 파리〉 제작을 주도한 것은 〈스타마니아〉의 작사가 뤽 플라몽동이었다. 그는 위고의 600페이지에 달하는 소설을 재차 읽으며 300여 곡의 가사를 썼다. 이 작업에 유럽 전역에서 성공적으로 이름을 알리고 있었던 싱어송라이터이자 작곡가인 리카르도 코치안테Riccardo Cocciante가 가세해 총 54곡의 음악을 만들어낸다. 작품이 올라가기 8개월 전 먼저 음반이 발매되었다. 극 중 곡 '아름답다Bell'은 44주간 음악 차트 1위를 차지하고, 공연 오리지널 사운드 트랙은 프랑스 음반 차트에서 17주간 1위를 차지했다. 이미 음반이 인기를 끌어서 첫 공연부터 관객들은 음악을 따라 부르며 커튼콜 때는 관객들이 무대 앞으로 나와 배우들과 악수를 나누는 등 콘서트 같은 분위기를 만들어냈다.

가요 작곡가가 만든 노래는 기존의 브로드웨이 뮤지컬과는 달랐다. 브로드웨이 뮤지컬 넘버가 극을 효과적으로 전개시키는 드라마성이 강했다면, 〈노트르담 드 파리〉의 노래는 정서를 전달하는 기능에 치중했다. 가사도 지나치게 많이 반복되었다. 극적인 요소가 적은 노래로 드라마를 이어갈 수 있었던 이유는 이 작품의 스토리를 우리가 너무나 잘 알고 있기 때문이다. 관객들은 가사 하나하나에 집중하지 않아도 극을 놓치지 않았다. 스토리 전달에서 비교적 자유로워졌기에 노래의 완성도를 높일 수 있었다.

〈노트르담 드 파리〉가 성공할 수 있는데 하나의 주춧돌을 얹은 이가 연출가 질 마으Gilles Maheu였다. 실험극 위주의 작업을 했던 질

© NDPK

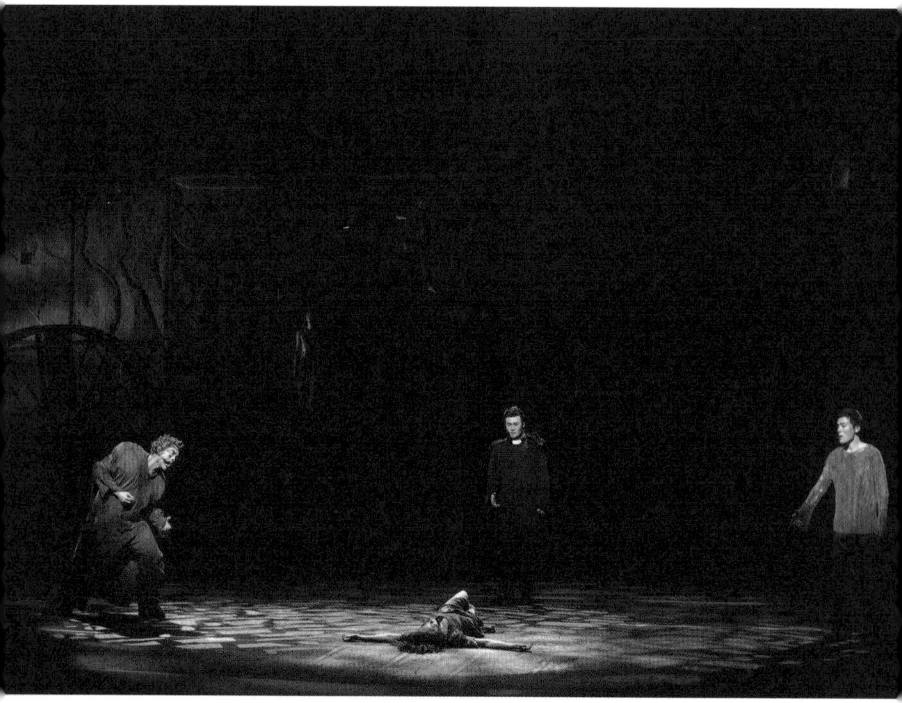

뮤지컬 <노트르담 드 파리>는 에스메랄다와 얽힌 세 남자의 연정을 다루는 듯 보인다. 지금까지 이 소설을 원작으로 한 연극이나 영화는 네 사람의 관계에 집중했다. 뮤지컬 <노트르담 드 파리>는 사랑과 욕망에 엇갈린 인물들과 더불어 그 시대의 변화에 주목한다.

마으는 심플하면서도 상징적인 무대 연출로 뮤지컬을 모던한 작품으로 만들어낸다. 음악의 독립적인 완성도에 치중한 것처럼 춤도 전문성을 추구했다. <노트르담 드 파리>의 배우들은 노래를 하는 가수와 춤을 추는 댄서로 나뉘어진다. 거리의 부랑아나 근위대 역할로 등장하는 앙상블은 전문적인 댄서들이 출연해 힙합, 애크로배틱, 모던댄스 등 역동적이고 에너지 넘치는 춤을 보여준다. <노트르담 드 파리>의 무대는 성당을 표현한 거대한 성벽과 세 개의 종탑 그리고 100kg이 넘는 종 등 비교적 간단한 세트로 이루어졌다. 성당의 풍경은 스테인드글래스 유리를 조명으로 표현하는 등 간단한 조명과 소품을 이용해 상징적으로 표현했다. 운동장 규모의 공연장에 비해 세트는 단순했다. 큰 무대를 채운 것이 배우들의 역동적인 춤이었다.

상징적인 무대와 조명, 전문성을 높이기 위해 가수와 댄서를 구분하고, 콘서트 분위기를 내는 커튼콜 등은 브로드웨이 뮤지컬에서는 볼 수 없는 것들이다. 프랑스에서는 작품의 제작 방식과 특징을 그대로 답습하는 <십계>, <로미오 앤 줄리엣>, <바람과 함께 사라지다>, <태양왕> 등의 작품들이 연이어 제작되었다. 이 작품들은 브로드웨이와 확연히 구분된 스타일로 지역적인 의미를 넘어 장르적인 의미에서 '프랑스 뮤지컬'을 완성했다.

ELISABETH

21

죽음이 사랑한 비운의 여인

엘리자벳

오스트리아 합스부르크 왕가의 엘리자벳. 그녀는 최고의 권력을 가졌지만 누구 못지않은 굴곡진 삶을 살다가 불행한 결말을 맞았다. 엘리자벳의 드라마틱한 삶은 후세 예술가들에게 영감을 주었고 소설과, 연극, 영화, 뮤지컬 등 다양한 예술의 원천이 되었다. 특히 1992년 오스트리아의 비엔나 극장 협회VBW에서 만든 〈엘리자벳〉은 비엔나 뮤지컬이라는 장르를 개척한 작품이다. 〈엘리자벳〉의 작가 미하엘 쿤체와 작곡가 실베스터 르베이 콤비는 〈모차르트!〉, 〈뱀파이어와의 춤을〉, 〈레베카〉 등을 연속적으로 성공시키며 비엔나 뮤지컬을 완성한다. 한국을 비롯 세계에서 공연되고 있는 비엔나 뮤지컬의 출발에 〈엘리자벳〉이 있다. 뮤지컬 〈엘리자벳〉은 그녀가 요제프 황제를 만나는 16세 때부터 1896년 사망할 때까지 46년간의 삶을 다룬다. 이 작품은 〈명성황후〉나 〈에비타〉와 같이 한 인물의 생애를 다룬 일대기 뮤지컬이다. 〈엘리자벳〉은 민자영의 삶을 시간적으로 나열한 〈명성황후〉보다는 에바 페론의 삶에 대해 하나의 관점에서 질문을 던진 〈에비타〉에 가까운 구성을 취한다. 뮤지컬 〈엘리자벳〉은 그녀의 삶을 죽음과의 투쟁이라는 관점에서 접근한다.

황후가 되고 싶지 않았던 황후

엘리자벳은 흔히 19세기의 다이애나로 불린다. 그녀는 바이에른 공작 막시밀리안 요제프와 루도비카 공주의 넷째로 태어난다. 귀족으로 태어났지만 자유로운 가풍에서 자라 어려서부터 승마와 수영, 체조를 즐겼다. 엘리자벳의 운명은 1853년 언니 헬레네의 상견례 자리에 따라 나서면서 바뀐다. 왕가의 혈통을 유지하기 위해 당시 근친결혼을 유지했는데 대공비 조피가 프란츠 요제프의 짝으로 순종적이고 조신한 엘리자벳의 언니 헬레네를 눈여겨 봤다. 그러나 프란츠 요제프 황제는 헬레네 대신 건강하고 활기 넘치는 엘리자벳에게 마음이 기울었다. 어머니 조피의 말에 순종해왔던 요제프였지만 아내를 결정하는 일만큼은 물러서지 않았다. 결국 조피도 승낙할 수밖에 없었다.

갑자기 황후의 자리에 앉게 된 엘리자벳은 비운의 길로 접어들게 된다. 자유로운 가풍에서 자란 엘리자벳에게 궁중의 엄중한 법도는 그녀를 숨 막히게 했다. 요제프의 어머니인 조피 대공비는 남편 대신 아들을 황제에 오르게 한 인물로 궁중 내에서 막강한 영향력을 행사했다. 엘리자벳이 결혼 전 시어머니에게 받은 첫 선물은 6페이지에 달하는 궁중예법이었다. 그녀가 첫째 딸을 낳자 아무런 상의 없이 시어머니의 이름을 따서 조피라 이름 붙이고 두 번째 딸 기젤라의 이름 역시 엘리자벳과 상의 없이 정해 버렸다. 심지어 아이들을 강하게 교육시켜야 한다는 이유로 엘리자벳과의 만남을 통제했다. 요제프 황제의 조율로 엘리자벳은 딸들을 데리고 헝가리 여행을 다녀올 수 있었다. 하지만 여행에서 병을 얻은 첫째 딸 조피가 두 살의 어린 나이로 사망하면서 그녀의 입지는 더욱 좁아졌다. 엘리자벳은궁에 있으면 병에 시달렸지만 요양을 위해 해외로 벗어나면 금세 회복되기를 반복했다. 아들 루돌프를 낳으면서 왕가의 대를 잇지 못한 비난을 모면할 수 있었지만 루돌프마저 조피가 만남을 제한하면서 어머니의 역할을 포기해야 했다.

엘리자벳이 조신하게 조피 대공비에게 당하고만 있을 여인은 아니었다. 그녀는 대중들의 사랑을 받고 남편인 황제를 움직이기 위해 외모를 가꾸는 일에 열중했다. 자신의 아름다운 모습을 사진으로 남겨 왕실의 권위를 높이려고 했다. 그녀의 아름다움은 단순히 나르시시즘이 아닌 엄혹한 궁중 생활에서 살아남기 위한 무기였다. 자신을 최대한 아름답게 연출하기 위해 애썼던 엘리자벳은 32살 이후 사진을 찍지 않았다. 그녀는 172㎝의 큰 키였지만 꾸준한 운동과 단식으로 50㎏ 이상을 넘기지 않았다. 가느다란 허리를 과시하기 위해 코르셋을 지나치게 졸라매었다. 조피 대공비에게 휘둘리는

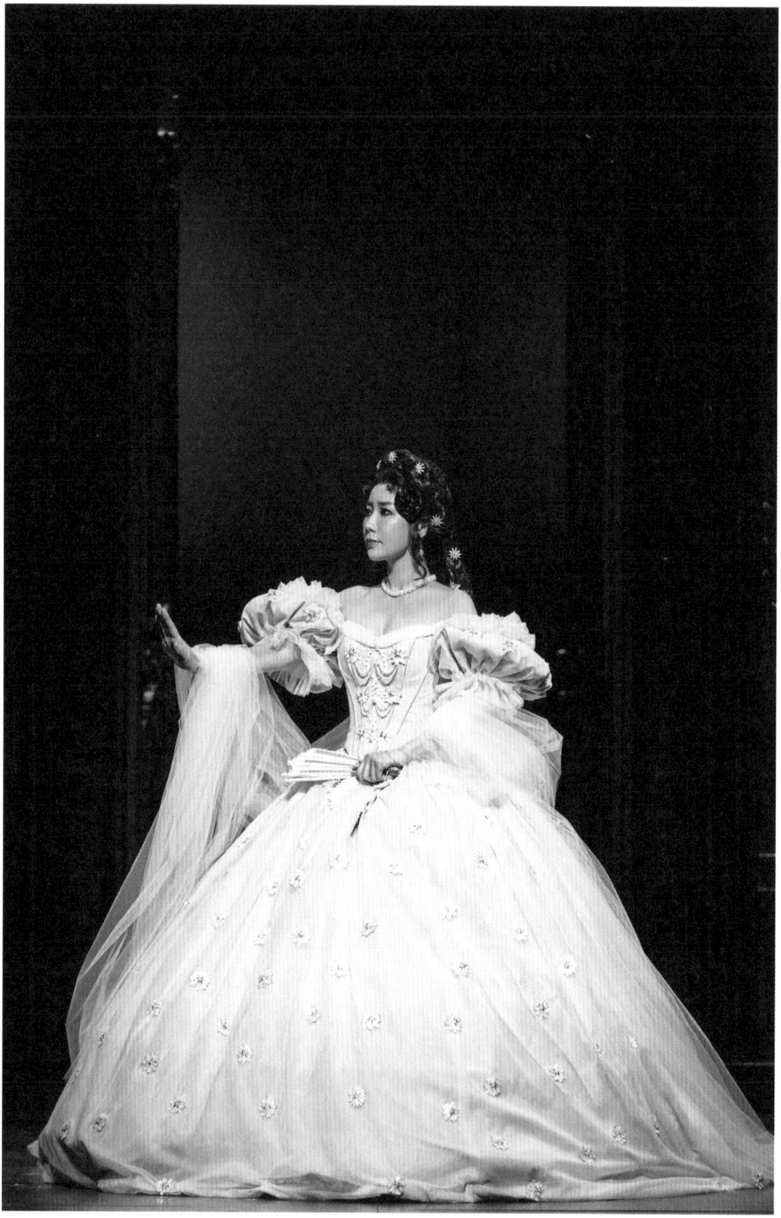

남편에게 마음이 남아있을 리 없었다. 이들의 부부 관계도 원만하지 않았다. 프란츠 요제프의 외도를 알게 되면서 엘리자벳은 마음의 문을 완전히 닫는다.

조피 대공비는 황후가 정치에 관여하길 원하지 않았다. 그러나 엘리자벳은 헝가리인들이 독립에 동조했고 그런 엘리자벳에게 헝가리인들은 애정을 보냈다. 궁중 생활에 마음 둘 곳이 없던 엘리자벳에게 헝가리인들의 애정은 큰 위안이 되었다. 그녀는 요제프 황제를 설득해 헝가리를 독립시키고 요제프가 오스트리아와 헝가리의 황제가 되었다. 자연스럽게 엘리자벳도 헝가리의 황후에 오른다. 이때 네 번째 아이를 임신하는데 사내아이라면 헝가리를 맡기려고 했다. 그러나 넷째 역시 딸이었다. 엘리자벳은 시어머니의 영향권에서 벗어나 그동안 베풀지 못했던 모성을 넷째 마리 발레리에게 마음껏 베풀었다.

황제가 어머니의 섭정에서 벗어나자 엘리자벳도 황후로서 영향력이 생겼다. 반면 조피 대공비는 점점 힘이 약해져갔다. 궁중에서 엘리자벳을 제어할 대상이 없었지만 그녀는 여전히 왕궁에 마음을 두지 못하고 밖으로 나돌았다. 황태자 루돌프는 어려서는 할머니 때문에, 자라서는 어머니가 밖으로만 떠도는 통에 어머니의 사랑을 받아보지 못했다. 그런 생활이 이어지던 1889년 서른 살이 된 루돌프는 내연녀 마리아 베체라와 동반자살한다. 엘리자벳의 충격은 이루 말할 수가 없었다. 그녀는 이후 평생 검은 상복을 벗지 않았으며 1898년 스위스 제네바에서 무정부주의자 루케니에 의해 피살된다. 원래 루케니는 오를레앙 필립 왕자를 목표로 정했지만 그가 스위스를 떠났다는 것을 알고 목표를 바꿔 엘리자벳을 살해한다. 평생 과도하게 코르셋을 졸라맸던 엘리자벳은 루케니가 쇠꼬챙이로 찌르는 순간에도 아픔을 느끼지 못했다. 배에 승선한 후 피가 흐르는 것을 보고 나서야 자신이 피습 당했다는 것을 알아차렸다. 이렇게 황후가 되고 싶지 않았던 황후 엘리자벳은 삶을 마감한다.

주위를 맴돌던 갈매기, 죽음

뮤지컬 〈엘리자벳〉의 작가인 미하엘 쿤체Michael Kunze와 작곡가 실베스터 르베이Sylvester Levay는 이러한 엘리자벳의 삶을 2막 30장 총 46곡의 노래로 풀어낸다. 창작진들은 엘리자벳의 삶을 일대기적으로 쫓아가지만 그녀의 삶을 관통할 관점을 찾으려 했다. 그것은 '죽음'이었다. "엘리자벳이 합스부르크 왕궁에 오면서 죽음을 데려왔다." 오스트리아인들 사이에 떠도는 말처럼 황후와 죽음은 매우 밀접한 관계였다. 궁에 들어온 후 몇 해 지나지 않아 첫째 딸 소피가 죽고, 아들 루돌프가 내연녀와 동반자살 했으며, 자신은 루케니에게 피살당한다. 쿤체와 르베이가 엘리자벳의 삶을 죽음의 관점에서 바라본 시도는 뮤지컬 작업 이전부터 이루어졌다.

쿤체와 르베이는 1984년 독일 남부의 작은 극장에서 엘리자벳의 삶을 다룬 록 오페라 〈검은 갈매기〉를 올린다. 엘리자벳은 외출할 때 항상 흰 우산과 검은 부채를 가지고 다녔다. 엘리자벳의 그리스어 가정교사의 전기에는 '검은 갈매기'에 관한 기록이 등장한다. 엘리자벳이 배로 여행할 때는 항상 검은 갈매기가 쫓아왔다고 한다. 대륙을 이동할 때 일주일 내내 쫓아온 적도 있었다. 엘리자벳은 검은 갈매가가 자신이 익사할 것을 경고하는 것이라고 생각했다. 엘리자벳은 이때의 기억을 「익사할 것 같은 검은 갈매기」란 시로 남겼다. 쿤체의 록 오페라 〈검은 갈매기〉는 바로 이 시에서 모티프를 가져온 것이다.

1992년 록 오페라 〈검은 갈매기〉를 뮤지컬로 발전시킨 〈엘리자벳〉은 죽음이란 관점을 좀 더 직접적으로 가져왔다. 뮤지컬에서는 죽음을 의인화 한 신비스러운 인물 토드Der Tod, 죽음를 등장시킨다. 엘리자벳은 죽음에 관한 연애시를 쓰기도 했는데 여기서 착안한 캐릭터 토드는 엘리자벳을 끊임없이 유혹하고 사랑을 호소하는 초현실적인 존재이다. 엘리자벳은 매순간 죽음에 매혹되면서도 삶의 의지를 놓지 않는다. 뮤지컬 〈엘리자벳〉은 엄중한 궁궐의 법도에 숨 막혀 하던 그녀의 삶을 죽음과의 밀고 당기는 연애 관계로 그려낸다.

작품은 죽은 루케니를 다시 법정에 세우며 시작된다. 암살한 이유를 묻자 루케니는 그것은 그녀가 죽음을 원했기 때문이라고 답한다. 예정된 운명의 도구라고 말하는 루케니의 진술은 〈지저스 크라이스트 슈퍼스타〉의 유다를 떠올리게 한다. 정해진 운명의 수행자로서 유다를 바라본 것처럼 루케니 역시 자신은 정해진 운명을 따랐을 뿐이라고 한다. 뮤지컬 〈엘리자벳〉은 엘리자벳을 살해한 루케니가 왜 무죄라고 주장하는지 이유를 들려준다. 그의 진술을 따라가

다 보면 루케니가 암살하기 이전 이미 죽음과 깊게 연관되었던 엘리자벳의 삶이 드러난다. 토드가 비현실적인 존재인 죽음이라는 사실을 잠시 잊는다면, 요제프와 결혼한 엘리자벳은 끊임없이 옛남자의 유혹을 거부하려고 하지만 결국 그에게 갈 수밖에 없는 치정물의 주인공처럼 보인다. 작품은 토드와 요제프 사이에서 갈등하는 신파적인 구성으로 자유와 규범 사이에서 고뇌하는 인간 본연의 문제를 다룬다.

자유의 또 다른 이름, 죽음

〈엘리자벳〉은 2시간 20분 정도의 러닝 타임 동안 46곡을 부르는 노래로만 이루어진 성쓰루 뮤지컬이다. 노래가 많지만 테마를 지닌 곡들이 극적 상황에 따라 가사를 바꿔 반복 사용되면서 드라마를 이끌어간다. 뮤지컬 〈엘리자벳〉에서 가장 유명하고 많이들 기억하는 곡이 '엘리~자벳' '리'를 길게 뽑아 부르며 시작하는 사랑의 노래인 '엘리자벳'과 그녀가 세상에 맞서 자신의 삶을 살아가겠다고 다짐하는 노래 '나는 나만의 것Ich Gehör Nur Mir'이다.

뮤지컬 넘버 '엘리자벳'은 여러 번 반복되는데 가장 먼저 완전한 노래로 등장하는 것은 엘리자벳이 남편과 시어머니에게 전쟁 선포를 하는 장면에서다. 혼란스러운 세계 정세로 골머리를 앓고 있던 요제프가 자신을 위로해달라며 '엘리자벳'를 부른다. 엘리자벳은 아이들의 양육권을 시어머니에게 빼앗기자 문을 걸어 잠그고 남편이자 황제인 요제프에게 자신의 요구사항을 전한다. 엘리자벳과 요제프의 사이가 멀어진 틈을 타서 같은 멜로디로 토드는 '엘리자벳'을 노래한다. 토드는 지친 엘리자벳에게 모든 것을 버리고 자신의 품에 와서 쉬라고 달콤하게 유혹한다. 토드의 사랑 노래는 달콤하지만 냉정하게 생각하면 그의 유혹은 자살 권유이다. 토드는 엘리자벳이 궁에 들어간 순간부터 사랑을 잃은 전 남자친구처럼 결국은 나와 마지막 춤을 추게 될 것이라며 저주를 퍼붓고(뮤지컬 넘버 '마지막 춤'), 그녀가 힘겨워하는 순간마다 나타나 자신을 선택하지 않으면 불행은 지속될 것이라고 협박한다(뮤지컬 넘버 '그림자는 길어지고').

'엘리자벳'은 토드가 사랑을 고백하는, 즉 죽음을 권유하는 가장 유혹적인 노래이다. 이 노래는 이후에도 몇 차례 더 등장한다. 앞서 요제프가 부르는 '엘리자벳'이 작품에서 제일 먼저 등장하는 순간이라고 했지만 꼭 그렇지는 않다. 사실 이 노래는 매우 빠른 시점에 등장한다. 요제프를 만나기 이전 자유롭고 천방지축인 열여섯 살의 소녀 엘리자벳은 높은 곳에 올라갔다가 떨어지는데 토드가 그녀를 안고 들어올 때 흐르는 배경음악이 '엘리자벳'이다. 엘리자벳과 토드의 첫 만남에 이미 사랑의 씨앗을 심어둔 것이다. '엘리자벳'의 멜로디가 흐른 뒤 어린 엘리자벳은 토드에 대한 호감과 사랑을 담은 뮤지컬 넘버 '검은 왕자'를 부른다. 사랑의 마음을 담은 이 노래는 왕족 가문이지만 여행을 즐기며 자유롭게 살았던 아버지 막시밀리안 요제프를 부러워하는 노래 '당신처럼'의 멜로디를 차용한다. 자유에 대한 선망과 죽음과의 사랑을 같은 멜로디로 노래하면서 자유와 죽

© EMK뮤지컬컴퍼니

음이 깊게 엮여 있음을 암시한다. 이는 루케니가 자신의 혐의를 부인하던 이유이기도 하다. 엘리자벳은 살해된 것이 아니라 이미 죽음을 동경했고 그녀의 죽음은 스스로 자유를 선택한 것이라고 항변한다.

엘리자벳이 '나는 나만의 것'을 처음 부르는 시점은 궁에 들어온 첫날 시어머니인 조피 대공비와 마찰을 겪고 난 후이다. 궁에서 믿고 의지할 수 있는 존재는 남편 요제프밖에 없었지만 남편은 고부의 대립 상황에서 아내가 아닌 어머니의 편을 든다. 혼자라고 느낀 엘리자벳은 좌절하는 대신 싸우겠다고 선언하며 '나는 나만의 것'을 부른다. 이 싸움은 직접적으로는 조피와의 대결이지만 궁극적으로는 궁의 법도라는 이름으로 삶을 구속하는 규율과의 싸움이며 결국은 자유를 향한 싸움이다.

혈혈단신 궁에 들어간 엘리자벳이 숨 쉴 수 없을 정도로 엄격한 궁의 법도에 맞서 싸울 무기는 뛰어난 미모였다. 엘리자벳의 아름다움은 합스부르크 황실의 자랑이었으며 그녀는 당대 황실의 가장 아름다운 여인이었다. 그녀는 아름다움이 무기가 될 수 있다는 것을 알았고 아름다움을 가꾸기 위해 공을 들인다. 뮤지컬 넘버 '밀크'는 서민들은 먹을 우유가 없는데도 우유 목욕을 하는 엘리자벳을 보여준다. 역사적 사실은 아니지만 외모 가꾸기에 집착하는 엘리자벳을 강조하기 위한 노래이다. '밀크' 다음 장면에 엘리자벳에게 문전박대 당했던 요제프가 등장한다. 그가 '나는 나만의 것'의 멜로디로 엘리자벳의 모든 요구를 수용하겠다며 백기를 들면, 그림 속의 여인처럼 한껏 가꾼 엘리자벳이 등장한다. 어깨가 드러나는 순백의 드레스에 손에는 품위 있는 부채를 들었으며 머리에는 27개의 다이아몬드로 장식한 엘리자벳의 모습은 궁정화가 빈터할터의 초상화를 재현한 것이다. 엘리자벳은 요제프의 노래를 이어받아 '나는 나만의 것'을 부르며 승리를 확신한다. 엘리자벳 하이라이트 소절에 토드와 요제프가 끼어들어 3중창을 이루는데, 그녀는 토드와 요제프, 그 누구에게도 의지하지 않을 것이며 내 삶은 나의 것이라고 노래하며 1막을 마친다.

1막은 엘리자벳이 조피나 궁의 법도에서 자유를 얻으면서 끝난다. 그럼에도 루케니는 왜 그녀의 죽음이 타살이 아니라 스스로 선택한 것이라고 말할까. 작품은 이 역시 음악으로 엘리자벳의 입장을 보여준다. 앞선 두 곡처럼 귀에 남는 곡은 아니지만 대공비 조피와 요제프 황제, 엘리자벳과 그의 아들 루돌프 황태자의 관계를 잘 보여주는 음악적 모티프가 있다. '각자에게 합당한 것을 내려주네 Jedem Gibt Er Das Seine'는 조피 대공비의 뜻에 따라 정치적 결정을 하는 어린 요제프를 보여준다. 가난한 여인이 자비를 베풀어달라고 청원한다. 요제프는 이 가난한 여인을 구제하고 싶다. 그 내면의 소리의 멜로디를 편의상 A라고 하면 이 멜로디 뒤로 "강인해져라, 엄격해라"와 같은 조피의 충고가 뒤따른다. 결국 요제프는 자신이 원하던 결정을 하지 못한다. 두세 소절 정도밖에 되지 않은 이 A 멜로디는 이후 여러 번 반복된다. 엘리자벳은 궁에 온 첫날 조피와 대립하는 장면에서 A 멜로디가 다시 등장한다. 도움을 청하는 엘리자벳에게 요제프는 A 멜로디로 어머니의 입장을 두둔한다. 앞서 A 멜로디는 어머니의 마음과 다른 요제프의 마음이었다면, 이때 A 멜로디는 이미 조피와 같은 생각이 된, 궁의 법도와 원칙으로 교육된 요제프를 보여준다.

그런데 더 이상 조피의 영향력에서 벗어난 엘리자벳이 A의 멜로디로 노래하는 장면이 있다. 뮤지컬 넘버 '내가 당신의 거울이라면 Wenn Ich Dein Spiegel War'에서 엘리자벳은 도움을 요청하는 아들 루돌프에게 A 멜로디로 거절한다. A 멜로디는 엄격하고 강인해져 한다는 궁중 법도를 대변하는 노래이다. 다른 사람도 아닌 엘리자벳이 한때는 조피에게 빼앗겨 돌보지 못했던 아들이 도움을 요청하는데 궁중의 법도(A 멜로디)를 이유로 거절한다. 그녀는 조피와 궁의 답답한 생활과의 전쟁에서 벗어나 자유를 찾은 듯했으나 이후 궁중생활은 결코 자유롭지 못하고 오히려 그녀가 싸워온 조피와 요제프를 닮아가고 있었다.

2막 초반 부분에 엘리자벳이 정신병원에 위문 갔을 때 자신도 깨닫게 된다. 그곳의 정신병자는 비록 몸은 묶여 있지만 자신보다 자유롭다고 느낀다. 자신은 비록 조피에게 벗어났지만 계속 승리하기 위해 자신의 몸을 꽉 조인 코르셋이 몸뿐만 아니라 정신까지도 단단히 옥죄고 있었음을 알게 된다.

엘리자벳은 궁을 벗어나려고 계속 여행을 다녔지만 진정으로 자유로울 수 없었다. 루돌프를 잃은 후 그녀가 누릴 수 있는 진정한 자유는 '죽음'이었음을 깨닫는다. 엘리자벳은루케니에게 피살된 후 토드가 다가오는 것을 본다. 작품은 뮤지컬 넘버 '엘리자벳'으로 마무리된다. 토드가 '엘리자벳'을 부르며 사랑을 호소하면, 엘리자벳은 '나는 나만의 것'으로 답례한다. 결국 그녀가 자신을 온전히 지키고 완전한 자유를 찾는 길은 '죽음'뿐이었다.

#06 **뮤지컬 더 들여다 보기** SIDE STORY

유럽 뮤지컬의 매력

전 세계 영화 시장을 할리우드가 장악하고 있듯이 전 세계 뮤지컬 시장은 170여 년의 역사를 자랑하는 브로드웨이와 웨스트엔드가 장악하고 있다. 자국의 뮤지컬이 뮤지컬 시장을 주도하는 나라는 몇 안 된다. 프랑스와 오스트리아는 자국 뮤지컬이 영미권 뮤지컬을 압도한 대표적인 나라이다. 이 두 나라의 뮤지컬 역사는 길지 않다. 우리나라가 1960년대 예그린악단에서 뮤지컬을 만들었는데, 이 두 나라는 우리보다도 뮤지컬의 역사가 짧다. 이들 나라가 짧은 시간에 자국의 뮤지컬을 전 세계에 보급할 수 있는 이유는 영미 뮤지컬의 역사보다 훨씬 긴 음악극 전통을 지니고 있기 때문이다. 오페라가 대중화되면서 가벼워진 영국의 오페레타와 프랑스의 오페라 코미크, 이탈리아의 오페라 부파 등의

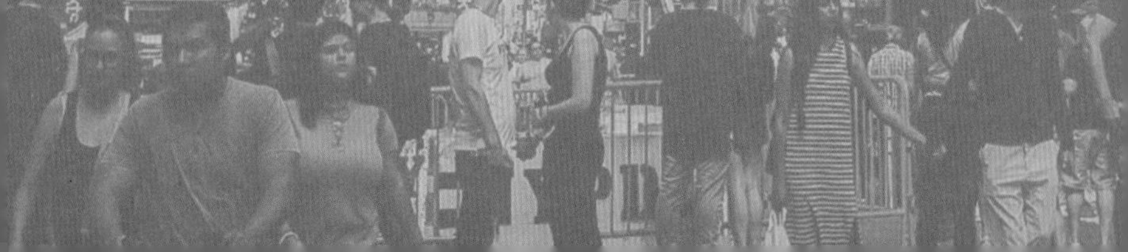

음악극이 현대에도 다양한 형태로 공연되어 왔다. 이를 바탕으로 프랑스와 오스트리아에서는 자신만의 뮤지컬을 발전시킬 수 있었다.

유럽 뮤지컬의 특징

프랑스 뮤지컬의 현재를 연 〈노트르담 드 파리〉 그리고 그 이후의 프랑스 뮤지컬뿐만 아니라 〈엘리자벳〉, 〈모차르트〉, 〈레베카〉 등 비엔나 뮤지컬은 브로드웨이 뮤지컬과는 다른 분명한 특징을 보인다. 유럽 뮤지컬이 브로드웨이와 웨스트엔드 뮤지컬과 가장 분명한 차이를 보이는 것은 노래로만 이루어진 성쓰루 뮤지컬의 비중이 굉장히 높다는 점이다. 영미권 뮤지컬도 성쓰루 뮤지컬이 없지 않지만 유럽 뮤지컬만큼 비중에서 절대적이지는 않다. 이는 수백 년째 이어오고 있는 유럽의 음악극 전통의 영향 때문이다.

노래로만 이야기를 전개하다 보니 유럽 뮤지컬은 새롭고 복잡한 이야기보다는 이미 대중들에게 익히 알고 있는 명작 소설이나 역사적 인물을 소재로 하는 경우가 많다. 소설 원작인 〈레베카〉, 〈노트르담 드 파리〉나 역사적 인물의 삶을 소재로 한 〈엘리자벳〉, 〈루돌프〉, 〈모차르트〉, 〈태양왕〉 등 거의 대부분의 유럽 뮤지컬은 대중들에게 잘 알려진 소재를 선호한다. 익숙한 소재를 택하는 대신 철학적인 의미를 부여하거나 낯설게 접근함으로써 이야기의 신선함을 준다. 〈엘리자벳〉에서는 그녀

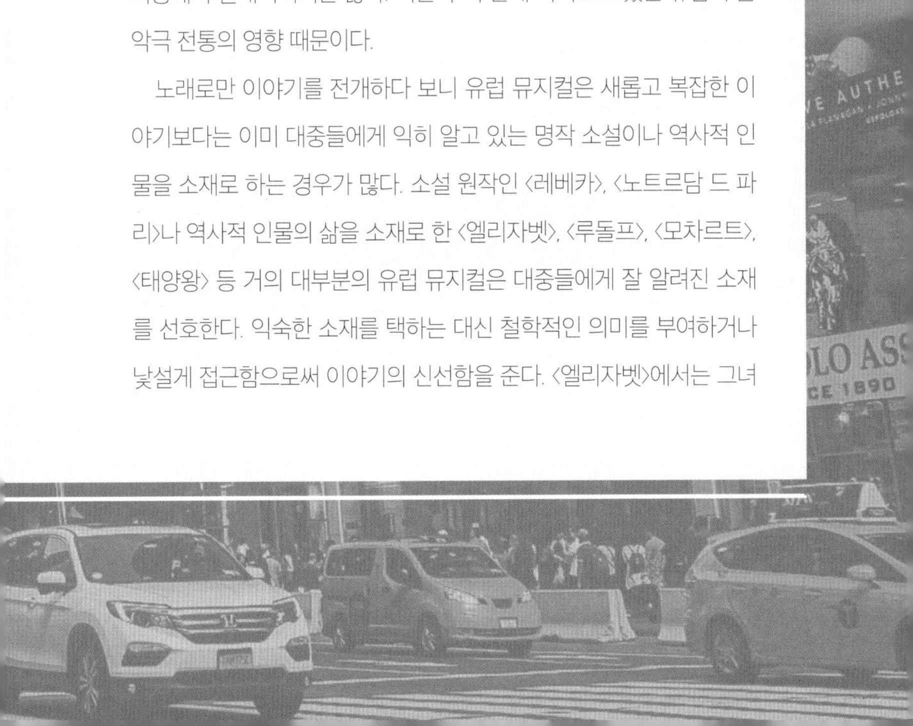

의 삶을 죽음과의 사랑이라는 관점에서 해석하고, 〈노트르담 드 파리〉를 치정물이 아닌 역사의 변화에서 희생되는 사랑의 이야기로 파악한다.

스토리 이외의 음악과 댄스 등의 전문성을 띠며 각 장르의 재미를 온전히 즐길 수 있게 한다. 유럽 뮤지컬의 뮤지컬 넘버는 AABA 형식의 같은 가사를 반복하는 경우가 많다. 극의 유기적인 관계를 위해 변박이나 변조를 많이 하는 손드하임 뮤지컬과는 정반대의 선택을 한다. 반복되는 멜로디로 관객들에게 음악을 깊이 각인시킨다. 프랑스 뮤지컬의 경우 공연 전에 앨범이 나와 첫 공연부터 관객들이 노래를 따라 부르기도 한다. 공연이 끝나면 관객들이 무대 앞으로 나가 배우들을 환영하는 마치 콘서트 장면을 연출하는 것도 유럽 뮤지컬의 노래가 대중가요와 유사한 특성을 지니기 때문이다.

음악뿐만 아니라 춤을 추는 배우를 별도로 두어 전문성을 높인다. 노래를 부르는 가수와 춤을 추는 댄서를 구분해서 댄서에게는 현대무용이나 애크로바틱 등 고난이도의 춤을 요구한다. 이는 작품에 따라 차이를 보이는데 프랑스 뮤지컬 중에서도 〈로미오 앤 줄리엣〉은 단순화된 군무로 주역 배우들도 춤에 참여시킨다.

작품마다 다르겠지만 브로드웨이 무대가 극을 유연하게 이끌기 위해 설명적인 무대를 선호한다면, 유럽 뮤지컬의 무대는 상징적이고 심플한 무대를 선호한다. 〈노트르담 드 파리〉에서 스테인드글라스로 성당을 표현하는 방식이 대표적이다.

비엔나 뮤지컬

국내에 소개된 오스트리아 뮤지컬 〈엘리자벳〉, 〈모차르트!〉, 〈레베카〉, 〈황태자 루돌프(원제 루돌프)〉는 모두 비엔나 극장 협회의 뮤지컬이다. 비엔나 뮤지컬로 불리는 작품들이 바로 이 비엔나 극장 협회VBW, Vereinigte Bühnen Wien의 뮤지컬을 지칭한다. 비엔나 극장 협회의 역사는 그리 오래 되지 않았다. 1987년 비엔나 시는 1800년대 지어진 시의 오래된 극장 세 곳, 비엔나 극장Theater an der Wien, 1801년 설립, 로만허 극장Romancher Theater, 1872년 설립, 라이문트 극장Raimund Theater, 1893년 설립을 인수하여 직접 운영에 나선다. 한때는 화려한 공연이 이루어져 매일 관객들을 몰려들었지만, 2차 대전 이후 극장은 명확한 용도를 찾지 못하고 있었다. 그러다 점차 뮤지컬이 올라가기 시작했다. 처음에는 브로드웨이 흥행작을 소개하는 곳이었다. 이곳에서 〈캣츠〉, 〈오페라의 유령〉, 〈코러스 라인〉 등의 공연들이 올라갔다. 이들 작품을 주로 각색하고 독일어로 번역한 이가 미하엘 쿤체였다. 쿤체는 나나 무스쿠리, 훌리오 이글레시아스 등 세계적인 가수들의 곡을 작사한 유명 작사가이기도 하다.

쿤체는 라이선스 뮤지컬을 번역한 경험을 바탕으로 동료인 실베스터 르베이와 함께 뮤지컬을 만든다. 1989년 이들의 첫 작품인 뮤지컬 〈마녀, 마녀〉를 선보였다. 1992년 비엔나 극장 협회의 의뢰받아 본격적으로 제작한 뮤지컬이 〈엘리자벳〉이다. 이 작품의 성공 이후, 비엔나 극장 협회는 쿤체, 르베이 콤비에게 다른 작업도 주문했다. 두 콤비는 1997년 로만 폴란스키 감독의 영화를 원작으로 한 〈뱀파이어와 춤을〉, 1999년 〈모차르트!〉, 2006년 〈레베카〉 등을 만들어낸다. 비엔나 극장 협회에서 제작한 모든 뮤지컬을 쿤체와 르베이가 만든 것은 아니다. 2006년 만든 〈루돌프〉는 잭 머피와 〈지킬 앤 하이드〉의 작곡가 프랭크 와일드혼이 만들었다. 1990년 〈프로이트〉를 비롯해 〈웨이크 업〉(2002), 〈바바렐라〉(2004) 등은 다른 창작자들의 작품이다. 비엔나 극장 협회 뮤지컬 중 〈엘리자벳〉, 〈모차르트!〉, 〈뱀파이어와의 춤을〉, 〈루돌프〉, 〈레베카〉가 전 세계 시장에 진출하여 오스트리아 뮤지컬의 우수성을 알렸다. 이 중 〈루돌프〉를 제외하면 모두 쿤체-르베이 콤비의 작품이다. 과장하자면 쿤체-르베이 뮤지컬이 비엔나 극장 협회의 뮤지컬이자 오스트리아 뮤지컬인 셈이다.

이 책에 실린 사진들

웨스트 사이드 스토리	© 고양어울림극장
맨 오브 라만차	© OD뮤지컬컴퍼니
시카고	© 신시컴퍼니
지저스 크라이스트 수퍼스타	© 클립서비스
에비타	© 클립서비스
오페라의 유령	© 클립서비스
미스 사이공	© KCMI
컴퍼니	© 클립서비스
스위니 토드	© OD뮤지컬컴퍼니
조지와 함께한 일요일 공원에서	© Roundabout Theatre Company
숲 속으로	© 씨즈온
맘마미아!	© 신시컴퍼니
위키드	© 클립서비스
라이온 킹	© 최영현
렌트	© 뉴벤처엔터테인먼트
스프링 어웨이크닝	© 뮤지컬해븐
애비뉴 Q	© 클립서비스
유린타운	© 신시컴퍼니
헤드윅	© 쇼노트
노트르담 드 파리	© NDPK
엘리자벳	© EMK뮤지컬컴퍼니

| 마인드빌딩의 한마디 |

처음 책을 디자인한다는 것은

뮤지컬은 연극에 노래와 무용이 결합된 종합예술이다. 많은 사람들이 협업하여 만드는 예술이기에 무엇 하나 중요하지 않은 부분이 없다. 포스터 디자인을 하고 있는 나 또한 많은 부분 중 하나의 역할을 하고 있음에 자부심을 느끼며 일하고 있지만 공연 포스터 디자인을 한다는 것이 매순간 즐거움을 주진 않는다. 전체 극을 단 하나의 이미지로 표현해야 한다는 부담감이 들 때가 많은데, 아마도 나뿐 아니라 다른 이들도 각자 맡은 어려움을 이겨내면서 공연을 만들기 위해 고군분투 하고 있을 것이 분명하다. 괴롭고 힘듦에도 우리는 왜 공연을 만드는 것을 멈추지 않는 것일까? 그 해답을 이 책에서 찾을 수 있다. 뮤지컬이 그만큼 매력적인 장르인 것이다.

박병성 국장님이 《뮤지컬 탐독》을 집필 중이라는 소식에 굉장히 기뻤다. 전문적이고 세분화된 뮤지컬 이야기를 읽어 내려가며, 처음 뮤지컬을 마주했던 순간 느꼈던 설렘이 다시 느껴졌다. 그의 뮤지컬에 대한 애정과 전문적 지식이 고스란히 담겨 있는 원고를 읽으며 처음 관람했던 뮤지컬 장면들이 눈앞에 스쳤고, 그때의 감정이 되살아나며 미소가 지어졌다. 《뮤지컬 탐독》을 통해 뮤지컬을 탐독하는 관객이 더 늘어나길, 또 국장님의 뮤지컬 이야기가 《뮤지컬 탐독2》, 《뮤지컬 탐독3》으로 이어지길 진심으로 기대한다.

포스터 디자인과는 또 다른 북디자인은 10년 만의 나의 첫 도전이다. 서로 다른 성향이 있는 디자인 영역이지만 협업을 통한 기쁨과 보람이 크다는 공통점이 있다. 하나의 뮤지컬이 올라가기까지 수많은 스태프들이 고생하듯, 책을 디자인할 때에도 많은 분들의 수고가 더해졌다. 포스터 디자인만큼 행복한 작업이 될 북디자인. 그 시작을 《뮤지컬 탐독》으로 하게 되어 감사하고 즐거웠다. 《뮤지컬 탐독》을 디자인하며 순간 순간 전해지던 행복이 많은 독자들에게 전달되기를 바란다.

《뮤지컬 탐독》 북디자이너 **이샘**

뮤지컬 탐독

초판 1쇄 발행 2019년 1월 30일
초판 5쇄 발행 2023년 4월 5일

지은이 박병성
발행인 서재필
기획책임자(CPO) 심미정
디자인 이샘
인쇄제본 김용문 • (주)상지사P&B
용지 우승헌 • (주)타라유통

발행처 마인드빌딩
주소 서울시 마포구 월드컵북로 400 (상암동) 5층 7호
출판신고 2018년 1월 11일 제395-2018-000009호

이메일 mindbuilders@naver.com
블로그 blog.naver.com/mindbuilders
페이스북 www.facebook.com/mindbuildings

ISBN 979-11-963390-7-4 03600

• 이 도서의 국립중앙도서관 출판예정도서목록(CIP)은 서지정보유통지원시스템 홈페이지(http://seoji.nl.go.kr)와 국가자료공동목록시스템(http://www.nl.go.kr/kolisnet)에서 이용하실 수 있습니다.(cip제어번호:CIP2019000507)

• 이 도서는 한국출판문화산업진흥원의 출판콘텐츠 창작 자금 지원 사업의 일환으로 국민체육진흥기금을 지원받아 제작되었습니다.

• 책값은 뒤표지에 있습니다.
• 잘못된 책은 구입하신 곳에서 바꿔드립니다.